U0487585

权威·前沿·原创

皮书系列为
"十二五""十三五"国家重点图书出版规划项目

BLUE BOOK

智库成果出版与传播平台

广州市社会科学院／研创

广州城市国际化发展报告（2020）

ANNUAL REPORT ON CITY INTERNATIONALIZATION OF GUANGZHOU (2020)

提升城市品牌形象

主　　编／尹　涛
执 行 主 编／伍　庆
执行副主编／胡泓媛

社会科学文献出版社
SOCIAL SCIENCES ACADEMIC PRESS (CHINA)

图书在版编目（CIP）数据

广州城市国际化发展报告.2020：提升城市品牌形象／尹涛主编. -- 北京：社会科学文献出版社，2020.7
（广州蓝皮书）
ISBN 978 - 7 - 5201 - 6774 - 1

Ⅰ.①广…　Ⅱ.①尹…　Ⅲ.①城市建设 - 国际化 - 研究报告 - 广州 - 2020　Ⅳ.①F299.276.51

中国版本图书馆 CIP 数据核字（2020）第 101155 号

广州蓝皮书

广州城市国际化发展报告（2020）
——提升城市品牌形象

主　　编／尹　涛

出 版 人／谢寿光
责任编辑／丁　凡
文稿编辑／赵智艳

出　　版／社会科学文献出版社·城市和绿色发展分社（010）59367143
　　　　　地址：北京市北三环中路甲 29 号院华龙大厦　邮编：100029
　　　　　网址：www.ssap.com.cn
发　　行／市场营销中心（010）59367081　59367083
印　　装／天津千鹤文化传播有限公司

规　　格／开　本：787mm × 1092mm　1/16
　　　　　印　张：20.25　字　数：303 千字
版　　次／2020 年 7 月第 1 版　2020 年 7 月第 1 次印刷
书　　号／ISBN 978 - 7 - 5201 - 6774 - 1
定　　价／128.00 元

欢迎关注本蓝皮书微信公众号

主要编撰者简介

尹 涛 博士，经济学研究员。现任广州市社会科学院党组成员、副院长兼广州城市战略研究院院长。美国印第安那大学环境事务与公共政策学院访问学者（2004 年 1 月~2005 年 3 月）。兼任广州市人文社会科学世界文化名城与文化产业重点研究基地主任、广州市宣传思想战线产业经济创新团队负责人、广州市人民政府决策咨询专家、广州市人大经济咨询专家，研究领域为城市经济、产业经济和企业战略管理研究。曾获"第四届广州市宣传思想战线优秀人才第一层次培养对象""2011~2012 年广州市优秀中青年哲学社会科学工作者"等荣誉称号。先后担任广东省第十二届人大代表、第十三届人大代表和财经委委员。近年来完成省市哲学社会科学规划立项课题、重点委托课题和重点课题 10 余项；科研成果获省部级二等奖 2 项、三等奖 2 项，广州市级二等奖 5 项、入围奖 1 项，地厅级一等奖 1 项、二等奖 2 项；主持和参与横向课题 50 余项。

伍 庆 博士，现任广州市社会科学院国际问题研究所所长、研究员，广州国际城市创新研究中心执行主任。主要研究领域为全球城市、国际交往。日本国际交流基金会（Japan Foundation）访问学者。主持国家社会科学基金项目 1 项，广州市哲学社会科学规划立项课题 4 项，智库课题 1 项，其他各类课题 20 余项。出版专著 2 部，发表各类论文 30 余篇。

胡泓媛 荷兰格罗宁根大学法学硕士，现任广州市社会科学院国际问题研究所副研究员。研究方向为城市国际化、城市国际传播、版权贸易问题，主持广州市哲学社会科学规划立项课题 1 项、广州市人文社科世界文化名城建设和文化产业研究基地课题 1 项，主要参加广州市哲学社会科学规划课题 4 项，执笔撰写其他各类课题 30 余项。出版专著 2 部，发表各类论文 10 余篇。

摘　要

2019 年是中华人民共和国成立 70 周年，各项工作成果为全面建成小康社会打下了坚实基础。城市是率先建设小康社会的排头兵，加快城市现代化进程是我国全面建成小康社会的基本保证，以城市治理推进"中国之治"、推进中国经济高质量发展，更是新时代中国城市当仁不让的责任。"一带一路"倡议与粤港澳大湾区等重大机遇赋予广州新的历史使命，助力广州全面提升国际大都市治理水平，谱写"老城市新活力"和"四个出新出彩"的时代篇章。

《广州城市国际化发展报告（2020）》是广州市社会科学院国际问题研究所编辑出版、跟踪研究城市国际化发展动态的蓝皮书，以广州为主要研究对象，从学术视野探究中国城市国际化发展的途径。研究显示，2019 年广州对外贸易结构进一步优化，利用外资成绩斐然，对外投资稳步发展，综合性交通枢纽建设日臻完善，重大国际交流平台影响力提升，国际友城关系拓展提质增速，城市外部伙伴网络建设加强，城市品牌形象大力彰显，多领域人文交流活动丰富，多层次教育对外合作扎实推进。以广州为代表，中国城市的全球联系度和影响力保持提升态势。

本书包括总报告、专题篇：提升城市品牌形象、城市评价篇、国际经贸篇、交往与借鉴篇五大板块内容。并设有"2019 年度中国城市国际化十大关注"前序，就 2019 年中国城市国际化重大事件进行梳理总结，把握中国城市国际化实践及研究动态。

总报告总结了 2019 年广州城市国际化发展现状，包括广州对外经贸、交通枢纽、重大国际交流平台、友城交往、城市形象传播、人文交流、教育合作等领域的发展现状与成绩，并分析了广州在全球城市研究权威评价排名

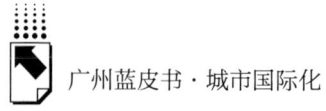

中的表现，展望 2020 年国内外宏观形势，提出促进广州城市国际化发展的建议。

专题篇：提升城市品牌形象主要从《人民日报》头版关于广州的报道、亚马逊网上书店广州主题外文图书，以及广州城市形象的研究文献等角度专题探讨新时代广州城市品牌形象，为广州进一步完善城市品牌形象传播工作提出对策建议。

城市评价篇以国际权威全球城市排名评价为基础，分析把握全球主要城市在排名评价中的变化情况，总结全球城市发展趋势及中国城市在全球城市体系中的表现，为中国城市整体国际化发展提供参考。另外，还就广州全球联系度、国际创新型城市运行机制等城市发展细分领域构建模型展开探讨，提供针对性的工作建议。

国际经贸篇围绕优化营商环境、推进金融开放、服务民营企业"走出去"等内容展开研究，并提出推动国际经贸进一步发展的对策探讨。

交往与借鉴篇主要从发挥国际组织作用推进城市国际交往工作、外国城市发展战略规划等主题进行研究和思考。

关键词：城市国际化　广州　全球城市　城市品牌形象

2019年度中国城市国际化十大关注

2019年中国城市国际化进程持续深入，涌现出一批新成果，取得了一系列新成就。"广州城市国际化蓝皮书"编辑部梳理了2019年城市国际化重大事件，结合专家推荐与读者选票，推出"2019年度中国城市国际化十大关注"，呈现中国城市国际化实践及研究的年度重点动态，记录中国城市国际化进程的历史印记。

一 "一带一路"国际合作高峰论坛
首次举办地方合作分论坛

2019年4月25～27日，第二届"一带一路"国际合作高峰论坛在北京召开，国家主席习近平出席高峰论坛开幕式并发表主旨演讲。本届高峰论坛共举办12场分论坛，其中地方合作分论坛于4月25日举行，这是"一带一路"国际合作高峰论坛首次举办地方合作分论坛。此次地方合作分论坛的主题为"深化地方合作，共享发展成果"，由中国人民对外友好协会、北京市人民政府联合主办。中国人民对外友好协会会长李小林，香港特别行政区行政长官林郑月娥，老挝万象市市委书记兼市长辛拉冯·库派吞，德国前总统、全球中小企业联盟全球主席克里斯蒂安·武尔夫在开幕式上致辞，40多个国家和地区的省州长、市长及其代表，众多国际组织、企业家代表和专家学者共计300余名嘉宾出席。会议现场签署14项中外地方合作协议，涉及友城、经贸、人文合作等多个领域，包括世界旅游城市联合会与西非旅游组织签署合作框架协议，推动建设"一带一路"旅游目的地合作共赢机制，京港两地推进共建"一带一路"合作备忘录等。各项成果传递出共建"一

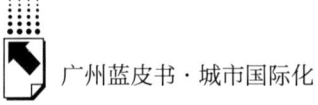

带一路"各国城市间加强政策沟通与协调，推动基础设施互联互通，提升协同创新能力，促进人文交流与合作的积极愿景；也表达出全球化背景下各方合力加强"一带一路"地方合作，携手应对共同挑战，推动构建人类命运共同体的强烈信号。

"一带一路"重大倡议提出6年多来，不仅顺应了经济全球化和区域一体化的国际趋势，体现了互联互通的时代精神，明确了开放共享的战略目标，也得到了共建各国城市和地方政府的响应与支持。中国始终高度重视国际地方合作与对外民间交往，已经与五大洲136个国家和地区建立了2629对友好城市和省州关系，并与各国合作建立了中美省州长论坛、"一带一路"地方合作委员会等中外地方交流合作机制，打造多层次、宽领域的"五通"纽带。近年来，共建"一带一路"国家合作成果不断涌现，更多合作项目落地生根，更多合作领域实现突破，更多合作共识圆满达成，共建"一带一路"的认同感和参与度持续提升。"一带一路"国际合作高峰论坛地方合作分论坛的召开为"一带一路"地方合作进一步创建网络、搭建平台、创新机制、拓展渠道，通过凝聚地方共识，打造了促进各国地方政府经验共通、资源共享、互利共赢的重要窗口，未来将在国际合作大框架中开创地区合作新局面。

二 亚洲国际美食节在北京、广州、杭州、成都举办

2019年5月15日，亚洲文明对话大会在北京开幕，国家主席习近平出席亚洲文明对话大会开幕式并发表主旨演讲。本次大会以"亚洲文明交流互鉴与命运共同体"为主题，包含四大板块110多项相关活动，亚洲47个国家以及近50个域外国家代表参会。大会安排了6个平行分论坛，亚洲美食节作为亚洲文明对话的平行活动之一，于5月16~22日在北京、广州、杭州、成都四座城市同步举行，为中外嘉宾展示了丰富多彩的亚洲文明及美食文化。

美食作为一种文化，既是生活方式和品质的集中体现，也是城市综合软

实力的重要构成。以美食为载体促进文明交流互鉴、共同进步，是各个国家和地区所共有的美好愿望。本次同步举行亚洲美食节的四大城市根据自身特点元素设计了一系列活动，大展中国美食文化风采。作为主会场的北京亚洲美食节以"享亚洲美食·赏京城美景·品古都文化"为主题，采取"一主多辅、多点联动、线上线下"的方式，与互联网巨头携手打造"美食 + 出行 + 分享"模式，为市民精心打造了美食出行路线。广州亚洲美食节以"共享亚洲美食文化，推进文明交流互鉴"为主题，期间开展了亚洲美食与亚洲文明对话、亚洲美食文化文艺展演、乐享亚洲美食体验等活动，再次擦亮了"食在广州"的这张城市名片。杭州亚洲美食节以"知味杭州"为主题，依托杭州深厚的历史文化和数字经济优势，精心设计美食文化公园、中华美食器皿展、"香约亚运"主题展览、"寻味亚洲"影像展及亚洲美食厨艺交流表演秀等项目，展示了独特的文化底蕴和城市发展成就。成都亚洲美食节以"食美寻香，各美其美，美美与共"为主题，以"看熊猫，欢乐吃"为总体基调，融合旅游景点与美食文化，充分展现了蜀都的地域文化特色，成为成都自 2018 年 2 月获联合国"国际美食之都"称号以来的重要之举。

本届亚洲美食节的成功举办为亚洲美食文化提供了巨大的综合性交流平台，不仅能加强各国之间美食产业的交流合作，也为各国人民增强文化认同、增进地域凝聚开辟了窗口。地方特色美食是中国美食文化的有机组成部分，无论是北京的老字号美食、广州的精致点心、杭州的风味小吃还是成都的经典川菜，都已成为每座城市的重要名片，共同构成了博大精深的中国美食文化。将美食塑造为城市品牌的重要标识，有助于打造城市形象立体展示的重要载体，对海内外各类受众构成强大吸引力，带动中外城市民间友好往来，有力提升城市的文化沟通力、感召力和影响力。

三 北京世界园艺博览会推动构建绿色共同体

2019 年 4 月 28 日～10 月 9 日，2019 年中国北京世界园艺博览会（简称"北京世园会"）在北京市延庆区举办，会期历时 162 天。国家主席习近平出席世园会开幕式并致辞，国务院总理李克强出席闭幕式并致辞。北京世园会共吸引110个国家和国际组织以及120余个非官方参展者参与，共同展开有关生态文明的世界对话，引发国内外广泛关注和积极反响。北京世园会会期内共举办3284场精彩纷呈的文化活动，既包括国家日、省区市日、花车巡游等各国特色活动，也包括专业论坛、国际竞赛等园艺专业性活动，累计吸引中外观众约934万人次。

2019年北京世园会是经国际园艺生产者协会（AIPH）批准，由中国政府主办、北京市承办的最高级别的世界园艺博览会，是继云南昆明后第二个获得AIPH批准及国际展览局认证授权举办的A1级国际园艺博览会。为了举办本次世园会，北京市特地设立了北京世界园艺博览会事务协调局以处理相关事务，这一安排是北京在推动城市国际交流方面的创新举措，凸显对此次世园会的高度重视。在世园会闭幕后，北京世界园艺博览会事务协调局即转为经济实体，世园会园区也将被打造成为生态文明教育基地、京津冀民众旅游目的地和园艺产业发展高地，并依托相关场馆及园区配套服务设施，为北京冬奥会等相关大型活动提供保障条件。生态文明建设是关系中华民族永续发展的根本大计，关系我国经济高质量发展和现代化建设，关系中国的大国责任担当。北京世园会以园艺为"媒"，成功打造了生态文明以多种艺术形式与多元国际文化相交融的高端对话平台，充分表达了我国对生态文明的深刻思考和最新理念，生动展现了推进绿色发展、建设美丽中国的丰富实践，主动贡献了全球环境保护和治理的城市方案，更为中国与世界生态文明交流互鉴、打造绿色命运共同体构架了一座重要桥梁。

四 粤港澳大湾区着力打造世界级城市群

2019年2月18日，《粤港澳大湾区发展规划纲要》（以下简称《规划纲要》）正式公布，标志着粤港澳大湾区建设进入实质性实施阶段。粤港澳大湾区是由香港、澳门两个特别行政区和广东省的广州、深圳、珠海、佛山、中山、东莞、肇庆、江门和惠州九个地级城市组成的"9＋2"城市群，总面积为 5.6 万平方公里，拥有约 7000 万人口，GDP 总量超过 10 万亿人民币。与纽约湾区、旧金山湾区和东京湾区相比，粤港澳大湾区拥有更强的区位优势和良好的合作基础，具有明显竞争优势，是中国建设世界级城市群和参与全球竞争的重要空间载体。

《规划纲要》对粤港澳大湾区提出了五个战略定位：充满活力的世界级城市群、具有全球影响力的国际科技创新中心、"一带一路"建设的重要支撑、内地与港澳深度合作示范区和宜居宜业宜游的优质生活圈。《规划纲要》明确香港、澳门、广州、深圳为粤港澳大湾区四大中心城市，分别赋予明确的城市定位，着力打造区域发展的核心引擎：香港是国际金融、航运、贸易中心和全球离岸人民币业务枢纽；澳门要打造世界旅游休闲中心、中国与葡语国家商贸合作服务平台；广州要增强国际商贸中心、综合交通枢纽功能，提升科技教育文化中心功能，建设国际大都市；深圳要加快建成现代化国际化城市和具有世界影响力的创新创意之都。《规划纲要》强调，粤港澳大湾区要坚持极点带动、轴带支撑、辐射周边，推动大中小城市合理分工、功能互补，注重完善城市群和城镇发展体系。到2022 年，粤港澳大湾区综合实力显著增强，基本形成世界级城市群框架；到 2035 年，大湾区内市场高水平互联互通基本实现，各类资源要素高效便捷流动，区域发展协调性显著增强，对周边地区的引领带动能力进一步提升。

粤港澳大湾区是新时代推动形成我国全面开放新格局的创新举措，是推动"一国两制"事业发展的崭新实践。《规划纲要》的出台是中国未来发展的重要篇章，中国通过这一纲领性文件，确定了湾区内城市的功能定位，也向全世界展示了构建国际一流湾区和世界级城市群的宏伟蓝图和美好前景。多中心城市的设计在世界各大湾区中具有独特性，广深港澳将推动湾区城市间互动交流、密切开放合作，交通、经贸、金融、创新、人才、文化等多方面协调发展，进一步提高区域发展协调性，构建统筹协调、结构科学、集约高效的发展格局。从单一城市发展规划转变为以核心城市为牵引的城市群协同发展，《规划纲要》充分传递出国家对珠三角城

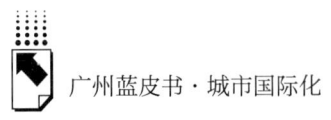

市群规划的理念创新与战略转型，也成功构建了"一国两制"下区域协同发展的世界样本。

五 中央支持深圳建设中国特色社会主义先行示范区

2019年8月18日，《中共中央国务院关于支持深圳建设中国特色社会主义先行示范区的意见》正式发布。当前中国特色社会主义进入新时代，支持深圳高举新时代改革开放旗帜、建设中国特色社会主义先行示范区，有利于在更高起点、更高层次、更高目标上推进改革开放，形成全面深化改革、全面扩大开放新格局；有利于更好实施粤港澳大湾区战略，丰富"一国两制"事业发展新实践；有利于率先探索全面建设社会主义现代化强国新路径，为实现中华民族伟大复兴的中国梦提供有力支撑。深圳的战略定位具体包括高质量发展高地、法治城市示范、城市文明典范、民生幸福标杆以及可持续发展先锋，并提出了"三步走"的发展目标，具体包括建成现代化国际化创新型城市，我国建设社会主义现代化强国的城市范例和竞争力、创新力、影响力卓著的全球标杆城市等。

2020年是全面建成小康社会的决胜之年，也是深圳经济特区成立40周年。支持深圳建设中国特色社会主义先行示范区，充分表明中央对深圳发展成就的肯定，也对深圳这座最成功的经济特区城市寄予新希望、赋予新使命。进入新时代，深圳将作为先行示范区，全方位、多领域、深层次提升自身的现代化、法治化、市场化、国际化水平，打造世界一流的国际化标杆城市，率先探索全面建设社会主义现代化强国新路径，证明中国特色社会主义道路的生机与活力。深圳的创新性制度改革不仅能够在经济社会发展中起到先行示范作用，更能创造先发地区带动区域协调的优秀样本，通过积极融入广东省"一核一带一区"发展新格局，切实增强粤港澳大湾区中心城市和核心引擎功能，为区域内其他城市提供可推广复制的有益经验，更好发挥其辐射牵引作用，强化高水平协同互动。深圳建设中国特色社会主义先行示范区的实践，将在我国统筹推进"五位一体"总体布局、协调推进"四个全面"战略布局，加快实现中国特色社会主义伟大事业中做出重要表率。

六　国家发改委出台关于培育发展现代化都市圈的指导意见

2019 年 2 月 21 日，国家发展改革委正式发布《关于培育发展现代化都市圈的指导意见》（以下简称《指导意见》），提出了我国建设现代化都市圈的目标与路径，以促进中心城市与周边城市同城化发展为方向，在推动统一市场建设、基础设施一体高效、公共服务共建共享、产业专业化分工协作、环境共保共治等方面发力，致力于培育发展一批现代化都市圈。我国构建了包括城市群、都市圈、中心城市、中小城市在内的多层级发展框架，城镇体系发展的逻辑基本理顺、格局近于完整。到 2022 年，都市圈同城化要取得明显进展，梯次形成若干现代化都市圈；到 2035 年，现代化都市圈格局要更加成熟，形成若干具有全球影响力的都市圈。

城市群是新型城镇化主体形态，是支撑全国经济增长、促进区域协调发展、参与国际竞争合作的重要平台。都市圈是城市群的核心，是指城市群内部以辐射带动功能强的大城市为中心、以 1 小时通勤圈为基本范围的城镇化空间形态，其最大特点是圈内城市之间形成密切互动关系，不同城市构成一个有机整体。城市群或都市圈在经济总量迅速扩大、集聚能力快速提高的同时，中心城市发展势能也不断得到强化。但是，都市圈也容易出现交通一体化水平不高、区域间互联互通能力弱、城市间低水平同质化竞争严重、协同发展体制机制不健全等问题，对圈内各层级城市之间形成紧密协同的合作共赢格局构成挑战。本次出台的《指导意见》明确了都市圈对城市群高质量发展的支撑作用，深刻把握都市圈建设的内涵，即高度同城化或生产要素自由流动，应破除要素自由流动阻力、形成要素流动畅通高效的都市圈，打破行政壁垒和体制机制障碍，推进基础设施一体化等，有利于切实推进城市群和都市圈高质量发展，为经济转型升级和推进新型城镇化提供有力支撑，具有重要指导意义。

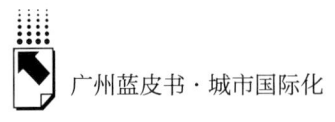

七 "读懂中国"广州国际会议推动世界对话

2019 年 10 月 26 ~ 27 日,"读懂中国"国际会议在广州举行。本次会议由中国创新与发展战略研究会、中国人民外交学会、广东省人民政府、21 世纪理事会主办,广州市人民政府承办,以"新一轮经济全球化和中国改革开放再出发"为主题,600 余位全球政界、商界和学界重要嘉宾以及国际组织重要嘉宾参加了本届盛会,其中包括数十位外国前政要和国际组织负责人。10 月 25 日,国家主席习近平在人民大会堂会见了出席本次会议的外方嘉宾代表,并向会议致贺信。

"读懂中国"国际会议原名为"21 世纪理事会北京会议",2013 年首次举办,2019"读懂中国"广州国际会议是该会议首次在北京以外的城市举办,出席本届会议的嘉宾围绕"一带一路"与产业合作、数字经济与全球合作新前景、国家治理体系和治理能力现代化、人文湾区与城市品质等重要议题进行了讨论,对全球化背景下中国发展的巨大韧性和潜力,以及"一带一路"建设的美好前景形成了广泛共识。在经济全球化进程受到单边主义、贸易保护主义严重威胁与冲击的背景下,世界更加渴望"读懂中国",期待中国作为经济全球化的中流砥柱发挥更加重要的作用。在此意义上,2019"读懂中国"广州国际会议为海内外学者零距离对话提供了一张"圆桌",成为世界各国深入理解中国的重要平台,向世界展现出中国"开放不止步"、拥抱全球化的积极态度。通过世界各地中国研究专家学者和知名人士的密切交流,也为中国以国际眼光全面看待自身发展创造了宝贵契机,让中国发展在兼容并蓄中汲取更多养分。本次"读懂中国"广州国际会议的召开,首次构建了会议一南一北相互呼应的"双城布局",将广州打造成为继北京之后世界观察中国、读懂改革开放实践的又一窗口,推动中国与世界的对话更加深刻。"读懂中国"广州国际会议的举办是广州深入推进全方位城市对外交往布局的重要一步,有效增强了广州的国际知名度和影响力,为未来举办更多重大国际会议、吸引国内外各类高端资源打下更加坚实的基础，有利于推动广州不断扩大"世界朋友圈"，加快建设国际大都市。

八 南京、扬州分别获评文学之都和美食之都

2019年10月，在"世界城市日"到来之际，联合国教科文组织批准66座城市加入"创意城市网络"（UCCN），至此成员总数达到246个。在本次新入选城市中，中国南京获评"文学之都"、扬州获评"美食之都"。联合国教科文组织创意城市网络创立于2004年，旨在推动以创意作为可持续发展战略的城市间合作，具体涵盖音乐、文学、设计、手工艺与民间艺术、电影、媒体艺术、美食七大领域。创意城市网络对成员城市的评选不仅重视创意实力和名家名作，还十分看重创意对城市发展的促进作用，加入该网络的城市能够分享其他创意城市的发展经验，在全球平台上与其他会员共同创造新的发展机会，尤其是开展创意经济、旅游和知识共享，对城市国际化尤其是文化对外交流合作具有重大意义。

目前，共有14座中国城市加入创意城市网络，积极以此为平台促进国际交往，推动世界文明互鉴，实现中外民心相通。南京是首个作为"文学之都"加入该组织的中国城市，自古以来拥有"天下文枢"的美誉，是中国文学开始走向独立和自觉的起步之城，文学名著和文坛大家层出不穷。南京也是文学"走出去""引进来"的根据地，20世纪60年代初在南京全本翻译的《红楼梦》在全球广泛传播，先后也有60多种外国文学作品在南京译成中文，有力推动了中外文化交流融合。扬州则成为继成都、顺德与澳门之后，经联合国教科文组织认可的中国第四个"世界美食之都"，这不仅是因为扬州是淮扬菜的发源地，也归功于这座城市开放包容、兼收并蓄的深厚美食文化底蕴。美食是一种无国界障碍的文化载体，是一种重要的公共外交资源，本次入选创意城市网络的"世界美食之都"还包括印度海德拉巴、意大利贝加莫、墨西哥梅里达等城市，体现了国际饮食文化多元发展的趋势，也凸显美食在国家和城市国际形象传播中的突出优势。

联合国教科文组织创意城市网络是保护世界文化多样性在地方层面落实的具体路径，也是在文化创意方面践行联合国可持续发展议题的重要举措。对于中国城市而言，参与创意城市网络有利于发展特色文化产业，强化自身国际品牌，提升城市文化软实力和国际知名度。在当前我国日益重视文化传承保护、大力推进中华优秀文化"走出去"的背景下，将有越来越多的城市通过教科文组织搭建的这一网络，提升综合人文水平，增强国际交流合作。

九　成都制定"三城三都"专项行动计划

2019 年 2 月 14 日，成都市政府新闻办召开"推进'三城三都'建设工作三年行动计划"新闻发布会，发布成都市建设世界文创名城、世界旅游名城、世界赛事名城、国际美食之都、国际音乐之都、国际会展之都共六项三年行动计划，明确了成都建设"三城三都"的发展目标和实施路径。成都希望通过"三城三都"的建设，努力建设成为独具人文魅力的世界文化名城，为加快建设全面体现新发展理念的城市、实现新时代"三步走"战略目标提供持久动力。

为达成世界文创名城的目标，成都对"国际知名""具有国际影响力"等效果指标做了具体量化要求，如 2020 年国际知名文创品牌要超过 20 个，世界知名博物馆超过 5 家等，目标是打造"国家向西向南文化交往的国际门户枢纽和泛欧泛亚有重要影响力的文化交往中心城市"。在世界旅游名城建设上，成都挖掘世界遗产、大熊猫、三国文化等世界级旅游资源潜力，推进熊猫之都、天府绿道、美食之都等建设，推进城市形象全球营销，增强旅游目的地知名度。针对建设世界赛事名城，成都着力培育 2019 年世界警察与消防员运动会、2021 年世界大学生运动会等高级别品牌赛事，以体育产业引领城市经济结构转型升级。为建设国际美食之都，成都要建设国际美食传播中心、国家美食文化交流创新中心、川菜标准制定和发布中心、特色美食人才培养和输出中心，提升川菜餐饮特色和品牌形象。针对建设国际音乐之都和国际会展之都，也分别提出到 2020 年实现国际化重点音乐品牌活动 30 个以上，在蓉举办符合国际大会及会议协会（ICCA）标准的国际会议 25 个等目标。近年来，成都市在国内外发布的各类城市排名榜单和评价中，多次获得"中国最具幸福感城市""宜商宜居城市""最适宜新经济成长城市"等称号。"三城三都"规划有助于全面发挥成都作为国家中心城市的核心牵引功能，助推成都发展为全国重要的经济中心、科技中心、文创中心和国际门户枢纽城市，发挥成都在西部大开发中的辐射引领作用，进而带动成渝城市群成为可持续发展的世界级城市群。

十　西安当选世界城地组织联合主席城市

2019 年 11 月 16 日，世界城市和地方政府联合组织（UCLG，以下简称"世界城地组织"）第六届世界大会在南非德班市闭幕。西安市作为中国和亚太区唯一代表，当选 2019～2022 年世界城地组织联合主席城市，西安市市长当选世界城地组织联合主席。此次大会为期 3 天，来自世界 220 多个城市和地方政府协会的 3000 多名政府官员、学者专家、企业界人士就加强城市间务实合作、促进国际人文交流、共同应对全球化挑战等议题展开了深入研讨和交流。大会同时决定，世界城地组织第七届世界大会将于 2022 年在韩国大田市举行。

世界城地组织于 2004 年 5 月在法国巴黎成立，是当今最大的世界城市和地方政府国际组织，其宗旨是构建全球地方政府之间的联系网络，增进理解，促进合作，帮助地方政府应对各种挑战。世界城地组织拥有直接会员城市 1000 余个，覆盖 140 个国家。目前中国大陆共有 27 个城市及协会成为世界城地组织成员，此前中国广州曾连任 4 届世界城地组织联合主席城市。在本次大会上，西安与法国斯特拉斯堡、哥斯达黎加圣何塞等 9 个城市一同竞选 5 个联合主席职位。西安代表团在中国人民对外友好协会的指导下，同与会城市、地方政府代表进行深入沟通交流，充分表达了与各城市携手合作、共创未来的诚挚意愿，国内各会员城市单位也给予了有力支持，最终成功当

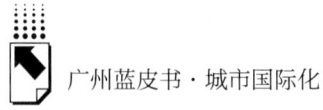

选。西安此次当选世界城地组织联合主席城市，表明了各国会员城市对中国城市的充分认同，提升了西安在该国际组织中的地位和角色，将为西安发挥省会与国家中心城市功能，促进国际资本要素聚集，深度融入"一带一路"建设，构建对外开放新格局，全面推动可持续发展提供更高的国际舞台，从而进一步提高在世界城市体系中的综合排名和影响力。近年来，越来越多的中国城市在国际组织中发挥日益重要的功能，凸显中国城市积极服务国家总体外交战略、提升国际形象与对外交往水平的积极作为。利用这些具有巨大国际影响的跨国平台，能够有力促进中外城市互惠互利、合作共赢，为中国国际合作构建更加立体、广泛的网络布局。

目　录

Ⅰ　总报告

Ⅱ　专题篇：提升城市品牌形象

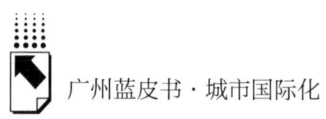

Ⅲ 城市评价篇

Ⅳ 国际经贸篇

Ⅴ 交往与借鉴篇

皮书数据库阅读使用指南

B.1

2019年广州城市国际化发展状况
与2020年形势分析

广州市社会科学院课题组*

摘　要：　2019年，广州城市国际化在经济高质量发展、营商环境不断优化的基础上，实现对外贸易结构优化、利用外资成绩斐然、对外投资稳步发展、综合性交通枢纽建设日臻完善、重大国际交流平台影响力提升、国际友城关系拓展提质增速、城市外部伙伴网络建设加强、城市品牌形象彰显、人文交流活动丰富多样、多层次教育对外合作扎实推进等发展实效，在全球城市研

* 课题组组长：伍庆（统稿），广州市社会科学院国际问题研究所所长、研究员、博士，研究方向为全球城市、国际交往。课题组成员：胡泓媛（执笔），广州市社会科学院国际问题研究所副研究员，研究方向为城市形象、国际传播；鲍雨（执笔），广州市社会科学院国际问题研究所助理研究员，研究方向为公共外交；罗世晴（执笔），广州国际城市创新研究中心研究实习员，研究方向为国际经贸；林可慧（执笔），广州国际城市创新研究中心研究实习员，研究方向为跨文化交流。

究权威评价排名中广州的表现总体平稳，并在金融、创新等部分优势领域持续进步。展望 2020 年，世界面临新形势新变局、国际治理面临严峻挑战，全面建成小康社会即将收官、中国特色社会主义继往开来，广州也肩负"出新出彩"新使命。报告提出未来一个时期广州城市国际化应着力以对外开放机制建设为抓手，促进国际交往能力现代化；全力推进粤港澳大湾区建设，携手港澳共建"一带一路"重要支撑区；夯实外贸综合竞争优势，推动国际经贸高质量发展；完善多元化国际交往平台，提升国际交往中心能级；扩大文化对外交流，增进国际民众情感联结；推进国际传播能力建设，提升城市国际形象。

关键词： 广州　城市国际化　全球城市

一　2019年广州城市国际化发展状况

2019 年是新中国成立 70 周年，70 年来中国经济规模不断扩大，综合国力与日俱增，对世界经济增长的贡献大幅提升，国际地位和影响力显著增强。1986 年中国经济总量首次突破 1 万亿元，2000 年实现 10 万亿元的历史性跨越，2010 年中国成为全球第二大经济体，经济总量超过日本，并连年稳居世界第二。2016 ~ 2018 年，中国经济总量连续突破 70 万亿、80 万亿和 90 万亿元大关，2019 年接近百万亿元。改革开放 40 年来，广州坚持社会主义市场化改革道路，充分利用区位优势和政策优势，先行先试坚持改革开放，一直走在全国深化改革的前列，以开放促改革、促发展，地区生产总值从 1978 年的 43 亿元跃升至 2019 年的 23628.60 亿元，广州约占广东省经济总量的 22%，实现了从"赶上时代"到"引领时代"的巨大飞跃，成为全国经济最发达、最活跃、对外开放程度最高的城市之一。

（一）经济高质量发展，营商环境不断优化

1. 地区生产总值增速回升

2019年，广州市坚持稳中求进工作总基调，全市经济保持总体平稳、稳中有进的运行态势，经济总量连续攀升，财政实力持续增强，人均地区生产总值达到高收入国家或地区水平，综合实力显著提高。2019年广州地区生产总值23628.60亿元，同比增长6.8%，增速较2018年提升0.6个百分点，这是广州自2013年以来地区生产总值增速首次回升。广州大力推动高质量发展的成效正在逐步显现，整体经济在压力之下显示出韧性和活力。其中，投资和消费的贡献相对突出，全市固定资产投资同比增长16.5%，增速同比提高8.3个百分点；全市社会消费品零售总额同比增长7.8%，增速同比提高0.2个百分点。与其他一线城市相比，广州市投资拉动、消费拉动效果显著，经济增长动能布局更加合理，为高质量全面建成小康社会奠定坚实基础。

2. 产业结构迈上更高层次

随着新旧动能转换的不断推进，广州现代产业体系高质量发展，产业结构向高层次演进，使城市经济在经济新常态的大背景下首先得以企稳回升。广州产业体系现代化程度不断提高，三次产业结构比例从1949年的27.37：33.02：39.61，发展到2019年的1.06：27.32：71.62，已形成典型的以服务业为主导的城市经济体系。第一产业增加值251.37亿元，同比增长3.9%，向都市型农业发展；第二产业增加值6454.00亿元，增长5.5%，向高端化工业发展；第三产业增加值16923.23亿元，增长7.5%，增速高于地区生产总值的增速，服务业主导型经济日益巩固，其中现代服务业增加值增长9.3%，在服务业中占比达到67.5%，与2018年相比提升了1.0个百分点。2019年，广州加快构建现代产业体系，推动经济结构不断优化，传统行业转型升级持续推进，向新技术、高端智能化加速迭代，调结构促转型成效凸显，规模以上高新技术产品产值占全市规模以上工业总产值的49.0%，同比提升1.0个百分点。工业新动能集聚效应显现，先进制造业增加

值占规模以上工业增加值的 58.4%，其中高技术制造业增加值同比增长 21.0%，对全市规模以上工业增长的贡献率达到 57.2%，占规模以上工业增加值的比重为 16.2%，同比提高 2.8 个百分点。尤其是高端智能产品增长迅猛，医疗仪器设备及器械制造业工业总产值增长 53.5%，新动能活力不断增强。

3. 粤港澳大湾区建设集中发力

推进粤港澳大湾区建设是新时代推动形成全面开放新格局的新举措，也是推动"一国两制"事业发展的新实践。2019 年 2 月，中共中央、国务院印发了《粤港澳大湾区发展规划纲要》，进一步阐明了粤港澳大湾区在国家经济发展和对外开放中的引领支撑作用，以及对支持香港、澳门融入国家发展大局的促进作用。粤港澳大湾区经济实力雄厚、区域竞争力优势突出，已具备建成国际一流湾区和世界级城市群的基础条件。作为粤港澳大湾区核心城市之一、国家中心城市，广州是大湾区联系内地的最佳桥梁和纽带。广州采取多管齐下的方式推进粤港澳大湾区建设，取得了显著成效。产业合作方面，加快建设粤港产业深度合作园、粤澳合作葡语国家产业园等重大合作平台；《广州南沙粤港深度合作园建设总体方案》已完成国家层面征求意见及相关修改工作，其旨在促进内地与港澳的深度合作。科技合作方面，加强穗港澳科技创新合作，香港海外学人联合会、澳门大学等港澳机构成为政府间框架合作伙伴；携手中科院共建南沙科学城，广深港澳科技创新走廊枢纽节点作用凸显。创业合作方面，推动建设粤港澳（国际）青年创新工场、"创汇谷"粤港澳青年文创社区、水岸广场等港澳青年创新创业基地；率先出台实施《发挥广州国家中心城市优势作用支持港澳青年来穗发展行动计划》；启动"粤港澳大湾区青年职业发展 5A 行动"，推动 32 个港澳青年创新创业基地建设。交流合作方面，实施"粤港澳大湾区港澳青年来穗实习计划""百企千人"工作项目，共计 1160 名港澳学生参加；举办"青创杯""赢在广州"等创业大赛，共有 132 个港澳台青创项目参加；穗港、穗澳姊妹学校已超过 238 对。广州着力提升大湾区核心引擎功能，打造高质量发展典范，穗港澳务实合作成果丰硕，对全面激活大湾区协同发展起到示范引领作用。

4. 营商环境建设出新出彩

广州牢牢把握粤港澳大湾区建设重大历史机遇，稳步推进营商环境改革持续升级，目标是打造全球企业投资首选地和最佳发展地。《广州市推动现代化国际化营商环境出新出彩行动方案》出台，推动广州营商环境改革"再提速"。在行政审批方面，出台实施营商环境综合改革试点方案，进一步简化外资企业设立程序，实现商务备案与工商登记"一口办理"，整个过程"无纸化""零见面""零收费"，政府、社会投资工程建设项目审批时间分别控制在85个和35个工作日。在贸易便利化方面，国际贸易"单一窗口"建设全面对接中国国际贸易单一窗口标准版，基本覆盖国际贸易全流程，货物、运输工具申报等主要功能上线率全部实现100%。在金融等服务业支持方面，广州市印发《促进外商投资股权投资类企业集聚发展工作指引》，引导外商投资股权投资类企业集聚广州；出台《关于推进金融支持广州国际航空枢纽建设的实施意见》《关于支持广州区域金融中心建设的若干规定（修订）》《广州市优化金融信贷营商环境工作方案》等政策文件，聚集高端金融要素，构建促进金融与产业深度融合的政策体系。广州营商环境建设走在全国前列，2019年12月中国社会科学院发布的《中国营商环境与民营企业家评价调查报告》，基于民营企业家对当前营商环境进行的主观评估，主要从政务、市场经营、社会、法治、开放环境着手，研究分析全国主要城市营商环境的现状、改善情况以及存在的问题，广州市营商环境综合评分在全国34个主要城市中排名第一。

（二）对外贸易结构优化，贸易新业态发展势头良好

面对复杂严峻的外贸发展环境，广州积极应对，认真贯彻落实广东省"稳外贸九条"的决策部署和工作要求，适时出台实施稳定外贸增长、发展新兴业态政策措施，激发市场主体活力，努力促进贸易高质量发展，保持稳中提质的发展势头。《广州市建设外贸强市三年行动计划（2020－2022年)》提出未来广州市对外贸易将逐步实现由要素优势向综合竞争优势转变，由中高速增长向高质量发展转变，由独立发展向大湾区协同发展转变。

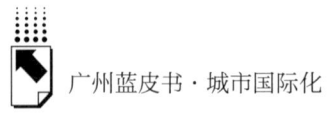

1. 贸易伙伴格局发生变化

面对复杂严峻的国际经贸形势，广州在 2019 年一季度进出口同比下降 2.8% 的不利情况下，积极发展新业态，聚集新动能，实现稳中有进，逆势上扬，依然实现全年外贸正增长目标。2019 年广州全年对外贸易进出口总值达 9995.8 亿元，同比增长 1.9%，高于全省 2.1 个百分点（见表1）。受到中美贸易摩擦、地缘政治不明朗的不利影响，广州对美国的进出口额下降 16.8%，美国从 2018 年广州的第二大贸易伙伴下滑为第四大贸易伙伴。对欧盟（28 国）进出口 1639.3 亿元，增长 13.7%，欧盟仍是广州第一大贸易伙伴，对日本进出口 1195.4 亿元，增长 15.1%，对欧盟、日本贸易额均实现两位数增长。对东盟（10 国）进出口 1318.4 亿元，略升 1.6%，东盟成为广州第二大贸易伙伴。

表1 2019 年广州市进出口贸易分市场地区情况

单位：亿元，%

国别(地区)	本年累计			同比		
	出口	进口	进出口	出口	进口	进出口
总计	5258.0	4737.8	9995.8	-6.2	12.7	1.9
欧盟(28 国)	817.6	821.7	1639.3	0.9	30.0	13.7
东盟(10 国)	752.3	566.1	1318.4	-5.2	12.4	1.6
日本	234.4	961.0	1195.4	-5.9	21.7	15.1
美国	692.3	398.9	1091.2	-15.7	-18.7	-16.8
中国香港	727.9	38.8	766.7	-10.0	19.2	-8.9
其他	2033.4	1951.4	3984.8	-4.3	11.1	2.7

资料来源：广州市商务局。

2. 外贸结构持续优化

广州持续优化外贸结构布局，进口和出口比重趋向均衡。扩大进口措施获得明显成效，2019 年全年进口总量为 4737.8 亿元，比 2018 年增长 12.7%，比全省增速高 15.6 个百分点，进口增速位列全国主要外贸城市第一。

广州一般贸易进出口总值达 4893.2 亿元，同比增长 6.6%，占进出口总额的49.0%，同比提升2.2个百分点。加工贸易进出口总值达2492.0亿元，同比下降6.1%，占进出口总额的24.9%，较2018年下降2.2个百分点。新兴业态继续保持良好的增长态势，保税物流进出口1120.6亿元，增长24.8%；通过海关跨境电商管理平台进出口385.9亿元，增长56.4%（见表2）。市场采购出口1178.4亿元，下降25.5%，但12月单月市场采购出口395.4亿元，同比增长2.7倍，拉动了全年外贸进出口回升2.9个百分点。

表2　2019年广州市进出口贸易情况（按贸易方式分）

单位：亿元，%

贸易方式	本年累计			同比		
	出口	进口	进出口	出口	进口	进出口
合计	5258.0	4737.8	9995.8	-6.2	12.7	1.9
一般贸易	2207.2	2686.0	4893.2	6.8	6.5	6.6
通过海关跨境电商管理平台进出口	132.7	253.2	385.9	171.7	27.9	56.4
加工贸易	1481.1	1010.9	2492.0	-7.2	-4.5	-6.1
来料加工	361.8	281.5	643.3	-10.6	-11.5	-11.0
进料加工	1119.3	729.4	1848.7	-6.0	-1.5	-4.3
保税物流	327.5	793.1	1120.6	4.2	35.9	24.8
其他贸易	1221.7	72.9	1294.6	-24.3	371.8	-20.6
市场采购	1178.4	—	1178.4	-25.5	—	-25.5
邮快件电商包裹	—	58.6	58.6	—	—	—

资料来源：广州市商务局。

广州市加速培育贸易新业态新模式，通过创新引领业态发展。2019年，全市12条服务贸易创新发展试点经验在全国范围内得到复制推广，广州成为形成试点经验数量最多的试点地区。广州重点统筹推进多个国家试点建设，包括跨境电商、市场采购、平行汽车进口、服务贸易创新发展等，均取得显著成效，跨境电商进口额在全国5年蝉联第一；市场采购、保税物流占据2019年全市外贸总份额近1/4；平行汽车进口比2018年增长1.5倍，连续三年稳居全国第二。广州自2018年获批成为全国17个深化服务贸易创新发展试点城市（地区）之一以来，力推新一轮40项试点任务，借助穗港澳合作的优势，打造特色"自选动作"，服务贸易占对外贸易的28.3%，位于全国平均水平之上。

3. 高技术产品贸易助力高质量发展

广州市一大批重大优质制造业项目陆续落地投产，其中包括乐金OLED、超视堺、粤芯等，西门子清洁能源数字化创新中心、阿斯利康中国南区总部、广州绿叶生命科学产业园等一批项目落地广州，"中以创新孵化项目"等一批外资项目投产，带动设备、原材料等进口大幅增长。高技术产品进出口占比持续增加，2019年全市机电产品进出口5003.9亿元，同比增长4.2%，占全市进出口总值的49.9%。其中出口2699亿元，同比下降4.3%，占同期全市出口总值的51.3%；进口2304.9亿元，大幅增长16.3%，占同期全市进口总值的48.6%。高新技术产品（与机电产品有交叉）出口832.6亿元，下降3.6%，占同期全市出口总值的15.8%；进口1494.8亿元，增长25.3%，占同期全市进口总值的31.5%。成品油出口增长幅度较大，为97.9亿元，增长23%；消费品进口739.8亿元，增长27.3%；此外汽车整车、平板显示器制造设备、医药品等进口快速增长。

4. 贸易便利化措施优化外贸环境

提升跨境贸易便利性、优化口岸营商环境成为稳外贸、促发展的重大举措。广州市在新一轮促进跨境贸易便利化专项行动中高质量高标准地完成各项目标任务，加快国际新型贸易中心建设，包括打造进出口商品质量监管国际化规则示范区，国际贸易"单一窗口"主要业务、全球溯源体系进出口商品品类实现全覆盖，全球报关系统开展实单运营，自由贸易账户业务正式落地，国际贸易智能通关、数字口岸等综合服务能力不断增强。南沙自贸区口岸便利化改革"南沙模式"已然成形，南沙口岸创新路径正在影响全国，为企业降本增效带来红利。在节约成本方面，在南沙港区试行的周末及节假日常态化货物通关机制，极大节省了企业在港口产生的堆存费、滞柜费、打冷费等物流费用成本。在加快通关方面，新型通关机制在南沙口岸试点，包括"提前申报""自主申报、自行缴税""进口直通""出口直放""审单放行"等，货物通关效率进一步提升。全球报关服务系统已完成技术开发并上线运行，该系统有效地提高了跨境贸易通关效率，赋能中小微企业积极主动、公开平等参与国际贸易便利化进程。

（三）利用外资成绩斐然，重大项目贡献突出

广州认真落实外商投资法"六大机制"和省"外资十条"，从建立外商投资信息共享机制，到完善外商投资促进机制，再到建立优化营商环境法治保障工作机制，构建全链条的服务体系，办好国际投资年会等高端推介招商活动，提升外商的获得感和满意度，以推动经济高质量发展。

1. 重大项目带动外资投入效果显著

外商投资是广州经济发展和产业结构优化的重要支撑之一，2019年广州紧紧抓住进一步扩大开放和粤港澳大湾区建设的战略机遇，全面落实准入前国民待遇加负面清单制度，继续扩大开放领域，构筑完善有力的招商和企业服务体系，通过制度优势赢得越来越多外商认可和信任。全年新设立外商直接投资企业3446家，投资项目总数1110个，实际使用外资金额71.43亿美元，同比增长8.1%，增速高于全省4.6个百分点。历年累计引进外商直接投资企业接近4万家，实际使用外资金额累计超过1000亿美元。广州通过组团出国开展靶向招商、经贸合作交流、贸易促进、招商推介会议和参加各类展览或会议（或活动）等多种方式增强国际显示度，参加包括"冬季达沃斯论坛""粤港—法国经贸合作交流会""中国（广东）—韩国发展交流会"等会议与活动20场，举办25场经贸交流活动，组织90多家企业参加4场境外展，拜会境外政府机构、商协会、企业等约95家，促成50多家企业的合作意向。广州对世界主要投资的吸引力进一步增强，世界500强企业纷至沓来，2019年新增落户5家，如采埃孚亚太集团与花都区签署投资协议，阿斯利康中国南部总部落户广州，ABB集团公司与广州市黄埔区下属国企合作开展光伏、储能智慧能源示范项目，全球航运业龙头马士基集团拟在南沙打造国际集拼物流基地等，落户广州的世界500强企业总数已达306家。重大项目对外商投资规模的拉

动作用显著，全市投资总额 5000 万美元以上的大型外商投资项目共 183 个，涉及合同外资合计 297.44 亿美元，增长 31.5%，占全市合同外资总额的 75.2%。外商投资企业贡献了近六成的全市规模以上工业总产值、增加值以及近 1/2 的全市进出口总额，成为广州经济发展和产业结构优化的重要力量。

2. 亚洲地区是主要投资来源地

从投资来源国和地区分布上看，亚洲地区作为广州主要投资来源地的格局没有改变。2019 年广州实际使用外资来源地前五位国家（地区）分别为中国香港、韩国、日本、新加坡、英属维尔京群岛。中国香港仍然是广州实际使用外资的最大来源地，直接来源于香港的实际使用外资为 46.22 亿美元，同比增长 14.4%，占全市实际使用外资总额的 64.7%（见表 3）。穗港智造特别合作区全面启动，35 个重大项目同时破土动工，项目总投资额达 1280 亿元，产值或营业收入预估约为 2300 亿元。韩国、日本和新加坡等国家和地区一批大项目在穗签约或开工，带动外资大幅增资，日本株式会社电装与广州南沙经济技术开发区管理委员会正式签订协议，计划在南沙增资扩产不少于 20 亿元。法国、毛里求斯和德国新进入前十位主要投资来源地，主要得益于法国苏伊士集团环保科技产业园项目在广州签约落户、总投资 3.58 亿元的德国西门子配电变压器工厂的西门子智能变压器项目动工等。共建"一带一路"国家和地区在穗投资进一步增加，在穗实际投资 3.27 亿美元，增长 19.9%。

表3　2019 年广州市外商直接投资十大区域情况

国家（地区）	企业数		合同外资金额		实际使用外资金额	
	本期数（家）	同比增长（%）	本期数（亿美元）	同比增长（%）	本期数（亿美元）	同比增长（%）
中国香港	1788	−55.2	344.17	2.2	46.22	14.4
韩国	98	27.3	1.80	−90.3	11.01	41.6
日本	27	42.1	4.58	53.7	4.48	8.9
新加坡	67	28.9	6.56	173.2	3.16	17.2

国家（地区）	企业数		合同外资金额		实际使用外资金额	
	本期数（家）	同比增长（%）	本期数（亿美元）	同比增长（%）	本期数（亿美元）	同比增长（%）
英属维尔京群岛	16	0	4.29	−48.2	1.92	7.0
法国	18	−10	0.75	9.5	1.03	6968.5
毛里求斯	0	−100	0.86	1835.7	0.65	—
英国	34	47.8	0.51	74.5	0.16	−37.7
德国	15	36.4	0.44	1525.0	0.16	95.9
美国	70	1.5	−0.01	−100.2	0.07	−50.9

资料来源：广州市商务局。

3. 服务业外商投资保持高增长

从吸收外资的行业来看，外商投资服务业规模持续扩张。2019年服务业新设外商投资企业3280家，占全市的95.2%；实际使用外资52.58亿美元，同比增长44.5%，占全市的73.6%。其中，租赁和商务服务业实际使用外资20.27亿美元，同比大幅增长170.9%。房地产业实际使用外资13.65亿美元，同比增长53.8%；合同外资金额119.91亿美元，同比增长848.9%。科学研究和技术服务业合同外资金额47.03亿美元，同比增长206.8%，将在未来一段时间内对实际使用外资形成拉动效应（见表4）。

表4　2019年广州市分行业外商直接投资及其增长速度

单位：亿美元，%

行业	合同外资金额	同比增长	实际使用外资金额	同比增长
总计	395.29	−1.1	71.43	8.1
第一产业				
农、林、牧、渔业	0.17	30.9	0	−100
第二产业				
制造业	19.53	−49.3	18.84	−35.9
电力、热力、燃气及水生产和供应业	1.87	4.9	0	—
建筑业	2.07	−45.6	0.02	−93.0

续表

行业	合同外资金额	同比增长	实际使用外资金额	同比增长
第三产业				
批发和零售业	18.59	−50.1	4.82	18.5
交通运输、仓储和邮政业	5.78	−21.4	4.87	−21.8
住宿和餐饮业	1.07	199.2	0.04	−69.4
信息传输、软件和信息技术服务业	14.43	89.3	3.34	5.5
金融业	85.65	−59.7	1.59	−44.7
房地产业	119.91	848.9	13.65	53.8
租赁和商务服务业	78.18	26.6	20.27	170.9
科学研究和技术服务业	47.03	206.8	3.93	97.7
文化、体育和娱乐业	0.72	365.9	0.05	−94.5

资料来源：广州市商务局。

（四）对外投资稳步发展，资本带动共建"一带一路"地区互利共赢

全球经济增长呈现放缓态势，不稳定不确定因素明显增多，中国继续保持稳中求进的总基调，推进对外投资平稳发展。广州对外投资稳中向好，2019年全年新增对外投资企业（机构）190个，增长15.2%；中方协议投资额18.32亿美元，同比下降15.0%；对外直接投资额15.47亿美元，同比下降10.1%。虽然广州投资额处于波动变化状态，但新增企业数持续增长，"走出去"规模效应仍将进一步释放。

1. 共建"一带一路"国家和地区布局加速

广州对外投资主要集中在亚洲地区，2019年投资项目数139个，占比73.16%；中方协议投资额11.99亿美元，占比65.44%（见表5）。"一带一路"建设带来新的发展机遇，为更多广州企业开拓新市场提供新商机。2019年广州在共建"一带一路"国家和地区投资设立了44家企业（机构），同比增长29.4%；中方协议投资额4.51亿美元，占同期中方协议投资额的24.6%。穗企加速向共建"一带一路"国家和地区布局，雪松控股集团与乌克兰工业商业商会签署战略合作协议，加强在大宗商品领域的合作。许多贸易企业如广州森大贸易有限公司开辟出更为高质量发展的合作路

径。面对非洲市场竞争愈发激烈的态势，广州森大贸易有限公司实施"以贸带工，以工促贸，工贸一体"的经营战略，通过在海外设立工厂发展本地制造的方式来减少中转环节，改善全球供应链体系，并发展成为当地知名的品牌。随着"一带一路"建设的不断深入，越来越多企业把创新技术的实践从广州拓展到海外。

表5　2019年广州市对外投资主要地区情况

分组指标	新增企业（机构）数（家）	中方协议投资额		
		金额（亿美元）	同比增长（%）	比重（%）
总计	190	18.32	-15.0	100
亚洲	139	11.99	32.1	65.44
中国香港	87	5.79	25.7	31.6
越南	5	1.51	348.2	8.2
非洲	6	0.18	-79.7	1.0
欧洲	16	2.82	28.4	15.4
拉丁美洲	1	2.77	53.7	15.1
北美洲	23	0.49	-70.2	2.7
美国	22	0.49	-60.5	2.7
大洋洲	5	0.07	-98.8	0.4
澳大利亚	4	0.02	-99.6	0.1

资料来源：广州市商务局。

2. 对外投资行业结构平稳发展

第三产业是广州对外投资的重点领域。2019年第二产业新增企业数36家，中方协议投资额4.87亿美元，占协议投资总额的26.6%，其中制造业企业新增32家，中方协议投资额4.80亿美元；第三产业新增企业数149家，中方协议投资额11.76亿美元，占协议投资总额的64.2%（见表6）。值得注意的是，信息传输、软件和信息技术服务业企业"走出去"步伐显著加快，2019年新增对外投资企业40家，中方协议投资额5.44亿美元，同比增长13.02倍；租赁和商务服务业新增企业18家，中方协议投资额3.38亿美元，同比增长57.1%。

表6　2019年广州市对外投资主要行业结构

分组指标	新增企业（机构）数（家）	中方协议投资额		
		金额（亿美元）	同比增长（%）	比重（%）
第一产业	5	1.70	261.4	9.3
农、林、牧、渔业	5	1.70	261.4	9.3
第二产业	36	4.87	-40.8	26.6
制造业	32	4.80	-37.2	26.2
建筑业	4	0.06	1289.5	0.4
第三产业	149	11.76	-8.6	64.2
批发和零售业	58	2.91	-42.4	15.9
交通运输、仓储和邮政业	6	0.09	-91.1	0.5
信息传输、软件和信息技术服务业	40	5.44	1302.3	29.7
房地产业	2	-0.49	8171.2	-2.7
租赁和商务服务业	18	3.38	57.1	18.5
科学研究和技术服务业	21	0.39	-90.8	2.1
水利、环境和公共设施管理业	1	0.01	1502.1	0.1
居民服务、修理和其他服务业	2	0.0006	—	0
卫生和社会工作	1	0.03	—	0.1
合计	190	18.32	-15.0	100

资料来源：广州市商务局。

3. 境外产业园区发展势头良好

境外经贸合作区在产业聚集、带动、辐射、示范等方面发挥着不可替代的作用，更为入驻的中资企业提供了抱团出海的有利条件，是企业集群式"走出去"的重要平台，也是高质量共建"一带一路"的重要内容。中国—沙特吉赞经济城、中国（广东）—乌干达国际产能合作工业园、肯尼亚珠江经济特区、尼日利亚广东经济贸易合作区等一批境外园区建设取得实质性进展，累计投资超过3.5亿美元。广州在沙特吉赞经济城的又一重点推进项目——"石油化工化纤一体化"项目动工，并被沙特政府纳入2019年中沙两国合作的重要成果名录。中国（广东）—乌干达国际产能合作工业园一期项目已建成投产，该园区是迄今为止中国对乌干达最大的投资项目。

（五）综合性交通枢纽建设扎实推进，国际枢纽功能日臻完善

为落实建设国际性综合交通枢纽的战略任务，2019年《广州综合交通枢纽总体规划（2018—2035年）》获审议通过，部署推动空港、海港、陆港三港融合，打造开放式、立体化、智慧型综合客运枢纽和多式联运综合货运枢纽，并提出到2020年基本建成国际性综合交通枢纽、到2035年建成引领全球现代化交通发展的交通枢纽的目标。广州综合交通枢纽的地位不断巩固，立足湾区、面向全球的集聚辐射能力进一步扩展，基本形成了海陆空多式交通为一体的综合交通网络。

1. 国际航空枢纽能量进一步释放

白云国际机场二期扩建七大工程及配套项目完工，第三期扩建工程前期工作启动，航空枢纽功能得到进一步完善，向世界级航空枢纽的目标又迈进了一大步。截至2019年底，广州白云机场航线网络覆盖全球超过230个航点，拥有航线超过300条，其中国际航线网络遍布全球5大洲的94个航点，国际航线总量达166条，辐射包括29个共建"一带一路"国家和地区共50个城市。与国内、东南亚主要城市形成"4小时航空交通圈"，与全球主要城市形成"12小时航空交通圈"。自2004年转场至新址以来，白云机场运送旅客累计超7亿人次、货邮吞吐量超1800万吨，15年以来平均每三年就实现一次"千万级"的跨越。2019年12月，白云机场年旅客吞吐量突破7000万人次，晋升进入全球"七千万级旅客出行俱乐部"，居全球旅客吞吐量第11位（见表7），成为广州全力推进国际航空枢纽建设阶段的重要里程碑。

表7 2019年全球旅客吞吐量排名前15位机场发展情况

2019年排名	机场	2019年旅客吞吐量（万人次）	2019年同比增速（%）	2018年排名	2017年排名
1	亚特兰大	11053.1	2.90	1	1
2	北京首都	10001.1	-1.00	2	2
3	洛杉矶	8806.8	0.60	4	5
4	迪拜	8639.7	-3.10	3	3

续表

2019 年排名	机场	2019 年旅客吞吐量(万人次)	2019 年同比增速(%)	2018 年排名	2017 年排名
5	东京羽田	8510.0	-2.30	5	4
6	芝加哥奥黑尔	8439.7	1.40	6	6
7	伦敦希斯罗	8088.1	1.00	7	7
8	巴黎戴高乐	7617.1	5.40	10	10
9	上海浦东	7614.8	2.90	9	9
10	达拉斯沃斯堡	7506.7	8.60	15	12
11	广州白云	7338.6	5.30	13	13
12	阿姆斯特丹史基浦	7170.7	0.90	11	11
13	香港	7153.8	-4.20	8	8
14	首尔仁川	7117.0	4.30	16	19
15	法兰克福	7055.6	1.50	14	14

资料来源：民航资源网。

依托白云机场枢纽能力，临空经济发展提速。广州临空经济示范区已初步形成飞机维修及客机改货机、航空物流、跨境电商、航空商务总部、飞机融资租赁、通用航空六大临空产业集聚。2019 年新增签约和动工一批共 26 个项目，计划投资总额近 300 亿元。全国临空经济示范区现场调研活动在广州举办，提出《临空经济发展广州倡议》，加快打造具有国际竞争力的国际航空产业城和世界枢纽港。

2. 国际航运枢纽地位进一步提升

广州港是"一带一路"建设的重要海陆交汇点，在 2019 年新华波罗的海国际航运中心指数中排名上升至全球第 16 位，国际集装箱干线港，铁水联运、公水联运、江海联运体系不断健全，立足广东、辐射泛珠、服务全国、连通世界的现代化综合运输体系逐步形成，广州港已成为大湾区通往非洲、地中海和亚洲地区的重要枢纽港，航运枢纽地位进一步提升。2019 年广州港净增集装箱外贸班轮航线 8 条，航线总数达 217 条，其中外贸航线 111 条，覆盖国内各主要沿海港口和东北亚、东南亚、欧洲、美洲、波斯湾、地中海、非洲等国家和地区，全球排名前 21 位的班轮公司均在南沙港区开辟国际航线。

"一带一路"方向航线92条，南沙港区首次开辟美东航线，新增了北欧等航线。2019年全年完成货物吞吐量6.25亿吨，同比增长12.28%，累计完成集装箱吞吐量2283万标准箱，同比增长4.1%，货物和集装箱吞吐量均继续稳居世界港口前5位（见表8）。广州南沙国际邮轮母港于2019年11月开港，已有通往中国香港、日本、越南、菲律宾等地航线9条，邮轮目的地12个，数量居全国前列。广州南沙国际邮轮母港成为国内东南亚航线最多的邮轮港口之一。

表8 2019年全球集装箱吞吐量排名前10位港口

单位：万标准箱，%

名次	港口	2019年	2018年	同比增速
1	上海港	4331	4201	3.1
2	新加坡港	3720	3660	1.6
3	宁波舟山港	2753	2635	4.5
4	深圳港	2577	2574	0.1
5	广州港	2283	2192	4.1
6	釜山港	2191	2166	1.1
7	青岛港	2101	1932	8.8
8	中国香港港	1836	1960	-6.3
9	天津港	1730	1597	8.3
10	鹿特丹港	1492	1451	2.8

资料来源：中国港口网。

3. 陆路枢纽支撑能力进一步强化

广州以构建发达的便捷式快速陆路网络为重点，促进区域人流、物流、资金流、信息流快速汇聚，优化资源配置。强化广州作为国家铁路和高速公路主枢纽的地位，畅通出省综合运输体系，加快完善连接泛珠三角区域和东盟国家陆路大通道建设，强化与共建"一带一路"国家和地区的互联互通能力，巩固提升广州作为共建"一带一路"国家（地区）枢纽城市地位。在公路交通方面，白云国际机场周边道路项目建设及前期工作加快推进，机场立体化综合交通体系加快建设，推动实现机场、高铁、城轨、地铁、高速公路无缝对接。在铁路交通方面，广州致力建设世界级高铁枢纽，粤东西北高铁进入密集开通、规划期，广深第二高铁正在筹划，广汕和广湛高铁等标志性骨干工程的建设工作稳步推进，其通车后将增强粤港澳大湾区对粤东西地区的辐射带动作用；南沙港铁路建设加速推进，预计 2020 年投入运营，将开启中欧班列新联运模式，在更大意义上使大湾区形成对丝绸之路经济带和海上丝绸之路地区的衔接和支撑。在大湾区内互联互通方面，广州正全面推进新一轮轨道交通线网规划建设，推动粤港澳大湾区基础设施高水平互联互通。2019 年广州城市轨道线网里程排名全国第三、世界前十，13 条 345公里新线建设正强力推进，湾区相邻城市轨道交通线网由边界换乘向贯通融合发展。

（六）重大国际交流平台影响力提升，知名会议目的地地位日益强化

2019 年广州市承办重要国际会展赛节 69 场，推动全球高端要素集聚，进一步增强广州的国际资源配置能力，带动多领域国际交往平台功能全面升级，推动广州成为国际重大活动举办地。

1. "读懂中国"广州国际会议成功举办

"读懂中国"国际会议是由中国国家创新与发展战略研究会、中国人民外交学会同 21 世纪理事会发起的，以"读懂中国"为主题，旨在搭建中外交流与对话平台的重要国际活动，已成为世界了解中国发展战略最具影响力的平台之一。2019 年 10 月 25～27 日，2019"读懂中国"广州国际会议举办，这是首次在北京以外的城市举办，与北京的"读懂中国"国际会议形成"一南一北"相互呼应的格局。国家主席习近平在北京会见了出席会议的外方嘉宾，并发来贺信，强调希望各国加强同中国的交流，切实增进中外相互了解和认知。本次会议以"新一轮经济全球化和中国改革开放再出发"为主题，共设 8 个分论坛，覆盖全球经济前景、"一带一路"合作、数字经济、金融开放、营商环境以及国家治理体系和治理能力现代化等重要议题，还特别设置了世界湾区市长圆桌会，邀请粤港澳大湾区和世界其他著名湾区的市长共商湾区发展大计。会议共吸引来自全球 17 个国家和地区的数百位

嘉宾出席大会，在这个以了解中国、理解中国为主旨的重要思想交流平台上，多位嘉宾对全球化进程中的中国贡献高度认可，也对中国继续为开放型世界经济增添动力表示期待。作为中国通往世界的"南大门"、改革开放的前沿地，广州为世界读懂中国"改革不停顿、开放不止步"的时代主题提供了宝贵窗口，"读懂中国"也在广州留下了"全球智慧"。

2. 从都国际论坛知名度继续提升

2019年12月1~2日，从都国际论坛在广州从都国际会议中心举行，国家主席习近平在北京会见出席论坛的外方嘉宾，再次强调各国应承担起各自使命责任，开展建设性对话，坚持求同存异，坚持多边主义，为实现构建人类命运共同体这一宏伟目标发挥正能量。国家副主席王岐山应邀出席开幕式并致辞，260余位外国前政要、国际组织前负责人、中外企业家、专家学者出席。本届论坛由澳中友好交流协会、中国人民对外友好协会、广东省人民政府和世界领袖联盟联合主办，以"多边主义与可持续发展"为主题，围绕"新中国外交70年""2030可持续发展议程"等热点话题设置三场大会讨论、四场平行讨论和多个专题交流会。会议通过了《从都宣言》，呼吁各国政府、议会、民间团体网络、学术界、智库、私营部门和社会媒体平台共同支持参与《联合国成立75周年倡议》，加强多边主义和全球合作，推进国际新秩序建设。从都国际论坛自2014年创办以来，以深入探讨世界和平、经济发展和文化交流等重要议题为宗旨，凝聚各方共识，推动区域和全球合作，成功打造中国重要的民间外交及国际交流平台，迄今已成功举办5届。通过从都国际论坛这扇"广州之窗"，国际社会得以从不同视角进一步观察和感受中国，交流全球治理智慧，为建设和平、包容和可持续的未来秩序携手共进，各尽其能。

3. 世界港口大会拓展港航朋友圈

2019年5月6~10日，世界港口大会在广州成功举办，这是继2017年广州《财富》全球论坛、2018年世界航线大会等之后广州举办的又一个重要国际盛会，也是世界港口大会继2005年在上海举办之后第二次在中国城市举办。世界港口大会由国际港口协会发起，每两年举行一次，迄今已举办30届，来自全球各地知名港航机构代表受邀参会，被誉为国际港航界的

"奥林匹克"盛会,对带动港航业经济发展、促进港口城市合作起着至关重要的作用。本届大会以"港口与城市——开放合作,共享未来"为主题,来自全球50多个国家和地区的近1200名代表与会,其中境外嘉宾达到307人,参会规模为历届之最。全球港航界、经济界人士围绕世界经济贸易未来走向、"一带一路"新动能、中国港口区域经济发展、海运与港口物流业前沿问题等贡献智慧和方案,为全球港航和经济发展献计献策。大会期间,广州港与8个国际港口结成友好港,与相关港航企业签署"绿色港航""大湾区5G港口创新中心"战略合作框架协议。世界港口大会的成功举办向国际社会全面展示了广州经济社会发展、国际航运枢纽建设和对外开放合作所取得的突出成就,有效提升了广州城市和港口的国际知名度、影响力,受到国际社会的极大关注和广泛赞誉。

4. 亚洲美食节尽显美食之都魅力

2019年5月16~23日,亚洲文明对话大会配套活动——2019广州亚洲美食节成功举办。活动以"共享亚洲美食文化,推进文明交流互鉴"为主题,不仅着眼于亚洲多元饮食品鉴、彰显广州美食魅力,更以美食文化为切入点,共商亚洲文明交流与发展之道,成功打造了一次文明交流的国际盛会,吸引了亚洲国家驻穗领馆代表、海内外美食行业领袖、文化界知名人士等千余名嘉宾参加。广州邀请22个亚洲国家驻穗使领馆共建亚洲美食节主宾国联动机制,成立亚洲美食文化产业发展战略联盟,这两项成果被纳入亚洲文明对话大会成果清单。日本、韩国、泰国、印度、印度尼西亚、伊朗、尼泊尔七国轮流举办"主宾国日",融合音乐、舞蹈、漫画、演讲等新颖形式,展现了各具特色的美食风采。广州还以一江两岸精品珠江景观带为主场,打造了长达10公里的全球最大亚洲美食精品长廊,推出亚洲美食主题灯光秀、水上亚洲美食餐厅、"我们的亚洲,我们的城"文化文艺展演等特色景观与活动,构建"水陆空"三栖美食文化展示盛宴,成功实现亚洲文明互鉴与民心相通的初衷,也充分展现广州作为美食之都的城市品牌形象。

5. 高端国际会议之都加速成长

除上述国际会议外,广州还举办了2019《财富》全球科技论坛、中国法治国际论坛、国际金融论坛（IFF）第十六届全球年会、2019 CNBC 全球科技大会、2019 年中国广州国际投资年会、第十二届中国生物产业大会、第二届中国（广东）人工智能发展高峰论坛、小蛮腰科技大会等重要国际会议，广交会、金交会、创交会、海交会、文交会等会议会展品牌影响力日益凸显，进一步推动全球高端要素向广州集聚（见表9）。

表9　2019 年广州举办的重大国际会议一览

举办时间	会议名称
2019 年 4 月 2 ~ 3 日	2019 年中国广州国际投资年会
2019 年 5 月 8 ~ 9 日	世界港口大会
2019 年 6 月 10 ~ 12 日	第十二届中国生物产业大会
2019 年 6 月 21 日	"2019 广州:全球城市评价研究"学术会议
2019 年 10 月 11 ~ 12 日	小蛮腰科技大会
2019 年 10 月 24 日	第二届中国(广东)人工智能发展高峰论坛
2019 年 10 月 25 ~ 27 日	"读懂中国"广州国际会议
2019 年 11 月 7 ~ 8 日	《财富》全球科技论坛
2019 年 11 月 10 ~ 11 日	中国法治国际论坛(2019)
2019 年 11 月 18 ~ 20 日	2019 CNBC 全球科技大会—南沙
2019 年 11 月 22 ~ 24 日	国际金融论坛(IFF)第十六届全球年会
2019 年 12 月 1 ~ 2 日	从都国际论坛

广州已取得 2020 年世界大都市协会第十三届世界大会的主办权，广州与这一项高端国际会议"牵手"，将进一步推动全球城市治理经验共享，加速创建国际会展之都、知名会议目的地，加快国际交往中心建设和城市国际化步伐。

（七）国际友城关系拓展提质增速，交流合作机制日趋完善

2019 年，广州迎来开展国际友好城市工作 40 周年。40 年来，广州与世界各国城市积极结好，对外关系广泛拓展，全球"朋友圈"不断拓宽，友城交流平台化、项目化、机制化发展成效显著，在取得丰硕合作成果的同时，也缔结了深厚的民间情谊。

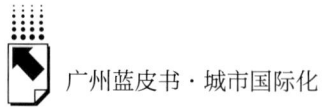

1. 友城结交40周年成果丰硕

自 1979 年 5 月广州与日本福冈缔结首对友好城市关系以来，广州积极发展友城关系，2019 年新增美国奥克兰、英国爱丁堡、韩国釜山等 9 个国际友好合作交流城市，累计结好国际友城 82 个，向实现"百城计划"迈出关键一步。广州与各国友城之间建立了深厚友谊，促进了互利发展，增进了人民福祉。值此国际友城工作开展 40 周年之际，广州成功举办"友城大联欢"——纪念广州开展国际友好城市工作 40 周年大会系列活动，来自 26 个国家 35 个城市的代表齐聚广州，共叙友谊。会上，广州市与日本福冈市、刚果共和国布拉柴维尔市、阿曼佐法尔省、英国爱丁堡市、韩国釜山市分别签署合作备忘录，白云机场与英国爱丁堡机场、岭南集团与法国里昂太阳之旅公司签署合作备忘录。广州还以"携友城之手，走共赢之路"为主题，举办了友城配对交流会、经贸交流会等多场活动，组织了友城青少年足球赛及交流营、"友城之路"展览等 17 场配套活动，以及 2019 广州国际友城大学联盟年会、第十一届广州地区中外友人运动会、"留法百年——广州青年致敬·寻梦之旅"等特色交流活动，特别设计了"友城号"地铁与"友城站"，一方面增进了广州与友城之间的国际友谊，另一方面也增进了市民对广州对外交往工作的了解，取得了促进交流、传播声音的良好效果。

2. 友城合作机制日臻立体完善

广州友城合作深度与广度持续增强，在友城框架下，累计达成友好城区 40 对、友好港口 52 个、友好图书馆 12 个，友好城市—友好城区—友好港口—友好机构"四位一体"的格局进一步完善。广州以高层互访推动友城关系发展，2019 年接待友城来访团组 94 批 543 人次，组团出访友城 30 批 342 人次，以各领域交流深化民心相通、利益相融。"广州—奥克兰—洛杉矶三城联盟"合作平台化、机制化发展，广州市主要领导率团参加 2019 新西兰科技周暨奥克兰—广州—洛杉矶三城经济联盟经贸合作和纪念广州奥克兰结好 30 周年等一系列活动，出席三城圆桌会议，就经贸合作、科技创新、人文交流和环境保护等交换意见，共同签署了合作备忘录。广州将三城联盟合作机制向其他友城推广，新签署了广州—法兰克福—里昂三城合作意向书，广州市代表团、法兰克福代表企业共赴里昂出席第三届中法融合论坛，其间广州和里昂市政府商谈推进三城推介会相关事宜，进一步拓展友城多边交流合作。友城合作成果日益深化，英国伯明翰大学广州中心、广州大学—林雪平大学城市可持续发展研究中心产学研一体化合作持续深化，为下一步成果转化与资源引进奠定扎实基础。

3. 友城人文往来形式丰富多样

为进一步加强与国际友城的人文交流，广州自2017年组建国际友城文化艺术团以来，每年利用国际友城结好周年庆、纪念节日、友城文化艺术节庆等节点赴海外开展丰富多样的文化旅游交流活动。2019年广州在土耳其伊斯坦布尔举办文化旅游推介活动，向土耳其旅游业界人士及普通观众介绍了广州市的文化旅游资源；参加第26届阿拉伯国际旅游展，以"一带一路，旅游共荣"为主题，以视频、图文宣传册等方式多维度展示了"花城"广州丰富的旅游资源和深厚的文化底蕴。广州国际友城文化艺术团赴澳大利亚、新西兰、印度尼西亚分别开展"2019广州文化周"方锦龙国乐世界巡演大洋洲站、广州国际友城文化艺术团印度尼西亚行等活动，献上了以"丝路乐音"为主题的精彩中华民乐表演以及粤剧、广东木偶戏和广东音乐等岭南传统非物质文化艺术表演，展现广州的文化风采。借助友城结好40周年的契机，广州还组织广州青少年交响乐团赴日本福冈市开展友城40周年访问演出，与巴西、阿根廷友城足球俱乐部签署校园足球合作谅解备忘录，并举办友城青少年"畅玩广州"等趣味文化活动，以青少年为重点抓手和对象，增进全社会的国际友好氛围。

（八）城市对外伙伴网络建设加强，国际机构合作取得新突破

广州持续发挥在主要城市国际组织中的引领性作用，以领馆作为联通中外合作的桥梁纽带，创新各类驻外机构工作机制，国际伙伴网络显著拓宽，国际交流合作实现新突破。

1. 城市国际组织合作取得新突破

广州持续深耕国际城市多边组织，2019年世界城市和地方政府联合组织

（以下简称"城地组织"）换届后，广州连任该组织世界理事会和执行局城市，市政协领导成功当选城地组织亚太区妇女委员会主席，并获得城地组织2020年世界理事会会议承办权。世界大都市协会第十三届世界大会筹备工作有序推进，将与2020年全球市长论坛、第五届广州国际城市创新奖颁奖大会同期举办。第三期国际城市创新领导力研讨班成功举办，利用广州国际城市创新奖的合作交流平台和参评案例，宣传推广城市创新治理领域的最新成果，进一步加强城市治理的国际交流合作。广州国际城市创新奖组委会应邀亮相首届联合国人居大会，并以"地方层面推进《新城市议程》和联合国可持续发展目标的实践经验"为主题在联合国人居大会第三场国际会议上组织边会充分展示了全球城市创新对实现《新城市议程》和联合国可持续发展目标的重要作用，获得联合国人居署高度认可。在丹麦首都哥本哈根举办的C40城市气候领导联盟市长峰会上，广州市"电动公交车"项目获得七项"城市奖"之一"绿色技术"奖，广州作为本次唯一获奖的中国城市传达出中国应对全球气候变化的努力和愿景。广州成功加入世界城市文化论坛（WCCF）国际组织，为促进世界城市文化政策研究与文化创意产业发展贡献力量。

2. 立足各区特色加强与驻穗领团联系

2019年，巴拿马驻广州总领事馆、加纳驻广州总领事馆正式开馆，外国驻穗领馆达65家。广州全年组织领团见面会、"领团读懂广州"品牌活动5次，安排重要涉领活动85场次，充分发挥领馆友好桥梁作用。为加强与各国领团的联系协作，广州不断强化"市—区"联动机制，市委外办与各区联合举办外国驻穗领团走进黄埔、花都、南沙、从化、番禺等活动，全面展示了广州市各区开发建设和改革创新成果，了解自贸区建设进展及重点新兴产业发展情况，推动广州与各国在多领域的交流与合作。

3. 统筹驻外机构形成国际合作新格局

广州打造"基金会—国合中心—驻外办事机构"三位一体国际交流合作工作新机制。国际交流合作基金会（基金会）运作步入正轨，与驻波士顿办事处对接哈佛大学，助力哈佛大学中国校友会活动，积极参与和支持全球最大的华人青少年创新比赛项目——中国大智汇（China Thinks Big）创新研究大挑战活动；与驻波士顿办事处对接美国莱斯恩公司（Life Science Nation），探讨中美多元化网络数据库及投融资领域合作框架；与驻特拉维夫办事处联合主办中以青年创新设计公众分享会，增强中国与以色列青年创新智慧交流。依托国际交流合作中心（国合中心），争取南南促进会、德中创新联盟等一批国际组织、外国城市政府派出机构、跨国企业选择落户。广州主抓波士顿、特拉维夫和硅谷 3 个驻外办事处，新增驻尼泊尔、埃及、巴拿马等贸促会海外联络处，海外联络处总数达到 30 个。广州启动全市 57 个各类驻外机构统筹工作，完善驻外办事处、基金会与市相关部门的沟通联系机制，组织"走进广州——驻外机构培训会"，增强国际交往工作合力。

（九）城市品牌形象充分彰显，国际传播能力建设步伐加快

广州把握国际国内重大会议活动的机遇，以"广州故事会"为抓手创新对外传播模式，扩充城市故事立体化讲述形式，拓展城市国际宣传渠道和空间，有效提升了城市形象显示度和美誉度。

1. 国家重大平台助力广州形象传播

广州始终坚持紧随习近平总书记全球步伐，积极借助 APEC 峰会、G20 峰会、金砖国家峰会等元首外交活动以及世界经济论坛、博鳌亚洲论坛、中国发展高层论坛、夏季达沃斯论坛等国际重大会议，对外宣介习近平新时代中国特色社会主义思想，以广州案例阐释中国理念、中国道路、中国文化。继续坚持融入国家外宣平台，积极配合亚洲文明对话大会等主场外交活动和一系列高端国际会议，先后举办了广州亚洲美食节、"广州之夜"城市推介会等 8 场配套活动，赴北京、海南、香港、澳门等地和在广州本地举办 7 场城市推介会和故事会，取得良好宣传效果。"广州之夜"连续五年亮相夏季达沃斯论坛，以"老城市、新活力"为主题，将岭南传统艺术文化元素与高新科技相结合，为各国参会嘉宾呈现了传统与时尚相交汇、经典与创新相融合的广州。第 33 届广州国际美食节成功举办，首次加入"粤菜师傅"工程和"国际食材馆"，融合"美食＋音乐"的创新办节理念，成功实现了美食主题更突出、国际化元素更多元、参展美食更丰富等特色，为"食在广

州"注入更多活力。一系列外宣活动进一步推动了广州对外人文交流交往，更生动地呈现广州国际大都市形象。

2. "广州故事会"品牌效应持续放大

广州利用国际友城资源和驻穗总领事馆资源，在海外举办了中日、中韩、中意、中希、中西等10场友好交流故事会，多领域、多维度传播广州发展成就和中外友谊，极大提升了城市形象国际显示度和美誉度。G20峰会在日本大阪举行前夕，广州"借船出海"，接连在日本、韩国举办两场友好交流故事会。在韩国首尔汝矣岛举办的中韩友好交流故事会上，LG、科大讯飞、SKG与雪松控股等大型企业讲述了粤韩跨国合作的共同努力，韩国非遗板索里、中国杂技和街舞等文艺展演彰显两国文化特色。在日本大阪举行的中日友好交流故事会上，本田与广汽合资合作、日本航空公司运送大熊猫和相扑选手、网易开发日本题材手游《阴阳师》等友好佳话得到生动讲述，中国漫画家金城、"小林"林帝浣现场作画送给友城福冈，以及日本演员带来的太鼓、三味线乐器表演，释放中日文化交融的魅力。在希腊雅典举行中希友好交流故事会上，希腊钢琴家用广东珠江钢琴集团旗下企业生产的乐器献上精彩演奏，知名粤剧演员将中国传统神话《白蛇传》奉献给神话国度希腊的民众。广州原创歌剧《马可·波罗》意大利巡演、中国球员武磊效力皇家西班牙人足球俱乐部等故事也先后在意大利米兰、西班牙马德里举办的故事会上分享。从聚焦城市的宏大叙事转向一个个鲜活、生动的个体，"广州故事会"品牌开辟了城市故事讲述的全新视角和广阔空间，也展现出广州代表中国城市欲与世界交好的开放姿态。

3. 境内外媒体联系合作不断强化

广州积极加强与新华社《瞭望》周刊、CNBC等国内国外主流媒体的深度战略合作，持续办好CNBC全球科技大会等永久落户广州的国际性会议和"中国幸福城市论坛"等影响力显著的展会论坛活动，搭建起境内外媒体、智库沟通的国际平台。首届粤港澳大湾区媒体峰会在广州举行，以"一流湾区、媒体担当——媒连粤港澳，融通大湾区"为主题，汇聚300多名传媒专家和业界精英，就如何开展创新与协同合作、推进媒体融合、助推粤港澳大湾区建设等展开深入交流。广州全面改进和提升新闻发布工作，创新发布形式，探索建立新闻发布"1+1+N"模式，每周1场政务发布、1场专题发布、不定期配合举办N场广州故事会，构建立体化、多元化新闻传播格局。

（十）开展多领域人文交流活动，提升城市文化国际传播力

更加丰富的人文交流活动、更加突出的文旅品牌活动、更高层次的国际文体活动全年轮番上演，扩大了城市文化软实力的影响，也实现了广州城市文化与世界文化的相互交融。

1. 文化交流活动品牌效应凸显

广州全年共组织103个团组赴国外和港澳台地区开展对外文化旅游交流，"广州文化周""我们，广州""丝路花语——海上丝绸之路文化之旅"等对外文旅交流品牌继续强化，已经成为广府历史和广州故事的重要传播载体。全年组织开展5场"广州文化周"活动，包括"许鸿飞雕塑世界巡展西班牙站""欢乐春节美国行""方锦龙国乐世界巡演大洋洲站""广州国际友城文化艺术团印尼行"等。"我们，广州"城市文化旅游形象推广活动亮相世界港口大会，通过线上线下相结合、极具创意和互动性的岭南文化展示，"以文化会友"，增进广州与参会港口城市间的友谊。全力办好国内外重大体育活动，举办了2019年广州马拉松赛、广州国际龙舟邀请赛、国际篮联篮球世界杯广州赛区比赛、足球亚冠赛、中超联赛、篮球CBA职业联赛等国际国内重大体育赛事，进一步提升"两博会"（中国体育文化博览会、中国体育旅游博览会）海内外知名度，世界级赛事聚集地效应凸显。此外，广州深入贯彻落实粤港澳大湾区国家战略，积极推动穗港澳青少年文化交流，成功举办"穗港澳青少年文化交流季"系列品牌活动，利用血脉相连的文化基因，推动大湾区青少年凝聚文化共识，共同传承中华文脉。

2. 国际文化平台合作效果提升

广州持续打造文化交流平台，办好广州文交会等一系列大型文化活动，增强国际知名度。第三届广州文交会成功举办，规模、层次、集聚度都较往

年大幅提高。本次文交会以"丝路文化、人文湾区、创意广州"为主题，围绕"一带一路"倡议、粤港澳大湾区建设，突出市场化、专业化、国际化特征，致力于将文交会打造成引领国际文化产业的标杆展会。广州文交会首次与超强市场主体合作，引入肖邦钢琴音乐节等品牌活动，举办粤港澳大湾区公共图书馆联盟成立仪式，促成中国城市幸福实验室、湖南广电大湾区总部等一批重要文化项目落户广州，打造更富国际影响力的文化产业交易平台和综合文化交流平台。2019年中国（广州）国际纪录片节共吸引130个国家和地区以3441部作品参评参展，征集数量再创新高，位居世界同类型节展第一。全球超半数的国家参与角逐广州国际纪录片节上的"金红棉"奖，其中，西班牙、美国、法国三个国家的参评数量居国际前三位，欧洲国家的报名数量达1691部，首次超越亚洲，成为本年度参评数量最多的大洲，表明广州国际纪录片节影响力和吸引力范围扩大。第24届广州国际艺术博览会举办了春、秋两季，分别创下3.5亿和7.8亿元交易额，花城艺术品牌得以向世界传播。文交会期间，广州还发布了"2019年度中国二次元指数""2019年广州文化上市公司指数""广州文化企业50强"等权威榜单，逐步完善具有广州特色的文化产业评价体系。

3. 海丝申遗牵头城市作用逐步发挥

广州积极发挥自身作为粤港澳大湾区文化核心引擎和海上丝绸之路重要发祥地的牵头作用，持续推进海上丝绸之路史迹保护和联合申报世界文化遗产工作，深化文化遗产保护对社会、经济可持续发展的积极作用。在2019年海上丝绸之路保护和联合申报世界文化遗产城市联盟联席会议暨海丝文化遗产培训班上，澳门特别行政区及长沙市正式加入由广州牵头的海丝联合申遗城市联盟，至此海丝联合申遗城市联盟会员增加到26个。广州赴印度尼西亚、菲律宾成功举办"丝路花语——海丝文化之旅"活动，与当地政府机构代表、文化中心负责人、专家学者分享遗产保护工作中的宝贵经验，印度尼西亚、菲律宾代表分别与广州"丝路花语"活动推介团签署了《关于海上丝绸之路文化遗产合作保护和旅游地资源开发共享的合作备忘录》，约定共同推进海丝文化遗产及遗产地旅游资源的保护和可持续发展，发挥海丝文化遗产在提升人与社会综合文明素质中的积极作用。广州会同澳门举办海上丝绸之路国际学术研讨会,来自国际古迹遗址理事会,日本、韩国、伊朗、印度尼西亚、新加坡等共建海上丝绸之路国家,以及中国国家文物局、中国社会科学院、中国文化遗产研究院等机构与海丝申遗联盟城市总计100余位专家代表深入开展海丝文化价值研讨,创新文化遗产保护理念与合作模式。广州还通过官方微信公众号"丝路云帆"、《丝路邮报(英文)》全媒体英文平台等渠道向国际社会进行全媒体宣传,提高国际社会对海丝文化遗产保护的重视和关注。

4. 携手港澳共同打造世界旅游目的地

近年来广州入境旅游者规模趋于稳定,2019年入境旅游者899.4万人次,其中港澳台胞553.1万人次、外国人346.3万人次(见图1)。广州依托国际旅游组织,参加2019年世界旅游联合会香山峰会、亚太城市旅游振兴机构(TPO)第九届总会等国际会议;会同粤港澳大湾区城市,全年先后6次派代表赴境内外重要客源地联合开展文化旅游资源宣传推广活动,持续强化粤港澳大湾区对国内外游客的吸引力。2019年广州旅游文化推介会分别在香港特别行政区、澳门特别行政区成功举办,得到香港、澳门有关政府机构及旅游业界大力支持,两场推介活动均有逾百名代表。广州代表参加《我爱湾区我代言》推介项目,该活动以文化和历史为纽带,串联广州的"千年古城"文化遗产、珠海和中山的岐澳古道、深圳改革开放的历史遗迹、澳门的世界遗产建筑、香港的文物径,联手打造粤港澳大湾区文化遗产游径,展示粤港澳大湾区岭南文化特色。邮轮旅游进一步发展,邮轮旅客出入境人次位列全国第三,举办南沙邮轮旅游文化节,为广州旅游业注入新动力。夜间经济发展迅速,主动促成全市11家博物馆、纪念馆实行夜间开放,发布了6条"夜游广州"精品旅游线路。着力整合广州北、清远南旅游资源,探索打造粤港澳大湾区北部生态文化旅游合作试验区,共建宜居宜业宜游优质生活圈。加强文化旅游人才培养交流,筹备选派旅游业界人员赴港澳交流培训,邀请港澳优异生来穗访问,共享文化旅游智力资源。广州与澳门旅游学院签署战略合作协议,成立粤港澳大湾区旅游职业联盟、粤菜发展研究院和亚洲美食文化教育联盟，着手在旅游人才培养、旅游专家互访等方面深入开展合作。广州还依托境外旅游推广中心，开通国际社交平台，通过参展参会、专项推介、节庆营销等方式与当地政商名流、旅游机构、媒体及南航合作伙伴等不断联系合作，打造广州旅游国际口碑。

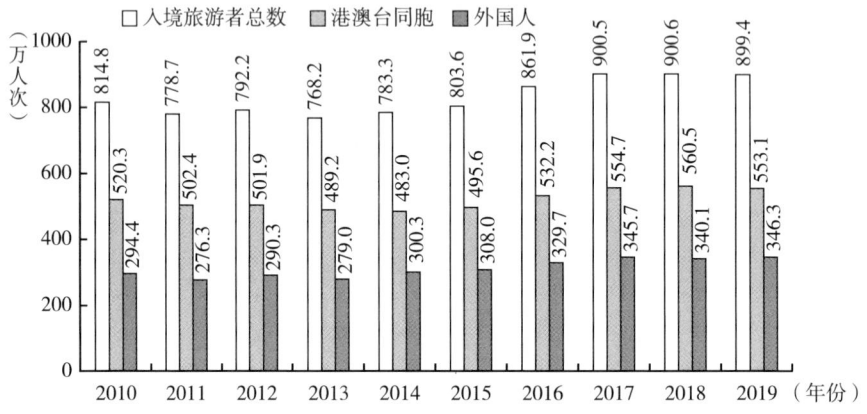

图1　2010～2019年广州接待入境旅游者人数变化情况

资料来源：广州市文化广电旅游局。

（十一）各层次教育对外合作扎实推进，教育国际化水平显著提升

从基础教育到高等教育，从普通教育到特色职业教育，广州各层次教育对外交流合作稳步开展、影响范围逐渐扩大，通过全方位开展合作项目与活动，广州市教育国际化水平整体提升了。

1. 基础教育合作稳步扎实推进

广州坚持基础教育国际交流合作，通过与海外友好城市及港澳台地区学校交流往来，实现了优势互补、资源共享。2019年广州新增8对国际友好学校，其中2对为友好城市姐妹学校（广东广雅中学与塞浦路斯悉尼翁学校、广州市执信中学与新西兰奥克兰市麦克林斯中学），全市国际友好学校已达86对。拓展友好学校创新合作，积极落实广东省—加拿大艾伯塔省合作谅解备忘录中关于教育的内容，承办的中国广东广州—加拿大艾伯塔

STEM 创新教育学校及姊妹学校签约仪式成为广东省与加拿大艾伯塔省新型创新国际教育合作重要里程碑。开展教育国际交流合作与师生友好互访活动，组织 11 个海外研学团组赴英国、德国、美国、俄罗斯、日本、西班牙、瑞典、法国等地研学，德国法兰克福、英国布里斯托尔、新西兰奥克兰、日本福冈、俄罗斯等地教育代表团来穗交流，教育交流收获丰富。全年共引入国际化特色民办学校 5 所，其中美国林肯中学、英国伊丽莎白女王医院学校、英国国王学院学校、英国威尔森学校落户南沙，与伊顿、哈罗、温切斯特齐名的英国四大公学之一——英国斐特思公学第一所海外分校落户增城。新加坡华侨中学明确将在中新广州知识城建立第一个海外校区项目，2020年中新知识城将在"十三五"时期共规划建成 34 所中小学校和更多国际学校，提供优质基础教育服务。

2. 高等教育合作强化智力支撑

广州积极促进高等教育对外交流合作，以教学科研合作、拓展高校联盟、开设孔子学院等方式促进高端国际教育资源流动。2019 年 5 月 4 日，伊朗马赞德兰大学举行了孔子学院揭牌仪式，这是伊朗第二所孔子学院，也是继意大利帕多瓦大学孔子学院、美国卫斯理安学院孔子学院之后，广州大学承担建设的第三所孔子学院，形成了欧洲、美洲和亚洲各有一所孔子学院的布局。2019 年广州国际友城大学联盟年会召开，广州医科大学、中东技术大学（土耳其安卡拉市）、仁川国立大学（韩国仁川市）、西英格兰大学（英国布里斯托尔市）四所中外高校加入国际友城大学联盟，联盟成员总数增至 11 个。中意历史建筑与文化遗产保护国际研究中心、国际文化旅游融合创新发展研究院揭牌，推动联盟内各高校在文旅融合创新、文化遗产保护等方面开展深度合作。粤港澳大湾区高等教育合作稳步推进，广州与中国教育科学研究院教育综合改革实验合作按计划推进，共建粤港澳大湾区教育研究中心，成功举办首届大湾区教育合作发展圆桌对话，为打造粤港澳国际教育新高地提供高质量智力支撑。香港科技大学（广州）获教育部批准筹设并动工建设，成为《粤港澳大湾区发展规划纲要》颁布以来首个获批筹建的具有法人资格的内地与香港合作办学机构。

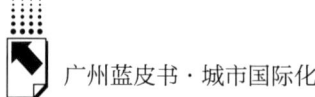

3.职业学校教育合作形式多元化

2019年1月24日，《国家职业教育改革实施方案》印发，明确职业教育与普通教育同等重要的地位，指出要借鉴国际职业教育先进经验，大幅提升职业教育现代化水平。广州大力发挥教育在共建"一带一路"中的先导性作用，围绕人才培养、培训、科研、学术等方面开展特色教育合作，不断推进广东省"一带一路"职业教育联盟建设。作为"一带一路"教育行动成果，广州全年与相关共建国家签署10个合作谅解备忘录，落成3个中外合作办学项目，新增1个筹建中外合作办学机构，有力增强教育国际交流的专业性、针对性和覆盖性。促成广州城市职业学院"中马国际学院"暨马来西亚城市大学广州校区、广州城市职业学院与马来西亚城市大学合办网络新闻与传播专业专科教育项目，广州铁路职业技术学院与白俄罗斯国立交通大学合办铁道交通运营管理专业专科教育项目，广州工程技术职业学院与南澳大利亚技术与继续教育学院合办会计专业高等专科教育项目。与匈牙利禅武国际联盟总会签订合作谅解备忘录，依托匈牙利禅武国际联盟拓展与共建"一带一路"欧洲国家开展武术职业教育合作。通过建立海外工作站、工作室等载体，广州以"职校教育走出去"的方式与越来越多的外国学校开展多层次、高质量的职教交流合作，广州市旅游商务职业学校与葡萄牙联合开设的中华茶艺工作室、中餐烹饪工作室、葡国菜工作室、波特酒工作室等项目被纳入葡萄牙国家旅游局友好合作协议框架，有力推动粤菜等岭南传统文化及其他中华优秀传统文化走向国际，进一步坚定文化自信。

二 2019年广州在世界城市体系中的表现

多个全球城市评价研究权威机构2019年相继更新全球城市评价排行榜，广州在重要排名中表现总体平稳，并在金融、创新等部分优势领域持续进步。对全球城市评价排名的跟踪研判，为广州客观全面把握发展形势提供了极有价值的参照系。

（一）2019年广州在主要全球城市评价排名中的表现

全球城市评价世界权威研究机构2019年继续更新全球城市评价排行榜，相比于2018年，广州排名变化不一，在2thinknow全球创新城市指数中位次创新高，在普华永道"机遇之城"、Z/Yen集团全球金融中心指数、科尔尼全球城市指数排名中表现平稳，在科尔尼全球潜力城市指数、IESE商学院全球活力城市指数中的排名小幅回调（见表10）。

表10　2015～2019年广州在主要全球城市评价排名中的表现

机构与排名		2015年	2016年	2017年	2018年	2019年	排名意义
普华永道	机遇之城	2	1	1	4	4	粤港澳大湾区区域重要城市
科尔尼	全球城市指数	71	71	71	71	71	保持内地城市第3位
	全球潜力城市指数	76	78	56	59	65	
IESE商学院	全球活力城市指数	104	104	102	109	113	
Z/Yen集团	全球金融中心指数	—	—	37/32	28/19	24/23	迈进全球性金融中心行列
2thinknow	全球创新中心指数	193	97		113	74	排名创新高
GaWC	世界城市分级	—	Alpha－(40)	—	Alpha(27)		在"世界一线"城市序列持续晋级

说明：2018年北京、上海纳入"机遇之城"榜单，参加排名城市总量增加。Z/Yen集团全球金融中心指数每年排名两次。

1. 在普华永道"机遇之城"中被列为粤港澳大湾区区域重要城市

普华永道与中国发展研究基金会发布《机遇之城2019》，将香港和澳门纳入榜单，也扩大了内地城市的观察范围，中国城市样本总数增至38个，广州名列北京、上海、香港之后，位列第4。粤港澳大湾区城市群发展作为一项国家级发展战略备受关注，在"区域重要城市"维度上，上海、北京、香港和广州包揽前四，重庆、深圳、成都等城市紧随其后。该维度前十名城市中，粤港澳大湾区城市占据三席，优势显著。这一维度排名与城市综合排名有很高的相似度，综合实力较强的城市在作为对外窗口促进国际交流和作为区域中心城市带动周边协同发展方面,都有更好的表现。在"交通和城市规划"维度上,粤港澳大湾区也有 5 个城市进入前十名,这与近年来大湾区大力建设交通基础设施关联紧密。2018 年相继开通的广深港高铁和港珠澳大桥进一步加强内地和港澳的一体化程度,基础设施日益发挥"硬联通"作用,压缩城市群之间的时空距离。粤港澳大湾区的发展必将更加蓬勃有力。

2. 在科尔尼公司全球潜力城市指数中的排名显示前景向好

2019 年美国科尔尼公司继续发布《全球城市指数报告》,包括"全球城市指数"和"全球潜力城市指数"两项排名,对全球城市发展水平进行评判。全球城市指数自 2008 年起发布,围绕商业活动、人力资本、信息交流、文化体验和政治事务五个维度评选出当前全球最具竞争力的城市。全球潜力城市指数自 2015 年起发布,从居民幸福感、经济状况、创新和治理四个维度评估城市未来发展潜力,2019 年指数预测至 2029 年。

广州在 2019 年全球潜力城市指数中排第 65 位,五年来上升了 11 个位次,与香港、北京、首尔、吉隆坡等亚洲先进城市的相对排名差距进一步缩小,尤其是相对于吉隆坡从 2015 年落后 32 位次到 2019 年领先 11 位次,实现赶超;与首尔的差距也由 2015 年的落后 66 位次大幅缩小到 21 位次;对曼谷、雅加达等城市的领先优势则进一步扩大,显示出广州良好发展前景(见表 11)。广州在 2019 年全球城市指数中排名第 71 位,位次于约翰内斯堡、加拉加斯、内罗毕、圣彼得堡、名古屋、菲尼克斯等首都城市或者与大型国家经济中心城市相近,2015～2019 年表现稳定。

表 11　2015～2019 年广州与亚洲主要标杆城市在全球潜力城市指数中相对排名差距

单位:位次

标杆城市	2015 年	2016 年	2017 年	2018 年	2019 年
香港	23	21	2	5	13
新加坡	62	61	45	54	63
北京	31	36	11	12	26
首尔	66	46	18	14	21
上海	11	15	-5	-5	14

续表

标杆城市	2015 年	2016 年	2017 年	2018 年	2019 年
曼谷	− 13	− 11	− 27	− 23	− 21
吉隆坡	32	24	3	− 2	− 11
雅加达	− 29	− 32	− 53	− 55	− 35

说明：表中结果以广州排名为比较基准，正数为排名于广州之前，负数表示排名于广州之后。

3. 在 IESE 商学院全球活力城市指数排名中发展均衡性显示有待进步

2019 年西班牙 IESE 商学院发布第 6 期全球活力城市指数，广州综合排名第 113 位。根据该指数排行榜中总城市数量的变化进行排名，广州 2015 ~ 2019 年在排行榜中处于前 70% 至前 57% 的位置，综合排名波动上升。与长期处于领先地位的西欧、北美等地区的主要城市仍有一定差距，但小幅收窄。

与 2018 年情况类似，广州在"经济状况"、"国际联系"和"流动性与运输"三个维度的排名靠前，而在"人力资本"、"政府与公共治理"和"环境"等维度表现不佳。其中广州在"流动性与运输"维度持续表现突出，自 2015 年以来连续五年进入全球活力城市指数排名前三十，2019 年更是排到全球第 13 位，成为广州在该指数分类榜单中最好的成绩，反映出广州在枢纽型网络城市和国际综合交通枢纽方面取得的成绩得到国际认可，也反映出广州作为中国门户城市的地位稳固。由于各维度的排名不均衡，广州被归为"不均衡型城市"（见表 12）。

表 12 2015 ~ 2019 年广州全球活力城市指数各维度排名情况

维度	2015 年	2016 年	2017 年	2018 年	2019 年
经济状况	105	110	100	55	82
人力资本	79	84	44	92	128
社会凝聚力	100	95	141	121	117
环境	137	164	170	152	154
公共管理	145	158	161	119	145
政府治理	59	84	103		

维度	2015 年	2016 年	2017 年	2018 年	2019 年
城市规划	114	92	69	124	105
国际联系	16	25	21	56	90
科技	65	139	20	110	132
流动性与运输	30	18	19	27	13
总排名	104	104	102	109	113
城市总数	148	180	181	165	174

说明：2018 年起全球活力城市指数将"公共管理"和"政府治理"维度合并为"政府与公共治理"维度。

4. 在 Z/Yen 集团全球金融中心指数排名中迈进全球性金融中心行列

2019 年 Z/Yen 集团如期发布第 25 期、第 26 期全球金融中心指数。第 25 期报告于 2019 年 3 月发布，共有 102 个金融中心进入榜单，新增斯图加特、科威特城和内罗毕，剔除特立尼达和多巴哥。第 26 期于 2019 年 9 月发布，再增加圣地亚哥和南京两个城市，共 104 个金融中心上榜。在第 26 期排名中，广州位列全球第 23，保持亚洲前十强的地位（见表 13）。

表 13　广州在全球金融中心指数排名中的表现

年份	报告	排名	问卷反馈（份）	指标得分
2017	第 21 期	37	211	650
	第 22 期	32	293	668
2018	第 23 期	28	353	678
	第 24 期	19	438	708
2019	第 25 期	24	438	708
	第 26 期	23	849	711

全球金融中心指数对城市金融中心功能水平的评价分为"联系性"、"多元化"和"专业性"三大维度。"联系性"考察城市跨国金融联系的服务、影响范围；"多元化"考察城市可提供的金融服务种类数量；"专业性"考察城市金融功能的专业化程度。上榜以来广州长期在"联系性"维度处于中游，"多元化"水平相对较低，归入"国际化专业性金融中心"类别。

第 26 期报告中，广州作为金融中心的国际影响力有了质的提升，收到金融专业人士问卷反馈数自 2017 年以来每年翻一番，到第 26 期时来自世界其他地区的问卷反馈数占调查样本比例超过 56%，反映了广州金融中心在全球范围的联系显著增强，从而上升到"全球性专业金融中心"类别。

5. 在2thinknow 全球创新城市指数排名中保持枢纽城市等级

2019 年 2thinknow 智库更新发布全球创新城市指数。榜单城市总量稳定在 500 个城市，广州位于全球第 74 位，较上期上升 39 个位次。近年来，在新技术浪潮的背景下，广州大力实施创新驱动发展战略，在培育新一代信息技术、人工智能、生物医药（IAB）和新能源、新材料（NEM）等战略性新兴产业和引进世界级创新产业集群和世界一流企业，补足科技创新短板方面，取得了显著的成效。从全球创新城市指数排名看，广州是近年来中国排名提升幅度较大的城市之一，尤其是 2016 年以来创新能力发展显著提速，排名呈现大幅跃升。广州十分重视创新能力建设，长期持续增加对创新的投入，2019 年在得分上达到 45 分，接近香港和深圳的水平（见表14）。

表 14　2014～2019 年广州在全球创新城市指数排名中的表现

城市	2014 年	2015 年	2016～2017 年	2018 年	2019 年
排名	190	193	97	113	74
得分	43	43	43	41	45
评级	节点	节点	↑枢纽	枢纽	枢纽

（二）广州在主要全球城市评价排名中所表现出的优势和亮点

综观各大全球城市评价排名，位于顶端的城市无一例外是均衡发展的综合型城市，能在各领域施加全球影响，为全球化注入全面的活力。2019 年广州的表现亦以综合实力见长，并在金融和创新领域有新的突破性表现。

1. 综合实力较强依然是广州发展的主要特征

"机遇之城"榜单是国际机构聚焦中国城市的城市评价研究，由于样本数据统计口径较为一致，城市间可比性较强，对于综合掌握广州在中国城市中的表现具有较高的参考价值。一直以来广州在"机遇之城"榜单中始终以综合实力取胜，分维度极少在全部城市中排名第一，但在绝大多数维度中能保持前列的良好表现，使其综合排名得以靠前。2019年"机遇之城"榜单中，广州在其中八个维度排名前十，在"技术成熟度""区域重要城市""健康、安全与治安""交通和城市规划"四个维度排名前五（见表15）。

表15 普华永道2019年"机遇之城"广州各维度排名一览

维度	该维度排首位的城市	广州排名
智力资本和创新	北京	6
技术成熟度	深圳	2
区域重要城市	上海	4
健康、安全与治安	香港	5
交通和城市规划	珠海	4
可持续发展与自然环境	海口	8
文化与居民生活	澳门	24
经济影响力	北京	7
成本	保定	35
宜商环境	香港	7

2. 科技金融融合孕育竞争新优势

广州近年来金融业发展加速，全球影响力逐步释放。第26期全球金融中心指数报告将广州联系度范围上调至全球性等级。广州在亚太地区金融中心中排名第九，在中国排名第五，在产业总量上与排名前列城市之间的距离正逐步缩小，在活跃度上也成为全国直接融资最为活跃的地区之一。预计未来广州将在全球金融市场发挥更重要的作用，很大程度上得益于科技与金融融合发展的潜力不断释放。第26期全球金融中心指数报告显示，研究课题组正发起一项新的研究，在问卷中特设全球科技金融业（FinTech）发展状况板块，对全球科技金融中心城市展开排名。科技金融业是近年来在现代科技尤其是互联网、大数据等信息技术推动的金融业发展革新浪潮中，以技术驱动的金融创新为核心的金融业分支。在此项全球科技金融中心城市排名中，广州取得全球第四的位次，仅次于北京、上海、纽约。报告认为，中国的科技金融中心城市得到专业人才供给、金融服务高接入行等发展要素的有力支撑，并具有大数据、数据安全技术等技术、互联网市场活跃等比较优势，因此竞争力较强。全球科技金融中心城市前十榜单中，中国城市占据5席，包括北京（排名第一）、上海（排名第二）、广州（排名第四）、深圳（排名第五）、香港（排名第七）。

3. 互联网等创新优势显著

广州在创新发展与技术水平方面表现突出。第26期全球创新城市指数报告显示，广州创新发展与技术水平排名再次大幅跃升至全球第74位，为历史最好水平。2019年"机遇之城"排名通过"技术成熟度""智力资本和创新"两个维度体现对城市的创新实力考察，广州亦有较佳表现。"智力资本和创新"侧重于考察城市的人力资本积累和基础科学研究水平，"技术成熟度"侧重考察当前可以产业化或已经投入使用的成熟技术。广州在"技术成熟度"维度名列第二，仅次于深圳，尤其在"互联网＋"和电子商务发展方面表现突出，运用现代科技转型升级效果明显。在"智力资本和创新"维度排名第六，珠三角地区聚集众多名牌大学和研究院智库，使创新生产与产业化转化形成良性循环。

4. 交通枢纽能力突出

广州在"交通和城市规划"方面具有明显优势。广州作为粤港澳城市群的交通枢纽之一，铁路、公路交通网络四通八达，近年来大力投入广深港高铁和珠三角城际轨道建设。从2019年"机遇之城"排名看，"公共交通系统""轨道交通覆盖面"两个变量位列前十，不断完善的交通体系增强了广州与周边区域尤其是大湾区内的互联互通，使优质资源要素的顺畅流通成为可能，进一步推升区域辐射力。广州作为省会城市、粤港澳大湾区的核心门户之一，对其他外围城市具有较大的辐射作用，在"区域重要城市"维度排名第四。广州应发挥交通枢纽的基础性作用，促进湾区人才、要素的无障碍流动，领衔大湾区城市群一体化建设。

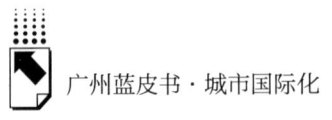

三 2020年广州城市国际化发展的形势展望

在充满动荡和不确定性的国际秩序演变中，发展中国家与新兴市场总体展现出比发达国家更良好的增长态势，成为带动世界经济发展的重要动力。经历新冠肺炎疫情的巨大考验，中国经济稳中向好、长期向好的基本趋势没有改变，全面建成小康社会将成为中华民族伟大复兴之路上的一大壮举。"一带一路"倡议与粤港澳大湾区等重大机遇赋予广州新的历史使命，将激励广州谱写"老城市新活力""四个出新出彩"的时代篇章。

（一）世界面临新形势新变局，国际治理面临严峻挑战

伴随着2019年逆全球化持续升温发酵，影响范围不断扩大，突发不确定性事件在2020年开局频繁出现，经济风险进入高发期，或将迎来世界秩序和国际治理结构的深刻演变。

1. 2020年世界经济总体疲弱

总体而言，2019年的世界经济疲弱延续到2020年，新冠肺炎疫情迅速蔓延，给世界各国均带来不同程度的负面影响。在2020年1月发布的世界经济增速预测中，大部分机构均给出了金融危机后近十年以来最低或次低估值，认为发达经济体增速继续放缓，但新兴市场和发展中经济体增速有望回升。国际货币基金组织（IMF）发布的《世界经济展望》预计2020年和2021年全球经济增速分别为3.3%和3.4%，相较2019年10月的预测分别下调了0.1个和0.2个百分点。联合国经社理事会（ECOSOC）与世界银行均预测2020年全球经济有望加速至2.5%，少数大国亟待克服此前出现的大幅衰退，新兴经济体和发展中国家经济预计将保持低速增长或增速放缓，但人均增长仍远低于长期平均指标和消除贫困所需的增长水平。联合国贸易与发展会议（UNCTAD）、穆迪公司等机构也同样指出，2020年全球经济转向收缩的风险非常高。2020年3月新冠肺炎疫情演化为"全球性大流行

病"，以上机构进一步下调经济预期，预测全球经济将出现"严重衰退"，衰退程度甚至可能比2008年金融危机时更加严重。

表16　2019～2020年世界及主要经济体增速预测

单位：%

国家或地区	国际货币基金组织		联合国经社理事会		世界银行	
	2019年	2020年	2019年	2020年	2019年	2020年
世界	2.9	3.3	2.3	2.5	2.4	2.5
发达经济体	1.7	1.6	1.7	1.5	1.6	1.4
美国	2.3	2.0	2.2	1.7	2.3	1.8
欧元区	1.2	1.3	1.2	1.4	1.1	1.0
发展中经济体	3.7	4.4	3.4	4.0	3.5	4.1
中国	6.1	6.0	6.1	6.0	6.1	5.9
俄罗斯	1.1	1.9	1.1	1.8	1.2	1.6
印度	4.8	5.8	5.7	6.6	5.0	5.8
巴西	1.2	2.2	1.0	1.7	1.1	2.0
南非	0.4	0.8	0.3	0.9	0.4	0.9

资料来源：国际货币基金组织《世界经济展望》（2020年1月）、联合国《世界经济形势与展望》（2020年1月）和世界银行《全球经济展望》（2020年1月）。

2020年全球贸易增长预期的大幅调低，面临的经济风险包括贸易紧张加剧、贸易政策不确定性上升、主要经济体下滑超出预期、新兴市场金融动荡等。而除了新冠肺炎疫情的冲击，主要大国间的贸易伙伴关系频生摩擦、自然灾害高发等因素，也可能损害到全球贸易和制造业的发展，导致全球实际经济增速低于预期。

2.大国博弈面临更多复杂变局，外部环境总体对中国有利

2019～2020年之交，主要国家和地区经贸关系复杂多变，大国博弈持续升级，对全球战略稳定构成威胁。美国特朗普政府坚持奉行"美国优先"原则，近年来做出一系列退群、毁约举措，导致全球气候变化、多边贸易体制等治理合作陷入困境。英国于2020年1月31日正式脱欧，加剧欧洲经济震荡和集体身份认同疑虑，接下来将面临在一年之内与欧盟达成全面贸易协议和移民治理等重大挑战。地缘政治风险聚集叠加、主要国家即将迎来大选、国际安全挑战错综复杂、市场炒作投机行为难以遏制等因

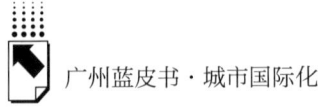

素，经济全球化仍将持续发展，但大国关系调整和世界多极化将发生深刻演变。

在"百年未有之大变局"的背景下，发展中的中国仍会面对外界动荡，但总体环境逐渐对我国有利。2020 年 1 月，中美双方正式签署第一阶段经贸协议，实现中美重塑经贸关系的重要一步。未来的中美贸易仍将长期持续"斗而不破"的局面，政治关系角力加剧，技术争端则可能波及全球供应链割裂重构。中欧战略合作和经济利益取向突出，欧盟新一届团队将深化与中国的合作列为优先要务。中日关系持续改善发展，2019 年 6 月 G20 峰会期间中日领导人达成"十点共识"，为中日下一步构建"契合新时代要求的中日关系"指明方向，新冠肺炎疫情期间中日互援、共克时艰，助推两国关系进一步回暖。中俄两国站在建交 70 周年新起点上，提出要建立"守望相助、深度融通、开拓创新、普惠共赢"的新时代全面战略协作伙伴关系，打造互信程度、协作水平和战略价值最高的一对大国关系。2020 年的中国外交将聚焦"全力服务国内发展，坚决维护国家利益，不断深化伙伴关系，坚定捍卫多边主义，积极扩大国际合作，着力推进外交体系和能力现代化"六大任务，在国际乱局中凸显战略自主性。

3. 新兴经济体增速较快，多边合作机制进入新时期

在全球经济疲软、世界政治变局等对国际社会产生持续性负面影响的大背景下，世界政治、经济格局和力量对比将进一步呈现"东升西降""南进北退"的发展趋势，新兴经济体改革步伐开始加快，成为带动全球经济形势回暖的重要牵引力。当前全球宽松周期开启，为新兴经济体和发展中国家提供了契机，稳步推进经济与制度改革、进一步提高抵御外部风险的能力将为中长期发展注入更加健康可持续的动力。

新兴市场和发展中国家群体性崛起成为时代大势，并依托上海合作组织、金砖国家、中非合作论坛等合作机制捍卫多边主义，不断释放各国之间的互补优势和协同效应。中国倡导的"金砖 +"模式自 2006 年正式启动以来，为新兴市场国家和发展中国家团结合作带来了更多机遇，金砖国家合作的影响力已经超越五国范畴，成为全球效用最好的常态化机制之一。上合组

织已经成为世界上人口最多、面积最大的地区合作组织，2018年青岛峰会与2019年比什凯克峰会确定了新时期上合组织的发展理念和方向，推动成员向着构建上合命运共同体的目标前行。2020年也即将迎来联合国成立75周年，继续积极参与联合国、二十国集团、亚太经合组织、上合组织和金砖国家等多边合作机制，有利于我国增强经济韧性、经济潜力和预防下行风险，也必将在大变局中推动各国通过开展多边对话提振发展信心，实现以南北合作为主渠道、南南合作为重要补充的全球治理新格局，向着构建新型国际合作关系的方向前进。

4. 区域伙伴关系呈现新格局，中国成为自由贸易"领头羊"

近年来，保护主义、单边主义的抬头对世界贸易组织（WTO）等多边机制的运行造成严重干扰，倒逼各国更加积极地通过小多边或区域合作的方式来提升合作水平。跨太平洋伙伴关系协定（CPTPP）进入实操阶段，中国、英国、泰国等国家均对加入CPTPP表达开放态度。区域全面经济伙伴关系（RCEP）已结束谈判"拉锯战"，将在2020年签署落地，推动建设开放型世界经济。北美自由贸易协定正式升级为美加墨自由贸易协定（USMCA），将继续促进美加墨三国的经济一体化。欧盟日本自由贸易协定稳步推进，脱欧后的英国也将日本列为优先建立双边经济伙伴关系的国家之一，有望在2020年底前达成自贸协定。

中国始终是经济全球化和全球治理体系变革的坚定支持者，正在加快构建立足周边、辐射"一带一路"、面向全球的高标准自由贸易区网络。在第二届中国国际进口博览会上，国家主席习近平表示，中国愿同更多国家商签高标准自由贸易协定，加快中欧投资协定、中日韩自由贸易协定、中国—海合会自由贸易协定谈判进程。截至2019年12月，中国签署了涉及世界25个国家和地区的17项自贸协定，加入了全世界绝大部分重要国际经济与金融组织和多边经济机制。在不确定性频仍的背景下，以区域自贸协定为主导的区域贸易网络将成为新一轮推动全球化的主导性力量，中国也将在推动区域经济一体化、促进贸易和投资自由化便利化进程中做出模范表率。

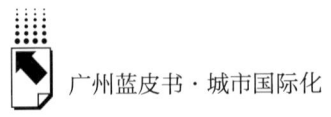

（二）决胜全面建成小康社会，中国特色社会主义继往开来再出发

2019年是中华人民共和国成立70周年，取得的各项工作成果为全面建成小康社会打下了决定性基础。2020年是具有里程碑意义的一年，全面建成小康社会即将收官，迈出实现"两个一百年"奋斗目标与中华民族伟大复兴中国梦的关键一步，开启全面建设社会主义现代化国家新征程。

1. 迈进全面建成小康社会决胜阶段，城市争当建设排头兵

"小康社会"是由邓小平在20世纪70年代末80年代初在规划中国经济社会发展蓝图时提出的战略构想。在20世纪末基本实现"小康"的基础上，党的十八大报告首次正式提出"全面建成小康社会"。2020年既是我国全面建成小康社会、打赢脱贫攻坚战和"十三五"规划的收官之年，又是乘势而上开启全面建设社会主义现代化国家新征程，在实现第一个百年奋斗目标的基础上向第二个百年奋斗目标进军的关键之年。尽管新冠肺炎疫情对中国经济造成突发冲击，但影响是暂时性的，不会改变中国在经济长期向好、高质量发展的基本面，也不会改变中国在全球经济中的上升趋势。从党的十九大到二十大，是"两个一百年"奋斗目标的历史交汇期。从全面建成小康社会到基本实现现代化，再到全面建成社会主义现代化强国，是新时代中国特色社会主义发展的战略安排。面对国内外风险挑战上升的复杂局面，中国的制度优势和经济活力仍将起到"压舱石"与"稳定器"的作用，确保全面建成小康社会和"十三五"规划圆满收官，是我国迈出中华民族伟大复兴中国梦的关键一步。

城市是建设小康社会的排头兵，加快城市现代化进程是我国全面建成小康社会的基本保证。尽管在突发公共卫生事件面前，以第三产业尤其是人力密集型产业为主的商贸零售、物流会展等暴露了大城市经济脆弱性的一面，但城市仍是我国各类要素资源和经济社会活动最集中的地方，全面建成小康社会、加快实现现代化，必须首先抓好城市这个"火车头"。竞争力智库和中国信息协会信用专业委员会联合发布的《中国城市全面建成小康社会监测报告2019》显示，全面小康指数超过预期点的城市总数为264个，占全

国城市总数的 39.52%。其中地级市数量达到 129 个,占全国地级市总数的 44.03%。从总体小康到全面小康,中国要重点解决发展不全面、不平衡的问题,因此不能仅仅止步于实现城市小康,更要以城市为先导,带动乡村振兴和区域协调发展。

2. 以城市治理推进"中国之治",为国家治理能力全面提升贡献力量

党的十九届四中全会第一次将坚持和完善中国特色社会主义制度、推进国家治理体系和治理能力现代化作为主题进行研究,审议通过《中共中央关于坚持和完善中国特色社会主义制度、推进国家治理体系和治理能力现代化若干重大问题的决定》,向世界释放了"中国之治"的最强音。"中国之治"是政党之治、大国之治、人民之治、文明之治,其宗旨不仅是要解决中国问题,更要为推动全球治理的改革,为其他国家乃至全球治理提供新的模式、路径与启发。近年来,人类命运共同体理念和"一带一路"倡议得到越来越多国家的支持和响应,站在"两个一百年"奋斗目标的历史交汇点上,中国在进一步提升国家治理理念与实践、实现本土治理能力复兴的同时,也将继续担任国际合作的倡导者和多边主义的支持者,在消除贸易壁垒、气候变化、公共卫生安全、网络安全风险、新兴金融技术挑战等重大国际问题上提出新的倡议和合作模式,为"世界之治"的良好实践贡献中国智慧和方案,努力实现大国担当。

准确把握"中国之治"新格局,要看到提高城市治理现代化水平是国家治理体系和治理能力现代化的重要组成部分。近年来,以习近平同志为核心的党中央高度重视、多次强调城市规划、建设和发展的重要意义。城市共建共治共享格局逐步完善,科学化、精细化、智能化管理服务水平显著提高,为推动更高水平的城市治理改革打下了扎实根基。进入新时代,城市要立足于国情、总结于经验、发展于实践,以"城市之治"应对"时代之变",以开拓进取的精神描绘"中国之治"的美好图景,为全面提高国家治理能力和治理水平续写新篇章。

3. "一带一路"建设转入"工笔画"阶段,创造地方合作新机遇

全球化是不可逆转的时代潮流,中国始终倡议共建开放合作、开放创新、

开放共享的世界经济新秩序。2019 年，第二届"一带一路"国际合作高峰论坛成功举办，宣告"一带一路"倡议提出 6 年多以来，取得了从理念、愿景到现实行动的重大进展，从总体布局的"大写意"转入走深走实的"工笔画"阶段，开启高质量建设新征程。截至 2020 年 1 月底，中国已经同 138 个国家和 30 个国际组织签署 200 份共建"一带一路"合作文件，中欧班列、中巴经济走廊、中老铁路、雅万高铁等项目给共建"一带一路"国家带来大量发展机遇，中国同广大发展中国家之间的"南南合作"不断深化，国际合作高峰论坛成果落实工作全面铺开。以经贸、产业和基础设施合作为牵引，共建"一带一路"国家合作内容不断丰富拓展，逐步推进人文丝绸之路、智力丝绸之路、健康丝绸之路、数字丝绸之路等建设，在科教文卫与民间交往等各领域广泛开展合作，为"一带一路"凝聚更多共识、夯实民意基础、筑牢社会根基。

"一带一路"倡议提出 6 年多来，得到了共建各国城市和地方政府的响应与支持，建立了"一带一路"地方合作委员会、中美省州长论坛等中外地方交流合作机制与积极成果，打造了多层次、宽领域的"五通"纽带。在第二届"一带一路"国际合作高峰论坛上首次举办地方合作分论坛，以"深化地方合作，共享发展成果"为主题，达成 14 项中外地方合作协议。地方合作论坛的召开传递出共建"一带一路"国家在全球化大背景下开创地区合作新局面的强烈愿景和积极信号，也为各国地方政府创造了经验共通、资源共享、互利共赢的重要平台。下一阶段，"一带一路"倡议将与共建各国发展规划进行有效对接，为地方合作带来更多有利机遇，推动更高层次的互联互通伙伴关系建设，助力区域一体化发展提质加速，"一带一路"高质量共建共享前景可期。

4. 携手全球积极抗击新冠肺炎疫情，构建人类命运共同体深化全球共识

蔓延世界多个国家的新冠肺炎疫情对全球公共卫生安全带来一次巨大考验，中国自战"疫"伊始就高度重视国际卫生合作，不仅及时向国内外各方通报新冠肺炎疫情动态信息，与世界卫生组织、周边和有关国家密切开展合作，也得到了多国政府、国际组织、海外华侨华人和国际友好人士的鼎力支持。中国的艰苦努力换来逐步向好的国内防控形势，联合国秘书

长古特雷斯、世界卫生组织总干事谭德塞等高度肯定了中国强有力的防控举措以及为保护中国人民和全人类所做出的牺牲与贡献。面对全球新冠肺炎疫情出现多点爆发、加速蔓延的严峻局面,中国作为抗疫措施最有力、经验最丰富、成效最显著的国家,在提供检测和防疫物资、派遣医疗专家团队、分享抗疫经验模式以及开展国际科技研究合作等方面对有需要的国家和地区提供力所能及的支援,在世界各国联防联控、共同应对疫情挑战进程中发挥重要作用。

在不分国界的新冠肺炎疫情面前,世界各国命运休戚与共的现实得到集中体现,没有一个国家能在全球性挑战中独善其身,唯有团结协作、同舟共济才是对抗新冠肺炎疫情最有效的武器。在阻击新冠肺炎疫情的战场上,中国特色社会主义制度"集中力量办大事"的优越性得以彰显,中国智慧、中国效率、中国方案为完善全球公共卫生治理树立了典范。在国家统一组织领导下,各地也积极向海外伸出援手,上海、广东、江苏、四川等地医疗专家团队驰援伊朗、伊拉克、塞尔维亚、巴基斯坦、意大利等国,为全球合作注入正能量;许多城市还通过友好城市关系向多国地方政府捐献抗疫物资,分享抗疫经验,展示中外友城相互帮助携手应对的深厚情谊,彰显中国作为负责任大国的形象与担当。无论是世界支持中国人民抗疫,还是中国维护世界人民健康福祉,构建人类命运共同体都将成为越来越广泛和深入的全球共识,在以中国为引领的生动诠释中,不断丰富拓展人类命运共同体的内涵与实践。

(三)时代赋予广州新机遇,肩负"出新出彩"新使命

《粤港澳大湾区发展规划纲要》明确了大湾区城市打造世界级城市群的目标,也明确了广州作为中心城市和综合性门户城市的定位。当前,粤港澳大湾区与珠三角城市群建设为广州带来了有利的外部发展契机,实现老城市新活力与"四个出新出彩"、建设国际大都市赋予了广州重要的历史使命。

1. 粤港澳大湾区规划纲要正式发布,建设世界级城市群

《粤港澳大湾区发展规划纲要》发布,标志着粤港澳大湾区建设进入实质

性阶段，作为中国建设世界级城市群和参与全球竞争的重要空间载体，粤港澳大湾区将在这一纲领性文件指引下，着力打造充满活力的世界级城市群和"一带一路"建设的重要支撑。粤港澳大湾区建设上升为国家战略，有利于粤港澳三地突破"两种制度、三个关税区、三种法律体系"的障碍，构建"一国两制"下区域协同发展的世界样本。粤港澳三地协作重新确立了湾区内多个中心城市的定位与分工，充分释放制度势能，协同打造我国更高水准的国际经贸和科技创新合作的重要平台。湾区将能够依托文化同源、语言相通的基础，携手共建人文湾区，推动"湾民"社会福祉共享和身份认同凝聚。

《粤港澳大湾区发展规划纲要》明确香港、澳门、广州、深圳为粤港澳大湾区四大中心城市，并细化了四大中心城市的功能定位。其中，广州要充分发挥国家中心城市和综合性门户城市的引领作用，全面增强国际商贸中心、综合交通枢纽功能，培育提升科技教育文化中心功能，着力建设国际大都市。《粤港澳大湾区发展规划纲要》是我国全面深化改革开放的又一重大探索，使得粤港澳大湾区的城市群功能定位版图最终确定，为粤港澳三地协同发展提供了空前的历史机遇，将成为中国未来发展的重要篇章。广州作为引领大湾区发展的重要引擎，应紧抓有利契机培育新优势、实现新发展、做出新贡献，为推动湾区城市间互动交流、开放合作，提高区域发展协调性，构建结构科学、集约高效的发展格局发挥重要作用。

2. 城市群综合承载能力不断提高，推动实现经济社会高质量发展

随着我国经济社会由高速增长转入高质量发展阶段，中心城市和城市群正在成为承载发展要素的主要空间形式。2019年中央经济工作会议强调，要提高中心城市和城市群综合承载能力，推动高质量发展。城市群也将成为今后发展的主要空间载体，在促进区域间要素流动，形成优势互补、合理分工的区域经济布局中扮演日趋重要的角色。2019年国家发改委发布的《关于培育发展现代化都市圈的指导意见》，提出了我国建设现代化都市圈的目标与路径，确立了我国构建"中小城市—中心城市—都市圈—城市群"的多层级城镇发展体系。城市群是我国新型城镇化的主体形态，是支撑全国经济增长、促进区域协调发展、参与国际竞争合作的重要

平台。而都市圈是在城市群框架下，以超大特大城市或辐射带动功能强的大城市为中心、以1小时通勤圈为基本范围的城镇化空间形态。都市圈更加着眼于核心城市与周边辐射区域的一体化协调发展，更具有现实意义，也对中心城市的引领作用提出了更高要求。当前，珠三角城市群正借助粤港澳大湾区建设的重大契机，打造成为世界级城市群，广州应牢牢把握这一时代机遇，与其他中心城市强强联合、优势互补，带动区域内中小城市合理分工、要素流动，促进资源配置效率有效提升，完善区域空间布局，共同构建高质量发展新动力。

3. 全力推动国际大都市"出新出彩"，实现老城市新活力

习近平总书记在广东视察期间对广州提出了实现"老城市新活力"的时代课题，以及在综合城市功能、城市文化综合实力、现代服务业、现代化国际化营商环境方面出新出彩的具体要求。广州围绕"四个出新出彩"制定行动方案，提出到2022年要在城市能级、经济规模、创新带动力、要素集聚力和集中力量办大事的能力方面明显提升，以及在经济中心、枢纽门户、科技创新、文化引领、综合服务、社会融合六大功能上取得新突破。进入2020年，尽管世界经济政治变局和全国经济下行压力等带来种种不确定性会产生负面影响，但广州仍然拥有较为坚实的经济社会发展基础和良好的未来发展前景，也正处于转型升级、高质量发展的关键时期。站在"两个一百年"奋斗目标交汇的历史时刻，身为改革开放前沿地的广州要努力实现老城市新活力与"四个出新出彩"的重要使命，加快建设具有独特魅力和发展活力的国际大都市，在全省实现"四个走在全国前列"、当好"两个重要窗口"中勇当排头兵。

四 2020年广州城市国际化发展的对策建议

2020年是全面建成小康社会的决胜之年，广州应紧扣全面建成小康社会目标任务，坚持稳中求进工作总基调，从全面提升国际大都市治理水平出发，实现老城市新活力，努力建设具有独特魅力和发展活力的国际大都市，为城市国际化的纵深发展提供有力支撑。

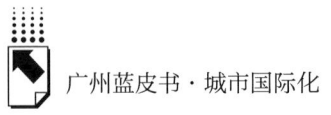

（一）以完善对外开放机制为抓手，促进国际交往能力现代化

党的十九届四中全会指出，国家治理体系和治理能力是中国特色社会主义制度及其执行能力的集中体现，在坚持独立自主和对外开放相统一、积极参与全球治理等方面具有显著的制度优势。作为国家中心城市、粤港澳大湾区核心城市之一，广州肩负着当好"两个重要窗口"的重要使命。广州必须继续推进对外开放机制建设，进一步发挥制度优势为国际大都市治理能力现代化提供持续动力，充分彰显中国特色社会主义制度的强大生命力。

1. 着力优化营商环境

以营商环境改革为总抓手，谋划推进战略性战役改革和创造型引领型改革，优化对全面对外开放的体制机制支撑。深入实施营商环境3.0改革，深化国际贸易"单一窗口"、智能通关、数字口岸建设，提升跨境贸易便利化水平，以优质的制度供给、服务供给、要素供给和完备的市场体系，增强广州发展环境的吸引力和竞争力。深化"放管服"改革，加快推进"数字政府"建设，提高政务管理服务效能。构建经济高质量发展政策体系、标准体系、统计体系、绩效评价体系和政绩考核体系，健全投资、产业等经济政策协调机制，加快形成制度性开放优势。加快开放型经济重点领域体制机制改革，深化商事制度改革，优化商事登记"一网通办"线上、线下服务，开展工程建设项目审批制度改革试点，实行行政审批与技术审查相分离，落实外商投资准入前国民待遇加负面清单管理制度，清理和废除现行限制竞争的政策措施。构建促进产业发展的政策体系和工作机制，完善政策供给，减少政策重复，重点提升主导产业、战略性新兴产业竞争力。完善金融服务实体经济体制机制，优化支持股权投资发展的政策措施，完善金融风险联动防范体系，深化政府投资基金运作市场化改革。深化南沙自贸试验区制度创新系统集成，探索建设自由贸易港，率先在服务贸易、货物监管、金融创新等方面先行先试，深化港口价格形成机制，完善全球进出口商品质量溯源体系，着力打造高水平对外开放门户枢纽。

2. 完善对外交流合作工作体制机制

着力把党的领导落实到全市外事领域治理实践中来，围绕服务国家总体外交大局和服务地方经济社会发展的目标，构建全市对外交流合作领导机制和工作体系。建立国际交往工作专家咨询机制，与本地及国际知名智库合作，提升对外交流合作决策的前瞻性与科学性。完善涉外风险防控协同机制，建立海外利益保护协调联动机制，积极构建海外广州平安体系，提升广州市民、企业、机构对外交往的适应能力。完善城市外语咨询与公共服务体系，建设涉外管理智慧系统，开发如签证相关事项、入户证件办理、社会保险办理、就业入学等一站式管理 App，提高城市国际化服务效率。探索制定国际组织引进、管理和服务相关制度规则，确保落户国际组织参与本地及国际交往有法可依。推进国际化社区建设，为外籍居民提供语言支持、政策咨询、材料受理、生活指引、社区融入等综合性服务，优化学校、医院、养老服务机构、文化公共服务等资源供给，打造便利性强、可达性高的一站式服务平台。

3. 推进参与"一带一路"建设工作机制化

强化"一带一路"重要枢纽城市功能，精心组织实施新一轮参与"一带一路"建设行动计划，发挥广州的潜力和优势，统筹推进贸易、投资、交通、旅游、人文等领域深度参与"一带一路"建设。充分利用我国与共建"一带一路"国家贸易往来、产能合作、人文交流的政策，继续加强与共建"一带一路"国家城市投资贸易促进机构合作，拓展贸易往来、双向投资合作，加强"一带一路"国际产能合作，完善境外投资"一站式"综合服务平台，支持产品、设备、技术、标准和服务一体化"走出去"。指导广州市"一带一路"企业投资联合会开展与共建"一带一路"国家的机构和商协会的沟通交流，为企业"走出去"参与全球竞争提供有力支持和帮助。

4. 推进全球城市治理创新

完善参与国际组织工作机制，发挥好城地组织亚太区妇女委员会主席城市和世界大都市协会亚太区办公室作用，做好世界大都市协会主席团换届、城地组织亚太区联合主席城市换届的沟通协调，继续在组织框架下开展国际城市治理项目活动，积极开展国际城市抗疫医疗合作，持续引领全球城市治理创新。发挥广州国际城市创新奖的倡导作用，持续办好国际城市创新领导力研讨班，扩大对国际社会的城市治理创新的理念和实践供给，促进国际城市治理创新的交流与合作。加强与倡导国际地区可持续发展理事会、城市气候领导联盟、国际港口协会、国际海事组织、亚太港口服务组织等重点领域国际组织的机制化合作，着力提升广州在相关领域城市治理国际合作中的参与度、影响力、话语权。

（二）全力推进粤港澳大湾区建设，携手港澳共建"一带一路"重要支撑区

举全市之力推进粤港澳大湾区建设，以形成合力共同参与"一带一路"建设为抓手，推动大湾区更深层次合作，发挥大湾区制度创新的示范引领作用，对"一带一路"建设形成重要支撑。

1. 推进粤港澳大湾区规则衔接和创新

完善穗港、穗澳合作专责小组机制，推动政府间各层次交流，理顺落实规则对接事项清单，加强大湾区相关工作机制协同，统筹引领规则衔接工作推进。以落实"湾区通"工程为牵引，深入探索"一事三地""一策三地""一规三地"多样化实现形式。对标国际高标准投资贸易自由化便利化，做好科技创新、现代服务、创新创业等重点领域规则新政制定工作，更好促进大湾区各类要素优化配置、便捷流动，探索建设大湾区自由贸易组合港。巩固与港澳地区经济管理部门、工商各界组织的合作机制，结合市场需求策划开展湾区投资促进活动，加强湾区经贸交流和联络。与港澳建立携手参与"一带一路"建设的合作机制，"拼船出海"，共同开拓国际市场。

2. 共建大湾区国际科技创新枢纽

发挥好建设广深港澳科技创新走廊的主引擎作用，支持建设粤港澳联合实验室，联合港澳打造一批前沿科学交叉研究平台，与深圳共建综合性国家科学中心，加快建设清华珠三角研究院粤港澳创新中心，粤港澳大湾

区协同创新研究院等高端院校和科研机构，创建粤港澳大湾区新型产业国家技术创新中心。推进香港科技大学（广州）、华南理工大学（广州）国际校区建设，培育一批具有国际领先水平的基础研究团队，携手港澳参加国家大科学计划。支持港澳科研力量参与人工智能、新一代通信与网络等领域的科研计划项目，强化未来的技术先发优势。搭建粤港澳大湾区产学研合作和产业协作平台，支持科技创新企业发展。组织粤港澳大湾区（粤穗）开放基金，探索高新技术企业信用贷款融资试点。建立健全粤港澳大湾区科技金融联盟，打造全国性知识产权交易中心。积极引进国际研发机构、技术转移机构、科技服务机构和创业投资机构，实现与全球高端资源的有效对接。

3. 推动大湾区城市群共建"一带一路"交通大枢纽

提升国际航运枢纽能级，加快南沙港区建设扩容，提高航运物流承载力；拓展欧美等远洋集装箱航线，拓展航运网络；完善广州航运交易所功能，打造专业化航运服务支撑体系，做强航运交易、船舶交易、航运人才、临港大宗商品交易及航运衍生品服务等航运市场。提升国际航空枢纽能级，加快白云机场扩建和配置升级，规划建设白云综合枢纽，培育壮大航空维修与制造、航空金融等临空产业，高质量建设临空经济示范区。打造世界级铁路枢纽，完善珠三角城际铁路圈，构建大湾区"半小时交通圈"，谋划建设广中珠澳高铁，加快建设向粤西、粤东的高铁线路，提升全国高铁网接入能力。建设南沙铁路枢纽，加快南沙港铁路建设，探索与中南半岛的高铁路网对接，优化海上丝绸之路和丝绸之路经济带的陆海空多式联运体系。

4. 打造粤港澳全面合作示范区

开展协同构建大湾区现代产业体系行动，推动自贸试验区重大政策创新，加快粤港产业深度合作园区及粤港澳服务贸易自由化示范基地、粤澳合作葡语国家产业园、穗港澳国际健康产业城等重大平台规划建设，争取一批重大项目纳入国家"一带一路"项目库。有序推进与大湾区金融市场互联互通，推进共建粤港澳大湾区国际金融枢纽，推动设立粤港澳大湾区国际商业银行，推进穗港、穗澳互设金融机构，互认金融从业资格。打造粤港澳青年创新创业集聚区，落实支持港澳青年来穗发展的政策措施，打造全国一流的港澳青年创新创业基地，实施粤港澳大湾区青年实习计划，合力打造"青创杯""赢在广州"等创新创业大赛品牌。

（三）夯实外贸综合竞争优势，推动国际经贸高质量发展

国际经贸是广州城市国际化的传统优势领域，在新形势下应从外贸供给侧改革、强化城市外贸功能、优化营商环境、释放制度吸引力等方面重点发力，形成外贸发展的综合竞争优势，进一步提高国际经贸对城市国际化的贡献。

1. 聚焦供给侧改革促进外贸转型升级

积极培育以技术、品牌、质量、服务、标准为核心的外贸竞争新优势，加强高技术、高附加值和品牌产品出口，提高外贸企业在价值链当中的地位和国际竞争力。加快跨境电商、市场采购、保税物流等外贸新业态新模式发展，推进跨境电商综合试验区建设，加快保税物流进出口业务创新发展，建设全国跨境电商中心城市，深化市场采购、汽车平行进口、二手车出口等试点工作，拓展外贸市场。全面深化服务贸易创新发展试点，率先落实国家在金融服务、电信服务、旅行服务和专业服务等领域开放措施，提升服务业对外开放水平和发展质量。

2. 提升国际贸易中心城市能级

高水平建设一批外贸发展平台载体，强化国际贸易中心功能，推动南沙自由贸易试验区打造粤港澳大湾区贸易自由化的先行地和示范区，积极支持南沙申请国家进口贸易促进创新示范区，建设一批国别进口集聚区，打造华南地区进口贸易综合服务枢纽。争取将海关特殊监管区域转型为综合保税区，提升区域承载能力、政策优势和产业水平，打造全球货物中转、集散中心。发挥会展之都优势助力国际贸易中心建设，积极支持国家级重点展会发展，对接配合好国家部委及广东省政府，推动海丝博览会升级为国家级展会。巩固与扩大广交会、海交会等传统知名会展辐射力和辐射面，办好配套

论坛，"以展促会"建设高水平会展综合体，增强广州作为国际会展之都的知名度。积极帮助其他具有较高国际知名度的本土展会提升运营能力，向国际顶级展会方向发展，争取更多国际国内重大展会落户广州。

3. 加强引技引智稳定招商引资

聚焦新一代信息技术、高端装备制造、人工智能、绿色低碳、生物医药、数字经济、新能源、新材料、海洋经济等重点产业方向加大招商引资力度，充分利用广州驻波士顿、硅谷、特拉维夫办事处等境外渠道，利用互联网平台功能加大网上招商力度，做好特殊时期招商推介。加强外商投资促进和保护，积极帮助外资企业有序恢复正常生产经营，加强外资大项目服务保障，确保项目引进储备、落地建设、投产达产有序衔接，解除外商后顾之忧。提升引智引技引资工作水平，深化全国人才管理改革试验区建设，完善激励、稳定关心爱护企业家、创业家、科学家、技能人才的工作机制，营造国际一流的引才聚才环境。

（四）巩固多元化国际交往平台，提升国际交往中心能级

加强国际交往平台建设是提升城市国际地位和影响力最直接有效的途径，应维护升级已有的国际平台交往，同时积极开拓新的高端国际交往联系平台，以多元化高水平的国际平台活动，提高广州在国际舞台的显示度、活跃度和话语权。

1. 完善高端国际会议体系

紧密围绕国家重大战略部署，立足本地区经济社会发展需求，整体规划构建金字塔式的国际会议体系。围绕国家重大战略积极谋划主题会议，争取承办国家重要主场外交活动。办好2020年全球市长论坛暨世界城地组织世界理事会、世界大都市协会第13届世界大会及第五届广州国际城市创新奖系列活动，探索设立全球市长论坛秘书处，形成高端国际会议主打品牌。持续办好从都国际论坛、国际金融论坛、广州国际投资年会、官洲国际生物论坛、《财富》全球科技论坛、小蛮腰科技大会、世界生态设计大会等一批多边交往和前沿产业品牌大会，吸引更多国家和主体参与，逐年提升广州国际

影响力。精心承办及宣传"读懂中国"广州国际会议、全球未来城市峰会、绿水青山论坛等系列国际高端会议，提质增效逐步扩大广州国际知名度。着力申办和引进更多具有世界影响力的国际会议和高端论坛项目，吸引国际组织、行业协会学会、跨国公司、学术科研机构在穗举办论坛、年会、峰会和其他大型会议活动。

2. 推进友城交往向纵深发展

积极推进友城发展平台化项目化机制化，深化细化广州—奥克兰—洛杉矶三城联盟、广州—法兰克福—里昂三城合作机制建设，综合运用经贸合作会、联合推介会、城市友好月、友好单位结对、主题友好活动等形式，推进友城务实合作，进一步增进城市间友谊。持续完善"国际友城—国际友好交流合作城市—友好城区—友好单位"四位一体友城交往格局，重点推动友好城区、友好港口、姊妹学校、友好图书馆等基层单位交流合作，通过友城间经贸、科技、教育、旅游、环保、人文及城市管理服务等多层次、宽领域交流合作不断加深友好交往。将友城作为重要依托，重点围绕"一带一路"沿线重点城市、欧美发达国家城市等，加快推进友城"百城计划"，持续拓展对外交往布局，推动实施更多领域友好交流与务实合作。

3. 拓展城市国际组织交流网络

进一步发挥在世界城市和地方政府组织、世界大都市协会等城市间国际组织中的领导能力，带动国际组织会员城市全方位交流合作，引领全球城市治理创新。深度参与亚太城市旅游振兴机构，倡导国际地区可持续发展理事会、C40城市气候领导联盟、世界城市文化论坛组织等国际组织活动，加强与国际组织及其会员的合作交流，争取在各类国际组织框架内策划组织以中国城市为主题的论坛活动，推进全球资源共享、全球智慧汇聚，推动世界深度理解中国。用好国合中心平台，吸引更多国际组织和机构落户广州，不断提升广州城市的外向化程度及国际交往能力。

4. 赋能智库交往开拓国际交往新平台

智库交往对于输出城市软实力、助推城市参与全球城市事务、塑造和传播城市形象、拓展城市对外交往空间等方面具有重要作用，应将智库交往打造成为新时代广州对外交往的新平台。打造"地方智库 + 国际组织"的广州特色智库交往品牌，以参与世界大都市协会地区办公室科研运作、承建世界城市文化论坛组织广州秘书处、运作"广州奖"评奖工作等事项为抓手，推动本地智库参与国际组织交往和发声，打开广州智库交往新局面。鼓励、引导和支持广州地区智库机构与权威国际智库开展研究合作，构建国际化、高端化的智库交流平台，培育具有较大国际影响力的科研合作品牌项目，产出能够引发国际广泛关注的智库科研产品，打造广州城市对外交往新优势。设立"全球学人聚焦广州"研究资助项目，资助国内外机构、学者当代广州课题研究、智库互访和成果奖励，为广州发展凝聚国际智慧。鼓励国际智库机构前来广州举办成果发布会，与世界知名大学、外国智库、研究机构合作在海外城市召开广州研究国际研讨会，进一步拓宽智库交往空间。

（五）扩大文化对外交流，增进国际民众情感联结

国际理解是深化国际交往的基础，文化分享则是增进国际理解的重要形式，广州应实施更加开放包容的文化措施、举办丰富多彩的文化活动，促进文化对外交流，促进国际民众与广州的民心相通。

1. 积极举办对外文化交流活动

擦亮红色文化、岭南文化、海丝文化、创新文化等品牌，建设岭南文化中心和对外文化交流门户。利用国家级对外文化交流活动的机遇，积极参与"我的中国、我的年""欢乐春节""亲情中华"等国家重点文化项目，借船出海讲述广州故事。继续实施"广州文化周""丝路花语——海上丝绸之路申遗文化之旅"等对外文化交流重点活动，向外界展示粤剧、岭南书画、岭南音乐、民间工艺等特色文化，持续推进优秀文化走出去。深化文商旅融合，整合提升文化类品牌节展活动，全面提升广州文交会品牌知名度和对外影响力。继续办好国际帆船节、国际邮轮旅游文化节、国际美食节等国际性品牌节庆活动以及迎春花市、广府庙会、广州民俗文化节暨黄埔波罗诞千年

庙会、广州乞巧文化节等本土特色节庆活动，增强受众关注度和参与度。发挥广州作为海上丝绸之路申遗牵头城市作用，深化海丝遗产保护研究，完善文化遗产管理机制。

2. 丰富创新国际旅游活动

积极搭建各类旅游国际交流平台，借助世界旅游组织（UNWTO）、亚太城市旅游振兴机构（TPO）、广州国际旅游展览会（GITF）等平台密切与世界重要旅游城市的合作，重点加强与"一带一路"沿线城市、国际友好城市与国际友好交流城市的旅游交流合作。深化与香港、澳门及周边城市的旅游合作，联合开发多元化"一程多站"旅游产品，共同打造粤港澳大湾区世界级旅游目的地。推动商展会文体旅融合发展，促进广州市休闲旅游产品与国际会议、会展、品牌节事、体育活动互动整合，鼓励节展旅游产品创新。巩固提升四季花城、海上丝路、岭南文化、近现代革命、千年商都、现代都市、珠水云山、温泉养生、食在广州等城市旅游名片。积极发展社会资源国际访问点，将"花城人家"等体验活动常态化，结合品牌活动推出一批特色民居、特色餐馆、特色市场、特色行业、老字号等国际旅游品牌产品。树立国际邮轮母港品牌，大力培育邮轮游艇旅游，建设国际知名邮轮旅游目的地。进一步释放夜间经济活力，丰富夜间经济内涵，策划建设一批具有广州特色的夜间文化旅游集聚区，打造国际知名的"广州之夜"品牌。

3. 推进各层次教育交流活动

优化教育对外开放布局，推进常态化、多层次、宽领域的教育国际交流与合作。探索建立与国际先进教育体系接轨的办学机制，吸引更多国内外高水平大学、职业院校与境外教育机构来穗合作发展，开展教师互派、学生互换、课程互选、学分互认、学位互授联授等多种形式的涉外合作办学。打造一批教育国际合作与交流品牌项目，办好"我是广州对外交流小使者"等青少年友好交流品牌活动，实施广州市"菁英计划"留学项目，鼓励各级各类学校通过与海外学校缔结友好关系、举办夏（冬）令营、参加国际性展演赛事等方式加强国际交流合作。支持粤港澳大湾区教育合作协调发展，推动南沙新区开展教育国际合作交流综合改革试验，支持港澳服务提供者在南沙自贸试验区设立独资外籍人员子女学校。加强国际理解教育，推动跨文化交流，为学生提供多元化国际深造和就业渠道，提升广州教育国际化水平。

（六）推进国际传播能力建设，提升城市国际形象

清晰、独特、美丽、公信的城市形象有助于广州城市整体国际地位的巩固，广州应加强城市品牌形象的顶层设计，加强国际传播能力架构建设，不断提升城市国际形象。

1. 加强城市品牌形象顶层设计

高站位把握国家外宣格局，将总体工作部署落实到提升广州国际大都市品牌形象的具体工作中，构建符合国家整体战略、城市形象鲜明统一、全社会共同参与的城市形象国际传播体系。提炼城市国际品牌的特色素材库，精选城市发展优势领域，以"世界花城"为核心品牌，高标准打造国际商贸之都和美食之都，充分展示广州作为创新枢纽、开放枢纽、文化枢纽的实力、活力和魅力，塑造城市特质彰显、内涵价值丰富、识别度高的"一城一都三枢纽"城市国际品牌体系。把握分众化差异化传播趋势，根据受众地区偏好，整合城市对外交往、民间外交、公共外交系列活动与平台资源，制定区域化的传播策略，提高国际传播的精准化水平。

2. 提升新闻发布水平

健全全市新闻发布体系，完善新闻发言人制度，健全公共危机新闻处置机制，确保新闻发布工作快速准确、规范有序。丰富新闻发布内容构成，形成以全市重大工作动态和重大活动进展通报、各领域突破性发展成绩发布、热点及突发事件官方回应三大板块为主的新闻发布内容板块，呈现真实、客观、全面的广州城市形象。以"一报一台"为试点建立政府媒体联动机制，提高热点事件权威媒体发布快速反应力。探索建立新闻发布互动机制，引入专家、公众参与新闻发布活动，提高新闻发布公信力和舆情处置的主动权。优化提升新闻采访线工程，定期组织世界主要华文媒体看广州、共建"一

带一路"国家主流媒体看广州、世界主流财经媒体广州行等活动,吸引海内外记者来穗采访。定期举办境内外新闻发言人培训班,提升新闻发言人的对外宣传能力和水平。

3. 打造鲜明有力的对外传播活动

进一步扩大"广州故事会"城市故事传播品牌活动国际覆盖面,创新内容表述形式、提升品牌影响力,争取纳入国家和省重点文化对外交流项目,支撑重大主题宣传,加深国际社会对广州城市精神的国际理解。借助APEC峰会、G20峰会、金砖国家峰会等元首外交活动,世界经济论坛、博鳌亚洲论坛、中国发展高层论坛等国际重大会议的契机,通过综合性文化展演、商务推介、旅游推介等多样化活动创新城市形象。利用全球推介会活动形式,提升广州城市形象国际显示度和美誉度。设立"广州国际传播奖",邀请国内外知名专家组成高规格的评奖委员会,结合全球媒体发展趋势举办颁奖晚会,评选年度全球涉穗最佳新闻报道,表彰在组织涉穗新闻国际传播活动中做出卓越贡献和重大成就的人士。

4. 开发面向全球的全媒体传播平台

围绕传播媒介的提质扩容,运用5G、大数据、云计算、物联网、人工智能等技术,加快构建全媒体传播平台。依托"一报一台"开发全球接入的城市品牌传播资源共享云平台,构建传播信息内容采集处理共享、传播线索交互对接、传播素材供应一站式综合性的线上支持系统,推动全社会参与广州城市形象创作与共享便利化。借助新华社、人民日报社等权威媒体实力建设全球涉穗新闻媒体数字化集约中心,对信息进行"中央厨房式"操作,进行涉穗新闻信息采集、双语翻译、信息传播一站式处理。联合国际主流媒体和外国权威媒体共建全球涉穗新闻线索交换平台,提供涉穗新闻信息的全球上传下载服务、采访对象对接服务,为向全球呈现客观、真实、全面的广州形象牵线搭桥。建立广州城市品牌监测中心,通过云平台数据访问量及目标人群传播反馈数据,加强城市品牌传播跟踪研究,提高城市品牌传播效能。

参考文献

习近平：《在庆祝中华人民共和国成立 70 周年大会上的讲话》，人民出版社，2019。

习近平：《推动形成优势互补高质量发展的区域经济布局》，《求是》2019 年第 24 期。

习近平：《坚持和完善中国特色社会主义制度　推进国家治理体系和治理能力现代化》，《求是》2020 年第 1 期。

王毅：《坚决打赢抗击疫情阻击战　推动构建人类命运共同体》，《求是》2020 年第 5 期。

王毅：《不忘初心　接续奋斗　全力开拓中国特色大国外交新局面》，《求是》2020 年第 1 期。

钟山：《奋力推进新时代更高水平对外开放》，《求是》2019 年第 22 期。

国家发展改革委政策研究室：《世界经济增长仍呈放缓态势　结构性因素制约依然较强》，《求是》2020 年第 2 期。

祁怀高：《新中国 70 年周边多边外交的历程、特点与挑战》，《世界经济与政治》2019 年第 6 期。

裴长洪、刘斌：《中国对外贸易的动能转换与国际竞争新优势的形成》，《经济研究》2019 年第 5 期。

朱紫雯、徐梦雨：《中国经济结构变迁与高质量发展——首届中国发展经济学学者论坛综述》，《经济研究》2019 年第 3 期。

张军扩、侯永志、刘培林、何建武、卓贤：《高质量发展的目标要求和战略路径》，《管理世界》2019 年第 7 期。

国务院发展研究中心课题组：《未来 15 年国际经济格局变化和中国战略选择》，《管理世界》2018 年第 12 期。

马建堂：《中国经济长期稳定发展的潜力来自何处》，《求是》2019 年第 20 期。

张学良、杨朝远：《发挥中心城市和城市群在区域协调发展中的带动引领作用》，《光明日报》2020 年 1 月 14 日。

董小麟、陈龙江、刘洪铎、王玲：《弘扬开放发展的先行优势　构建广州开放型经济新格局》，《城市观察》2018 年第 2 期。

王义桅、张鹏飞：《"中国之治"新方向——论"中国之治"的内涵、特点及进路》，《北京日报》2019 年 12 月 16 日。

Department of Economic and Social Affairs, United Nations, World Economic Situation and Prospects report, January 2020.

World Bank Group, *Global Economic Prospects*, January 2020.

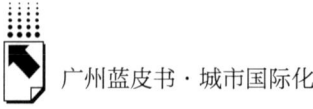

International Monetary Fund, World Economic Outlook, January 2020.

2thinknow, *Innovation Cities Index*, 2010 – 2019.

A. T. Kearney, *Global Cities Report*, 2008 – 2019.

IESE Business School, *Cities in Motion Index*, 2014 – 2019.

Institute for Urban Strategies, *The Mori Memorial Foundation*, *Global Power City Index*, 2008 – 2019.

Z/Yen, China Development Institute (CDI), *The Global Financial Centers Index*, 19th – 26th edition.

专题篇：提升城市品牌形象

Special Report：To Improve City Brand Image

B.2

广州构建国际大都市品牌形象体系的战略

——基于《人民日报》头版涉穗报道（1978～2018）的分析

广州市社会科学院课题组*

摘　要： 在世界城市的竞争中，城市品牌形象呈现出新的发展趋势，并转化为城市参与国际竞争的有效发力点。广州担负着建设国际大都市的战略任务，城市品牌形象也是国家形象的重要反映，加快构建内涵丰富、特色鲜明的城市品牌形象体系有着重要意义。《人民日报》作为中国最重要的平面媒体，关于广州的新闻报道充分展示了城市品牌形象。通过对改革开放四十年来《人民日报》头版涉穗报道的内容分析，广州较

* 课题组组长：胡泓媛（统稿），广州市社会科学院国际问题研究所副研究员，研究方向为国际传播。课题组成员：李梓源（执笔），上海交通大学媒体与传播学院在读博士；李璇（执笔），广州国际城市创新研究中心研究实习员，研究方向为公共政策；杨柳青、王浩、许洁，中山大学传播与设计学院学生。

为鲜明的城市形象要素包括继往开来的商贸中心、开放包容的交流门户、幸福宜居的文明花城、引领风尚的文化名城、锐意进取的科技创新之城、四通八达的综合交通枢纽等。在此基础上，广州应以"世界花城"为核心品牌，擦亮国际商贸之都的传统名片，充分展示广州作为创新枢纽、开放枢纽、文化枢纽的实力、活力和魅力，塑造城市特质彰显、内涵价值丰富、识别度高的"一城一都三枢纽"城市国际品牌体系，以城市品牌传播彰显粤港澳大湾区的发展内涵、打造高质量发展的典范、引领中国城市的国际形象塑造。

关键词：　城市品牌形象　国际大都市　《人民日报》

一　广州构建国际大都市品牌体系的必要性

（一）提升国际大都市品牌形象是广州在国家战略布局中找准发展方位的基础性工作

党的十九大报告明确提出，推进国际传播能力建设不仅是对外宣传的需要，更是国家战略的需要，是提升国家文化软实力的重要手段。广州作为我国重要的国家中心城市、综合性门户城市、粤港澳大湾区中心城市，其城市品牌形象是国家形象的重要反映，尤其是担负着"两个重要窗口"使命。明确城市定位、塑造城市品牌，正是实现差异化发展，在众多城市竞争中脱颖而出的有效手段。

（二）提升国际大都市品牌形象是广州支撑粤港澳大湾区世界级城市群建设工作大局的重要抓手

作为粤港澳大湾区的中心城市之一，广州城市形象与粤港澳大湾区形象紧密相连，是大湾区形象的重要代表。广州肩负着激发湾区核心增长动能的重任，更要做好与其他城市，尤其是中心城市之间的发展协作，找准自身功能定位，梳理比较优势提升城市国际品牌形象。广州城市国际传播工作尤其要树立鲜明的国际大都市品牌形象体系，以城市品牌传播彰显粤港澳大湾区的发展内涵、打造高质量发展的典范、引领粤港澳大湾区国际形象塑造。

（三）提升国际大都市品牌形象是广州建设国际大都市的点题之举

进入 21 世纪，城市品牌呈现新的发展趋势，并转化为城市参与国际竞争的有效发力点，为城市国际化发展形成重要助力。在城市品牌要素选择上，不仅要提炼城市资源要素，更要反映当下的发展实践；城市品牌架构从单一品牌转向多元复合，通过品牌体系化保持要素灵活性和内在一致性的统一；城市品牌功能从总结过去转向引领未来，使国际社会对城市发展形成稳定的预期；城市品牌发展目标从追求品牌的唯一性转向追求卓越，带动全局发展。精准持续的城市品牌定位对城市发展合力的形成起到重要的指引作用。

广州在新的历史方位下，要发掘老城市新活力，进一步塑造好国际大都市形象，需要把握好城市品牌发展新趋势，融汇古今设计更全面的品牌体系、更系统的提升路径。

二 改革开放四十年来《人民日报》头版涉穗 报道内容分析

（一）研究方法及样本选取

《人民日报》作为外媒关注的首要国家级媒体，其报道倾注了国家意志和发展布局，对于准确把握广州城市形象有较强的指导意义。本研究综合采用内容分析法、大数据分析法和归纳法等研究方法，系统梳理及呈现改革开放以来《人民日报》头版关于广州的报道情况变化及广州城市形象变迁。以《人民日报》图文数据库（1946~2019 年）作为采集范围，检索 1978~

2018 年《人民日报》头版涉及广州的报道，并对结果进行人工筛查，最终共获得报道文章 3012 篇。

（二）改革开放四十年《人民日报》头版涉穗报道总体情况

《人民日报》头版每年涉穗报道量在几十至一百多篇之间波动，1978～1992 年涉穗报道振荡攀升，至 1992 年达到顶峰；随后受到《人民日报》风格转变、版面总量增加、头版报道量减少等外部因素的影响，涉穗报道总体数量波动下行（见图 1）。

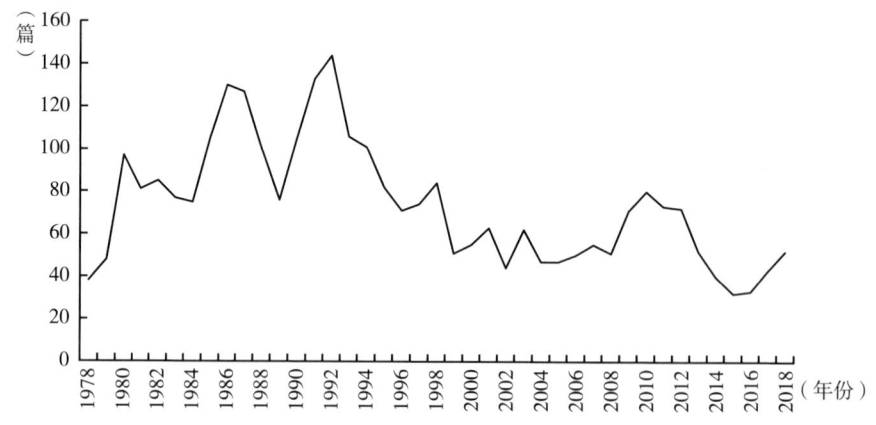

图 1　1978～2018 年《人民日报》头版涉穗报道数量走势

1986 年前后，改革开放进入"有计划的商品经济"阶段，以充分发挥企业活力为指导思想的城市经济体制改革日益受到关注。广州实施了一大批支持经济体制改革的有力举措，成为全国改革开放的报道典型，催生了涉穗报道的第一个小高峰。报道重点聚焦与经济相关的法律、金融、投资环境等领域，如"纠正不正之风打击经济犯罪活动不会影响对外开放""五个金融体制改革城市资金市场活跃""发展商品经济必须'两个配套'"等，配合中央有效彰显了改革开放的经济建设发展成果。

1992 年《人民日报》头版关于广州的报道量骤增并达到历史的最高点，这背后离不开邓小平南方谈话及党的十四大的召开所起到的重大推动作用。

邓小平南方谈话及党的十四大进一步坚定了中国改革开放的决心并提出建立社会主义市场经济体制,广州再次捕捉到了发展的信号,并在此机遇下实现了经济的飞跃发展。《人民日报》头版关于广州"加快建设社会主义市场经济体制""广州轻工产品旺销势头不减"等报道均可反映出广州所呈现出的鲜活的发展动力。

随着《人民日报》整体版面增加,头版的新闻数量缩减,关于地方的报道也相对减少,涉穗报道总量也相应缩减,不过在 2010 年前后,围绕广州举办亚运会议题,又形成一个小高峰,诸如"亚运盛会:羊城准备好了""第十六届亚洲运动会在广州隆重开幕""激情盛会 升腾希望"等,围绕亚运会相关的安保工作、领导人活动、环境工作等报道也相应增加。

(三)改革开放四十年《人民日报》头版涉穗报道主题变化趋势

依据党的十八大所提出的经济建设、政治建设、文化建设、社会建设和生态文明建设"五位一体"的中国特色社会主义建设总体布局,本文将《人民日报》头版关于广州的报道主题框架划分为经济、政治、文化、社会、生态五大类,结合四十年来广州的发展阶段,进一步进行内容的主题分析。

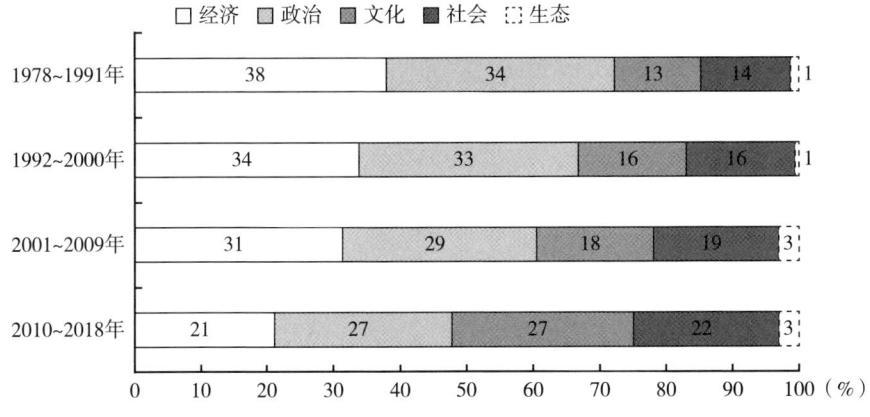

图 2 1978 ~ 2018 年《人民日报》头版涉穗报道分主题比重变化

总体来看,经济、政治主题的报道比重呈现了明显下降,由超过七成的绝对比重逐渐降为48%,与此同时,文化、社会主题报道比重不断增加,逐渐占据了49%的比例。生态主题的报道相对较少,但也有小幅增长(见图2)。这种变化是中国特色社会主义建设"五位一体"总体布局决定的,也是广州城市综合实力强、全面均衡发展的体现。改革开放早期,《人民日报》重点向世界传达中国改革开放的决心和经济体制改革的路径举措,建立世界对中国特色社会主义的认识和加强经济贸易联系的信心。广州凭借广交会为国际社会广泛熟知,加之成效卓著的经济改革和建设举措,使广州经济主题报道成为《人民日报》常用的新闻点。随着经济发展水平的不断提高和改革开放成果的积累,社会、文化和生态发展越来越得到重视,党的十八大对推进中国特色社会主义事业做出了"五位一体"总体布局。在发展过程中,广州始终坚持以人民为中心的发展思想,加强社会建设、改善各项基础设施、做实做好民生工作等,不断增强人民群众在发展中的获得感、幸福感、安全感,在政府工作中长期把"菜篮子"工程、"十件民生实事"、公共文化服务等摆在重要位置,作为凸显民众共享改革开放发展"红利"的典型举措,获得《人民日报》的持续关注,使得进入21世纪以来文化、社会主题相关的报道比重快速提升。

三 改革开放以来《人民日报》头版报道呈现的广州城市形象

各个历史阶段广州在《人民日报》报道中的形象各有侧重,但从整体上看,一些城市元素始终在报道中反复出现,持续强化了社会对广州城市特征的印象。

(一)继往开来的商贸中心

广州是中国唯一一座两千年不衰的通商口岸。改革开放以来,广州进一步擦亮"千年商都"的品牌,在商贸领域走在全国前列,一系列创新举措和成就成为《人民日报》报道的重点。

1. 对外贸易的窗口

广州城市的商贸特质与广交会发展相伴相生。1957 年中国外贸第一促进平台——中国进出口商品交易会（以下简称"广交会"）——穗举办，至今从未间断。梳理《人民日报》头版报道中，"广交会"这一关键词在绝大多数年份有出现，针对广交会发展动态的报道也频现报端，使广州成为国际社会观察新中国对外贸易的重要窗口（见表 1）。

表 1　1978～2018 年《人民日报》头版针对广交会报道量统计

年份	篇数	年份	篇数	年份	篇数	年份	篇数	年份	篇数	年份	篇数
1978	0	1985	1	1992	2	1999	1	2006	3	2013	4
1979	0	1986	5	1993	4	2000	2	2007	2	2014	0
1980	1	1987	4	1994	3	2001	3	2008	2	2015	1
1981	0	1988	3	1995	1	2002	0	2009	1	2016	2
1982	0	1989	3	1996	3	2003	3	2010	0	2017	1
1983	2	1990	3	1997	2	2004	2	2011	1	2018	3
1984	3	1991	4	1998	0	2005	1	2012	0		

在 20 世纪 80～90 年代，广交会是中国改革开放政策的风向标，《人民日报》侧重报道广交会率先执行的各项外贸改革开放政策，如 1988 年《人民日报》点评第 63 届广交会，称其"打响了外贸体制深化改革的第一炮"，这些政策大多从广州被推广至全国；广交会也是国家领导人与港澳台地区及海外友好人士非正式接洽的重要平台。20 世纪 90 年代后，外国客商数量持续大幅上升，广交会外国贸易代表团在穗考察领略我国改革开放和经济建设的成就。进入 21 世纪，广交会更成为中国经济重心、社会发展的晴雨表。《人民日报》报道 2000 年第 87 届广交会，强调"高新技术产品和高附加值产品占相当的比重"；2005 年第 97 届广交会"优化了参展企业结构，首次设立企业准入资质硬性标准，参展商数量首次减少，但品牌展位增多"；2007 年第 101 届广交会"首次设立进口展区"，这些举措都向国际社会传递了中国产业转型升级、深化改革开放的决心。

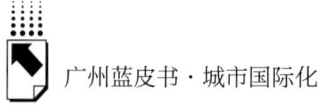

2. 商贸业领先全国

40 年来，广州商贸业规模不断扩大，商贸经营举措不断创新，广州成为中国商品经济最发达的地区之一，国际商贸中心也是广州最靓丽的城市名片。20 世纪 80~90 年代，在改革开放政策刺激下，广州商贸业呈现井喷式的发展。1984 年广州市工商行政管理部门办理国营和集体发展第三产业的营业执照 3400 多个，平均每天有近十家店铺开张营业。广州市第三产业占国内生产总值的比重在全国十大城市中率先达到 50%。截至 1992 年底，广州市从事第三产业的独立核算单位和单独核算单位 5.28 万个，个体户 11.29 万个。20 世纪八九十年代潮流语"到南方'下海'去"指的就是到以广州为代表的南方寻找商机。20 世纪 90 年代起，在商贸业规模化和广交会的共同作用下，广州成为全国资源交易中心地。从 90 年代的南方食糖批发市场、南方石化物资交易中心乃至 2013 年广州碳排放权交易所的成立、2018 年跨境电商业务量领跑全国，每个时期广州都走在商贸市场发展的最前沿。

3. 营商环境改革先锋

营商环境不断完善，广州成为全国商贸业发展的标杆。从 20 世纪 80 年代的"广州文明售货"，到 90 年代以出租车"扬手即停""计程收费""二十四小时无线电召唤服务"为代表的全方位服务理念，以及广州强化市场监管、销毁盗版光盘等措施，广州不断尝试改善市场运行机制。21 世纪以后尤其是近十年来，广州花大力气优化营商环境，成为全国看齐的标杆，《人民日报》对 2008 年广州《关于加快发展现代服务业的决定》的实施成效进行多年跟踪报道。广州南沙关检合作"三个一"试点让外贸更便利，广州被纳入国家服务贸易创新发展试点，实施海关跨境电商网上申办系统获得企业好评，广州开发区"建成一门受理、限时办结、公平透明的政策兑现系统""全力打造营商环境改革创新试验区"等等，都是广州营商环境持续优化的缩影。在 2019 年中国社会科学院发布的《中国营商环境与民营企业家评价调查报告》中广州位列全国第一，足见市场对于广州营商环境的信心。

（二）开放包容的交流门户

对外开放的基本国策与开放包容的岭南文化相融合，造就了广州这一活力满满的对外交流门户。

1. 繁荣的外向型经济

外向型经济带来的经贸交往是广州对外交流的主推手，广州在 1986 年确立"以外经外贸为先导"的外向型经济发展战略，对外经贸交流与合作率先繁荣起来。广州市经济技术开发区外贸出口平均每年以 57% 左右的速度增长；1988 年广州全市出口总额为 10.77 亿美元，约为 1978 年的 10 倍；1990 年与 1985 年相比，出口港澳的商品交易额增长 350%，出口欧洲增长 326%，出口亚洲其他地区增长 234%，出口美洲增长 19%。出口商品价值超 100 万美元的国家和地区由 17 个增至 28 个。广州率先提出开拓远洋市场、迈向国外办企业的思路，到 1991 年时"已在境外办企业 101 家"。进入 21 世纪，广州加强营商环境，"文明良好的城市环境吸引着每年 30 亿美元的外商投资"，"在投资商眼中，花城广州热度不减"，"2016 年华南美国商会对 246 家企业调查，结果表明近 60 名受访企业愿将华南地区运营总部设在广州，较前年（2014 年）提升 4 个百分点"，富士康"第 10.5 代线 8K 显示器"项目、思科（广州）智慧城等高技术产业项目越来越钟情广州，《人民日报》赞扬"广州开放攀上新高度"。①

2. 越来越重要的国际会议目的地

广州始终是中国国际会议的主要目的地城市之一，在广州召开的领先学科的学术交流会议、全国性的经贸交流会议、国际高端论坛等，多见诸《人民日报》头版。改革开放前期，对学术论坛、投资贸易促进会等报道为多，如纤维素化学学术会议、首届国际眼科会议、全国发展高产优质高效农业经验交流会等，中国投资促进会议也多次在广州召开。21 世纪后，广州构建"会""展""奖""节"四位一体的国际交流平台，打造对外开放格

---

① 本段数据引自相关年份《人民日报》报道。

局。更多具有国际影响力的高端论坛选址广州，国家领导人均给予高度关注，2017 年习近平主席会见出席"2017 从都国际论坛"外方嘉宾，向广州《财富》全球论坛、中国与葡萄牙语国家最高法院院长会议等多场高端论坛致贺信；2018 年时任国务院副总理汪洋出席了广州《财富》全球论坛；2018 年王岐山副主席出席"2018 从都国际论坛"开幕式。广州还与世界大都市协会、世界城市与地方政府联合会共同发起设立"广州国际城市创新奖"并召开"广州国际城市创新大会"，树立起城市治理创新领域重要的国际活动品牌。《人民日报》报道的国际会议不断升级，不仅反映出广州国际会议市场的繁荣，更体现了广州在国际交流交往中的中心吸引力、号召力。

3. 区域协调发展的领头羊

作为国家中心城市和广东省的省会，广州在领衔区域合作、推动区域协调发展方面扮演着重要的主力角色。2003 年"珠江水系 9 省（区）计委主任聚首广州，酝酿共建'泛珠三角经济区'，拉开了广东拓展经济腹地的序幕"。泛珠三角区域经贸合作洽谈会、泛珠三角区域的 9 省区工商行政管理部门高层联席会议、泛珠三角区域合作与发展论坛等一系列"泛珠"重要活动在广州举行，"9 + 2"的区域合作框架在广州诞生，"力促市场一体化""推动大珠三角经济快速起跑"。《人民日报》还配图报道广州南沙新区城市规划，评论其为珠三角"改革开放新地标"。2016 年，国务院《关于深化泛珠三角区域合作的指导意见》提出广州携手港澳共同打造粤港澳大湾区、建设世界级城市群，广州承担了更为艰巨的区域协调发展责任。作为粤港澳大湾区的中心城市之一，广州深度参与大湾区合作，促进人才、创新等要素自由流动，如"广州南沙—深圳前海—珠海横琴粤港澳人才合作示范区""广州—深圳—香港—澳门"科技创新走廊等项目在《人民日报》频频亮相。广州无疑是广东乃至华南地区建立更加有效的区域协调发展新机制、开创对外开放新格局的龙头。

（三）幸福宜居的文明花城

广州城市管理水平和市民文明程度与经济发展共进，传统文化特色与社会主义精神文明建设交相辉映，社会治理走在全国前列，营造出幸福宜居的社会主义现代化大都市形象。

1. "花城"形象深入人心

广州"花城"之名源远流长，城市景观、生活习俗、花卉市场，处处散发着花文化的魅力，"花"文化活动的报道成为《人民日报》描述广州城市精神风貌时的惯用素材。广州"迎春花市"是岭南地区的传统民俗文化盛会，直到现在广州民众仍保留着过年逛花市的传统习俗。《人民日报》头版报道中，迎春花市作为年味的标记之一，在绝大多数年份的春节相关报道中赚足了眼球，还得到"十里花街"的美名（见表2）。

表2　1978～2018年《人民日报》头版针对广州迎春花市报道量统计

年份	篇数	年份	篇数	年份	篇数	年份	篇数	年份	篇数	年份	篇数
1978	0	1985	1	1992	0	1999	1	2006	0	2013	2
1979	0	1986	1	1993	0	2000	1	2007	2	2014	2
1980	0	1987	2	1994	2	2001	1	2008	1	2015	0
1981	1	1988	0	1995	0	2002	0	2009	1	2016	0
1982	1	1989	1	1996	2	2003	1	2010	0	2017	1
1983	0	1990	1	1997	1	2004	0	2011	0	2018	0
1984	0	1991	2	1998	2	2005	3	2012	0		

1981年2月4日《人民日报》头版专门报道传统的广州新春花市，"佳节花城喜气盈盈"。随着改革开放的持续深入，花市成为市场经济活跃、人民生活改善的一个重要缩影，"逛花街"的市民、摊位数、成交额是《人民日报》报道的焦点。1982年广州花市的观众"达200万人次，花木销售额突破了200万元"。1991年起迎春花市按区设点，"卖花人遍布全城，汇成了名副其实的花城"。2007年"极具岭南地方传统特色的广州10个花市迎来500多万迎新的市民"。近年来，迎春花市加速创新步伐，将花元素与传统文化充分结合，打造出更加丰富多彩的文化活动。2013年广州南沙区花市花车巡游贺新春活动，2014年"'非遗'领舞新春花会"，更增添趣味性和文化内涵。底蕴深厚的"花城"，已经成为广州城市形象不可或缺的元素。

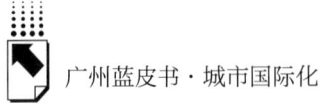

2. 文明城市建设成绩斐然

广州始终坚持经济建设和精神文明建设两手抓，为建设现代化的国际大都市塑造了良好的社会环境。1998年广州开启了创建全国文明城市的历程，受到《人民日报》持续关注。2002年2月4日，《人民日报》头版评论"广州创建文明城市……城市面貌和市民的精神面貌焕然一新"。勤劳热心的广州人民响应党和国家"先富带后富"的号召，踊跃参加社会公益活动，为广州市树立了良好的公益形象，如1995年"广州人支援和田打井"、1997年广州越秀区一个体户拿出1700件新衣捐赠灾区、2006年广州的40多位热心人士来到粤北山区开展"多背一公斤"扶贫助学活动等。最近十年来，志愿活动在广州已经常态化。"绿羊羊"成为志愿者的身份符号，他们活跃在春运、旧物回收等公益事业中，被《人民日报》誉为"节日最美'风景线'"。

3. 全民阅读造就书香城市

广州不仅是一座经济强市，也是一座具有深厚文化底蕴的历史名城。精神文化生活是广州人生活中不可或缺的组成部分。随着市场经济的发展和消费力的释放，广州人对文化知识、科学技术的追求越来越热烈。早在1992年《人民日报》就曾报道广州人积极上夜校补充知识、提高技能，掀起全民读书热。2008年农民工学校及其微型图书馆的尝试也得到《人民日报》的好评与肯定。"书香羊城"建设成为广州公共文化服务的重中之重，贯穿于改革开放至今的城市服务中。广州先后推出"南国书香节""羊城书展"等全民阅读展览和节庆活动，通过集中式的图书展销、丰富多彩的文化活动、优秀文化展示，呈现阅读时尚、营造书香氛围。此举得到《人民日报》的持续关注。南国书香节分别于1994年、2010年、2011年、2013年等多个年份登上《人民日报》头版，这是除广交会和迎春花市之外，广州在为数不多的报道中多次获得单个活动的报道。

（四）引领风尚的文化名城

广州是岭南文化的中心地，早在1982年广州即入选全国首批历史文名城，广州在继承传统文化基础上，不断引领社会主义新文化的创新。

1. 底蕴深厚的岭南文化中心

广州是公认的岭南文化中心，岭南文化最高水平的文艺机构和人才大多聚集于此，岭南音乐、岭南画派、粤剧、杂技等文艺形式不断斩获全国大奖。1988 年羊城音乐会在广州拉开序幕，民族音乐在羊城重振声威，岭南民族音乐发展壮大，催生了羊城国际粤剧节等一批享有国际声誉的音乐盛会。1991 年岭南画派纪念馆落成，成为广东国画事业学术研究、艺术创作、美术教育的重要基地。另外，广州不断涌现出文艺精品和文艺大家，广州军区战士杂技团的《女子大跳板》在第十五届法国巴黎"明日"世界马戏节荣获最高荣誉——法兰西共和国总统奖；电视剧《外来妹》荣获第十届大众电视金鹰奖；广州红豆粤剧团欧凯明先后成为第十二届中国戏剧梅花奖和广州首位白玉兰奖得主；大型原创舞台音乐剧《西关小姐》荣获 2014 年"五个一工程"奖，得到《人民日报》的重点报道。过去十多年里，文化创意产业在广州蓬勃发展。从这里走出了奥飞文化、漫友文化、原创动力等动漫巨头，广州越秀区也被《人民日报》誉为中国的"动漫梦工厂"。

2. 联通中外的文化交流门户

广州在全国文化交流中的重要地位凸显，是全国性文化交流活动的重要聚集地，尤其是流行音乐、影视、动漫等现代文艺形式从广州传播至全国。20 世纪 90 年代以来，广州接连举办了"全国影视十佳歌手"评选、第十三届"金鸡奖"与第十六届"百花奖"评选、广东国际广播音乐博览会、中国国际漫画节、第九届中国艺术节、第十五届群星奖评奖等全国性活动，《人民日报》都进行了跟踪报道。广州市民的文艺情结十分深厚，这些重量级文化活动的举办更进一步丰富了广州公共文化服务供给，使城市文化素养得到提高并形成良性循环。广州延续第九届中国艺术节文化惠民活动，创办广州艺术节，每年以免费或优惠票价的方式进行惠民演出，极大地丰富了市民的精神文化生活。广州各级政府举办的文化惠民活动丰富多彩、覆盖广泛，还包括优惠或免费开放全市的博物馆、展览馆、美术馆、科技馆等各种

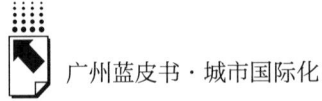

公益性场馆，举办非遗公开课等，受到《人民日报》的高度评价。

3. 国际影响持续上升的体育名城

体育也是社会文化的重要组成部分，从 1987 年第六届全国运动会开始，广州不断完善公共体育设施，营造全民健身的浓厚体育活动氛围，争创全国一流的体育城市。广州接连获得全国性体育赛事的主办权，包括 1991 年世界女子足球赛、1992 年第三届全国残疾人运动会、2001 年第九届全国运动会、2007 年第八届全国少数民族传统体育运动会和第八届全国大学生运动会等。密集举办的大型体育赛事使广州的办赛水平和城市体育氛围获得很大提升，为广州迈向国际体育名城打下坚实基础。通过赢得 2010 年亚运会主办权，广州开启了体育名城的国际化新阶段。在广州举办的 2008 年第四十九届世乒赛、2010 年亚运会、2017 年首届金砖国家运动会接连登上《人民日报》头版。广州恒大足球俱乐部两度夺得亚冠冠军，使广州的国际关注度大幅跃升。此外，全市还成功举办了世界羽毛球锦标赛、WTA 广州国际女子网球公开赛、广州马拉松赛等 130 余项国际国内体育赛事，其中广州马拉松赛连续两年被中国田径协会评为金牌赛事、2018 年评为国际田联金标赛事，为广州国际体育名城添上新彩。

（五）锐意进取的科技创新之城

新时代"科技成就""创新""科研成果"等关键词在有关广州报道中的出现频率变得越来越高，科技渐成广州发展"第一引擎"。

1. 产业转型升级实现"华丽转身"

广州政府坚定产业转型脚步、谋求创新活力，持续推出一系列重要举措，建立以服务经济为主体，现代服务业、先进制造业、战略性新兴产业互动融合的现代产业体系，积极抢占经济制高点，取得令人瞩目的成就。装备制造业在广州崛起，1993 年国家重大技术装备项目——海上煤炭运输大通道的专用型船舶"宁安 3 号"轮由广州船厂建成。到 2003 年时广州已成为华南地区装备工业中心。2009 年广州大型装备产业基地开建。近年来，广州努力发展新一代信息技术、人工智能、生物医药等战略性新兴产业，形成高端高质高新产业布局。2016 年以来，琶洲互联网创新集聚区、广州开发区香雪智慧物联中药配置中心、亿级智慧产业集聚区——思科（广州）智慧城等战略性新型产业优质平台和项目连连登上《人民日报》头版，成为"治国理政新思想新实践"的重要案例。《人民日报》评论广州"实体经济越来越结实"。

2. 主力园区领衔科技创新

科技创新是建设现代化产业体系的战略支撑。广州经济技术开发区（以下简称"广州开发区"）等重大平台，在"一带一路"建设、粤港澳大湾区建设等重大机遇下，领衔广州国际科技创新枢纽建设，全力打造全面开放新格局。广州开发区是首批国家级开发区之一，长期以来坚持新兴制造业和高新技术产业为主导的产业布局，取得一系列突出成绩，成为《人民日报》报道广州产业升级和科技创新的重要符号。1992 年广州开发区"建区7 年来累计出口创汇 6.8 亿美元"，2008 年"广州开发区高新技术产品产值增长 35%、现代服务业产值增长 60%，没有一家企业因金融危机而倒闭"，2010 年"广州开发区 6 项指标全国夺冠"，2018 年"广州开发区集聚了广州半数以上的高科技企业"，在新的历史起点上广州又将"对外开放再扩大，深化改革再出发""担当起'走在前列'的时代使命"。2010 年，一个催生战略性新兴产业的"孵化器"在广州开发区崛起，中新广州知识城项目举行签约奠基仪式。奠基不到一年，有"45 个高端产业项目签署合作备忘录"。2018 年中新广州知识城上升为国家级双边合作项目，面向智慧城市建设积极拓展合作，推动城市管理升级和人工智能发展，探讨新的地方合作，目标直指"具有世界影响的知识经济高地"，中新广州知识城将成为广东乃至全国创新发展的新标杆。

3. 基础科学成果遍地开花

广州始终是中国南方的科教中心城市。1987 年广州成为全国科技体制改革五个试点城市之一，1992 年又成为"八五"期间进行科技体制和经济体制综合配套改革的八个试点城市之一，设有受世界卫生组织资助的中国广州国际中医药培训中心，全国第三个国际卫星地球站——广州国际卫星地球站，全国第三个区域气象中心——广州区域气象中心，国内保存野生稻的种和样本最多、类型最丰富的广州野生稻圃，国家超级计算广州中心等重大基础科学研究平台。借助自身丰富的科教资源，广州取得一系列科研成就，从20世纪80年代的"中国第一个眼库建成"到"南海地质调查基地建成"，再到21世纪以来"我国首次国际标准化的多器官联合捐献及移植成功""我国第一块彩色柔性AMOLED显示屏研制成功""细胞命运密码与小分子解码技术的发现"等，不断彰显着广州在推进自然科学、信息技术、生物医药、医学等科学前沿及战略性新兴产业发展上所取得的进步。

（六）四通八达的综合交通枢纽

广州区位优势明显，不断密织航空、铁路、公路国内外网络，成为《人民日报》持续关注的重点，国际综合交通枢纽形象不断强化。

1. 全国性综合交通枢纽

广州长期以来是华南地区重要的交通枢纽，改革开放后由于处于全国人流物流最为旺盛的珠三角地区交通主入口，国家更加大力扶持广州的交通建设，将其打造成为全国性综合交通枢纽。1978～2018年《人民日报》头版针对广州开通新航线、铁路和高速公路建设、客货运力保障等交通主题的报道量达330篇，在总体报道中占比超过10%，且40年来保持热度不减（见表3）。

表3　1978～2018年《人民日报》头版针对广州交通主题报道量统计

年份	篇数	年份	篇数	年份	篇数	年份	篇数	年份	篇数	年份	篇数
1978	2	1985	9	1992	15	1999	4	2006	9	2013	7
1979	4	1986	12	1993	19	2000	6	2007	10	2014	7
1980	4	1987	10	1994	15	2001	2	2008	8	2015	4
1981	10	1988	12	1995	9	2002	11	2009	6	2016	4
1982	11	1989	2	1996	7	2003	6	2010	8	2017	6
1983	7	1990	8	1997	7	2004	6	2011	4	2018	5
1984	8	1991	16	1998	13	2005	5	2012	12		

从 20 世纪 90 年代到 2010 年广州南站落成，每年春运期间广州旅客发送情况必然见诸报端。在 2010 年亚洲最大的火车站——广州南站正式开通、广铁高铁系统运营步入正轨，以及 12306 网站上线运行后，《人民日报》2013 年评论"铁路春运今年不太囧"，2017 年广铁上线刷脸进闸，《人民日报》再评"'智慧春运'惠归人"。

2. 国际航空门户地位稳固

作为对外交往最先活跃起来的地区之一，广州不仅是全国性综合交通枢纽，也是国际进出中国的重要门户。改革开放以来，广州以南方航空为主力，先后面向东南亚、大洋洲、非洲等地区大力开辟国际直航通道，已当之无愧成为中国通往上述地区的民航主通道。区域重要航线开通，往往预示着双边联系更加紧密，必然成为《人民日报》报道焦点，如 1984 年广州直飞悉尼航线、1987 年广州直飞墨尔本航线、1992 年广州直飞胡志明市和河内航线、1996 年广州至金边航线，以及 2015 年首条直飞非洲大陆航线——广州至内罗毕航线，等等。

3. 国际航运枢纽形象不断强化

广州是中国南方重要的航运枢纽港，早在 20 世纪 90 年代浩浩荡荡的远洋运输船队、繁忙的港口码头的图片都曾数次登上《人民日报》，如广州远洋运输公司集装箱船队、广州远洋运输公司的 6.5 万吨级散装货轮"华铜海"轮等，无不彰显着广州国际航运枢纽的气派。2008 年广州港口岸南沙港区通过验收，开启了广州建设国际航运枢纽的新里程。相关国际航运航线、运力的报道更多地见诸《人民日报》。南沙龙穴造船基地作为我国船舶工业战略布局的重要组成部分，受到中国船舶工业集团公司、上海宝钢集团、中国海运集团的共同注资，携手打造华南地区最大造船核心企业，得到《人民日报》的重点报道。

综上所述，《人民日报》头版改革开放 40 年来持续的报道展现了广州商贸基因深厚、对外交往思想开放、文化氛围浓郁、创新活跃、交通便利、继往开来的商贸中心、开放包容的交流门户、幸福宜居的文明花城、引领风尚的文化名城、锐意进取的科技创新之城、四通八达的国际综合交通枢纽，

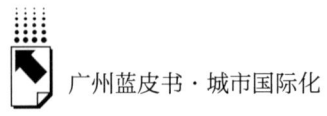

共同构成了广州现代化大都市的主要特征，也是新时代广州国际大都市城市品牌形象的重要内涵。

四 广州国际大都市品牌形象体系的内涵及提升路径

在粤港澳大湾区发展大背景下，立足于建设国际大都市的发展定位，广州可精选城市发展优势领域，以"世界花城"为核心品牌，高标准打造国际商贸之都，充分展示广州作为创新枢纽、开放枢纽、文化枢纽的实力、活力和魅力，塑造"一城一都三枢纽"城市国际品牌形象体系。

（一）世界花城

广州要立足"花城"悠久传统，以花市、花园、花事、花语为载体，打造一系列形态新颖、内容丰富的主题宣传活动，对接匹配历史、人文、环境、科技等元素，周期性、持续性、全球性地塑造传播花城品牌形象。一是花市展花城风采，提升"迎春花市"传统品牌，不断挖掘传播传统花市的历史民俗和"时尚创新花市"现代美学风尚等文化交融发展契合点，打造"广州过年、花城看花"品牌活动，进一步延展花城文化的生命力。二是花园造花城景观，打造主题特色鲜明的城市花园群和景观带，体现文化内涵与岭南特色，彰显花城广州的"城市底色"。三是花事促花城交流，积极开展花主题全球文化交往，引入切尔西花展等品牌花展，加强与阿姆斯特丹等国际知名花园城市建立花城品牌战略合作，精心策划花文化全球巡展等，展现花与城市文明和城市生活的紧密联系。四是花语传城市精神，灵活运用花语为广州重大节事活动代言，以花语诠释广州城市优秀品质，降低城市形象跨文化传播的文化折扣。

（二）国际商贸之都

加快形成带动粤港澳大湾区、服务全国、辐射"一带一路"和联结全球，具有较强集聚辐射力、竞争力和美誉度的国际商贸之都。一是做强做优国际商贸优势领域，发挥自贸区和跨境电商优势，构建覆盖全球的展贸平台网络，利用综合交通枢纽优势建设国内主要商品口岸贸易集散中心和转口贸易中心，国际重要商品向国内分销的战略基地和东西半球商品交换的重要驿站。二是优化升级商贸活动品牌，包括广交会、海博会、金交会、文交会等会展活动，吸引更多高端国际会展落户，在主要商圈升级改造一批综合体验型购物天堂，建设世界知名的会展之都和国际消费中心，协同粤港澳大湾区城市群共建世界级会展目的地。三是培育名企名牌丰富商都形象，例如做好品牌企业"走出去"服务工作，为广州品牌提高国际知名度创造条件，奠定企业品牌向城市品牌转化的基石；培育一批以卓越科研工作者引领、杰出企业家运营、精工巧匠支撑的名人队伍，为商贸发展提供"名人效应"。

（三）创新枢纽

根据世界科技与产业发展趋势、广州自身特色优势，努力打造科技资源密集、创新活动集中、创新实力雄厚、科技成果辐射广泛、创新文化发达、创新氛围浓厚的创新枢纽城市形象。一是聚焦重大项目提升发展动力，包括聚焦优势领域突破重大技术攻关，形成装备制造业和信息产业核心技术的自主知识产权，培育壮大原始创新主体，超前部署各领域世界顶尖的前沿技术和基础研究研发中心建设，建立健全基础科学研究支持体系。二是筑牢创新平台厚植创新基础，包括组建国家级产业创新中心、企业技术中心等高端科技创新平台，打造综合性国家科学中心，配置国际一流的重大科学装置和科技基础设施，推动形成重大科技基础设施集群，全面提升科技支撑能力。三是集聚科技创新主体树立创新典型，聚集一批高端科技创新"名机构"，支持建设国际一流高校，面向全球遴选、发掘、宣传一批前沿领域战略科学家、科技领军人才、领航型创新型企业家及高质量科技技能人才，大力培育科技创新"名家"队伍。

（四）开放枢纽

继续深化改革开放，以开放创新精神打造国际交往中心，以高端国际会议为平台，以城市国际组织为网络，打造全方位对外开放门户枢纽，为共建"开放湾区"贡献力量。一是强化国际综合交通枢纽功能，畅通海、陆、空立体人流、物流通道，持续提升服务全球的国际运输能力和影响世界的国际交通网络，夯实开放枢纽的设施连通支撑。二是全方位提升参与国际组织事务水平，包括发挥广州作为世界城地组织（UCLG）和世界大都市协会联合主席城市、亚太城市旅游振兴机构会长城市等重要角色作用，推动广州国际城市创新奖走进联合国，并在时机成熟时争取发起创设新的国际组织，以国际组织为平台争取承办更多国际性工商、行业及政府间高端会议活动，主动提升国际议题设置能力，为世界贡献中国城市先进经验。三是全面深化友城务实交往合作，丰富友城交往议题设置，推动友城交往从认识理解向务实合作深入发展，支持民间组织和社会团体广泛开展公共外交和民间友好往来，打开友城立体交往新局面。

（五）文化枢纽

以推动中外文化交流互鉴为目标，以扩大体制机制开放为动力，以重大文化项目和平台建设为抓手，在内容创作、文化交流、文化保护、产品生产、要素流通、文化消费、文化传播等领域形成特色优势，建设岭南文化中心和对外文化交流门户，提升新时代文化新枢纽的形象。一是推动岭南文化创造性转化和创新性发展，实施文艺精品创作行动计划、历史文化名城保护规划，加强历史文化街区保护开发利用，推广永庆坊改造经验，让城市留下记忆，让人们记住乡愁，为城市添加文化底色。二是扩大文化活动品牌效应，全力办好"广州文交会"等一系列国际性文化活动，实现以经促文、以文连心的联动效应。在海外设立岭南文化艺术中心，开展粤剧、广东音乐曲艺等文化精品剧目海外巡演巡展活动，大力推动中华优秀文化走出去。三是培育扶持文化名企名团名家名作，扶持一批具有国际竞争力的文化企业和重点项目，引进和培育文艺领军人才和德艺双馨的名家大师，推出一批有温度有深度有分量的理论著作和文艺精品。四是发挥岭南文化中心作用，建设人文湾区，主动担负起建设岭南文化中心和对外文化交流门户的使命，加强三地文化交流合作，着力构建人文湾区。

参考文献

王大可、李本乾：《国际媒体涉穗报道演进趋势、议程分布和框架特征》，《国际传播》2018 年第 4 期。

黄俊：《重庆城市媒介形象的追溯与流变——基于 70 年来〈人民日报〉头版涉渝报道的分析》，《重庆交通大学学报（社会科学版）》2018 年第 3 期。

陈熙：《主流媒体中武汉城市媒介形象呈现——基于〈人民日报〉2010—2016 年报道》，《传播与版权》2017 年第 7 期。

赵文丹：《城市形象的国际化传播策略——对〈人民日报〉（海外版）对沪、津、渝三市的报道分析》，《当代传播》2010 年第 6 期。

B.3
广州城市国际形象对外传播的问题与对策

——以亚马逊网上书店广州主题外文图书分析为例[*]

伍 庆　叶惠珠^{**}

摘　要： 城市主题外文图书是世界各国读者受众认识城市的重要知识
来源，也是分析考察城市国际形象的主要信息渠道。通过世
界最大的网上书店亚马逊网站的图书数据分析，广州主题外
文图书已有一定规模，但是与其他世界知名城市相比，仍然
在数量和影响力上有较大差距。同时，图书内容类型以信息
介绍型的旅游地图为主，内容较多关注近代历史话题而较少
展示现代城市发展成就，图书语种、作者和出版社的分布不
够广泛，图书封面形象设计仍然以传统符号为主，广州本土
的研究成果没有推向世界，未能向国外读者传递真实立体全
面的现代都市形象。未来广州要重视发挥外文图书提升城市
国际形象的作用，加强与世界知名出版机构联系与合作，积
极发动本土和世界的研究力量，推出更多内容丰富、信息准
确、设计时尚的国际化图书，为讲好广州故事、中国故事提
供有力支撑。

关键词： 城市国际形象　亚马逊全球网　外文图书　广州

---

　* 本文是国家社会科学基金一般项目（批准号16BKS066）阶段性研究成果。
　** 伍庆，广州市社会科学院国际问题研究所所长、研究员，研究方向为全球城市、国际交往；
叶惠珠，中山大学传播与设计学院研究生。

《粤港澳大湾区发展规划纲要》明确要求广州充分发挥国家中心城市和综合性门户城市引领作用，全面增强国际商贸中心、综合交通枢纽功能，培育提升科技教育文化中心功能，着力建设国际大都市。面对新的时代定位，面向世界塑造和提升城市国际形象，成为广州建设国际大都市的重要任务内容。

一 外文图书是城市形象对外传播的重要工具

（一）外文图书与国家形象对外传播

以文化产品为载体的国家形象对外传播是形成国家美誉度、增强国家感召力和吸引力，进而增强国家软实力的重要举措。随着中国综合国力的不断提升和国际地位逐渐提高，引导国际公众对我国国家形象加深理解和认同、塑造正向态度，为在国际舞台上增强我国的话语权提供良好的舆论和民意基础，成为当代中国发展的重大关切。早在 2006 年国家就正式提出中国图书"走出去"战略，推出"中国图书对外推广计划"等一系列政策措施，为中国主题图书的海外传播提供了政策支持。中国主题外文图书的海外传播是中华文化对外传播的重要形态，也是向世界读者展示中国形象、讲好中国故事的重要窗口。

（二）城市主题外文图书和城市国际形象

城市国际形象是国家形象的子系统，随着全球城市化与城市现代化的发展，城市也成为国家参与全球竞争的重要内容，加强城市国际形象的塑造与传播，对国家形象塑造形成体系化的支撑具有重要意义。城市形象的国际传播，不仅要提高在国际社会的知晓度和好感度，更要提高重点受众对城市形象、特色及精神的理解度，促进国际传播受众向交往对象转化，成为城市参与国际竞合的新伙伴。外文图书是城市国际形象传播实践的重要媒介之一，国际人士通过主题外文图书的内容了解并构建其对某个城市的印象图景和知识体系。与其他传播媒介相较而言，图书的传播持续周期更长、内容呈现更深、读者黏性更强，尤其是以城市为研究对象的图书，对于城市形象的深度刻画具有不可或缺的作用。现有对外传播研究较多集中在国家层面，研究对象以国际媒体报道为主，利用城市主题外文图书研究城市国际形象还比较少，这是拓展城市国际形象研究的新路径。

（三）亚马逊网上书店作为外文图书的重要销售和展示渠道

书店在售的外文图书，与图书馆馆藏的历史文献相比，更能反映城市在当下现实世界向受众展示的形象。亚马逊是全球电商领域的领军企业，根据零售平台 Internet Retailer 在 2019 年 4 月发布的《全球 100 家主流零售商的网站销售额计算》报告显示：2018 年亚马逊在线销售额排名全球第一；亚马逊网上书店也是全球最大的图书销售平台，2018 年其在美国的图书销售量达到 8.07 亿本，占美国图书销售市场份额的 42%。同时，亚马逊网上书店拥有强大的检索功能和高质量、详尽的图书信息数据库，对图书类别、出版信息、销售状况、市场评论等数据均有详细信息，对研究掌握外文图书的海外传播状况及规律具有较好的研究价值。亚马逊网上书店分有多个地区子站，本研究选用的是其全球网站（http：//www. amazon. com）的公开数据为资源库，于 2019 年 6 月检索，通过分析广州主题外文图书的各项数据，解读广州在世界读者面前展示的城市国际形象和存在问题，进而为广州有针对性地提升城市国际形象提出对策建议。

二 广州主题外文图书的总体情况

（一）城市主题图书的总量比较

在亚马逊网上书店搜索中国与世界知名城市的图书结果数量显示，伦敦、纽约和巴黎三个顶级国际城市的搜索结果为 50000 条以上，远远领先于其他城市，与其在世界城市体系中的地位相对应。北京、上海作为中国的领先城市与它们相比较而言稍逊一筹，搜索结果量为 10000 条以上，与东京处于同一层次。广州、深圳和杭州等城市的搜索结果远远少于前述城市，搜索结果为 1000 条以上，成都和澳门则在 1000 条以内，搜索结果量分别为 746 条和 841 条（见表 1）。

表 1　国内外知名城市图书在亚马逊网上书店搜索结果

搜索结果	城市
50000 条以上	London（伦敦）、New York（纽约）、Paris（巴黎）
10000 条以上	Beijing（北京）、Shanghai（上海）、Tokyo（东京）
1000 条以上	Guangzhou（广州）、Shenzhen（深圳）、Hangzhou（杭州）
1000 条以内	Chengdu（成都）、Macao（澳门）

说明：由于其他国家还有很多以 Canton 为地名的城镇，故以 Canton 为书名的搜索结果数据对广州的论证意义不大，在此不列出，后文进行详细分析。

相较于伦敦、纽约等公认的世界顶级城市，广州的国际知名度或关注度显著较低，与国内城市比较而言，广州与北京、上海的外文图书数量差距较大，与深圳、杭州等城市基本在同一量级，领先于国内其他城市。中国城市主题的外文图书整体数量偏少，这与城市经济社会发展的整体实力不相匹配，还有较大的拓展空间。

（二）城市主题图书的影响力比较

城市主题图书的销量，可以从侧面反映出城市的受关注程度。从亚马逊网上书店中北京、上海和广州前 100 名外文图书的全网热销榜结果看，北京主题热销图书的最高排名为第 5.8 万名，单本图书平均排名在第 160 万名；上海主题热销图书的最高排名为第 2 万名，单本图书平均排名在第 95 万名；广州主题热销图书的最高排名仅为第 18.2 万名，单本图书平均排名在第 660 万名，且大多数图书（59 种）的销售量较低，排名未知（见表 2）。以旅游与地图主题为例，北京和上海销量最高图书为《DK 目击者旅游指南：北京和上海》，该书全网排名第 2.6 万名，而广州销量最高图书《华南和广州旅游参考地图》仅排名第 102.8 万名。

表2 亚马逊网上书店北京、上海和广州热销图书的全网排名情况

单位：万名

项目\城市	北京	上海	广州
最高销量图书排名	5.8	2	18.2
单本图书销量平均排名	160	95	660

中国三大国际化都市中，上海主题图书的销量和市场关注度相对最高，北京次之，广州相比较而言远远落后。

（三）广州（Guangzhou + Canton）主题外文图书

广州现行的通用外文名Guangzhou来源于广州的汉语拼音，在新中国成立后开始大面积使用，而广州另一个外文名Canton则可追溯至18世纪中期，当时清朝实行一口通商的政策，广州成为当时中国唯一的对外贸易口岸。Canton原意有行政区、州的意思，而当时的广州是广东省的省会，因此Canton成为外国人指代广州的名称，近代以来使用较为广泛，至今在国外仍有部分人继续使用。但是，Canton并非专指广州，而存在大量同名情况，世界各国以Canton实际指代的地区很多，其中包括美国密歇根州、俄亥俄州、佐治亚州等17个同名城镇，法国行政单位"乡"，瑞士提契诺州（Canton Ticino）等。在亚马逊全球网以Canton进行书名检索时，搜索结果有5000条以上，但是大部分涉及的是世界各地的城镇，并非所有以Canton为题的图书都是有关广州的，还需要做进一步的甄别和分析。

深入分析亚马逊全球网以Canton为图书名的搜索结果，排名前10种图书中有8种确指广州，排名前50种图书中只有21种与广州相关。随着结果数量增加和范围扩大，Canton所指的地点逐渐分散，排名前300种图书中有50种与广州相关，排名前500种图书中仍然只有50种与广州相关，预计再往下增加搜索结果，与广州相关的图书不会有明显增加（见表3）。这可以理解为广州是众多以Canton为名的城市中知名度较高的，但是相关图书量并不多，大量的图书仍然是关于其他各个国外的城市。

表3 Canton 题名图书搜索结果中确指广州的数量

单位：种，%

Canton 题名图书搜索结果	确指广州的图书数量	所占比重
前 10	8	80
前 50	21	42
前 100	29	29
前 200	41	20.5
前 300	50	16.7
前 500	50	10

本研究以亚马逊网上书店的搜索结果为基础，在综合甄别剔除与广州不相关的图书、中文图书和其他文化产品之后，以 Guangzhou 为书名检索结果排名前 100 种和以 Canton 为书名检索结果排名前 50 种，即总计 150 种广州主题的外文图书作为样本对象，进一步分析外文图书所展示的广州城市国际形象。

（四）广州主题外文图书的语言和作者分布

亚马逊网上书店销售广州主题外文图书的语言以英语为主，达到96%。其他语言包括法语、意大利语、俄语、韩语，合计占比仅为4%，国际通用语言英语仍占主导地位。

从作者的国籍上看（见图1），广州主题外文图书作者大部分来自美国，美国作者编著 75 种图书占50%，中国作者编著 47 种图书占31%，英国作者编著 11 种图书占7%，其他国家作者（法国5 种、韩国3 种、意大利2 种、荷兰2 种、瑞典1 种、俄罗斯1 种）编著 14 种图书占10%，中外合著（中俄1 种、中美1 种、中国和爱尔兰1 种）3 种图书占2%。值得注意的是，中国和美国以外其他国家作者编著的图书，以旅游地图主题图书为主。

（五）广州主题外文图书的出版社情况

从广州主题外文图书的出版社及属地来看，共有 105 家出版社作为出版

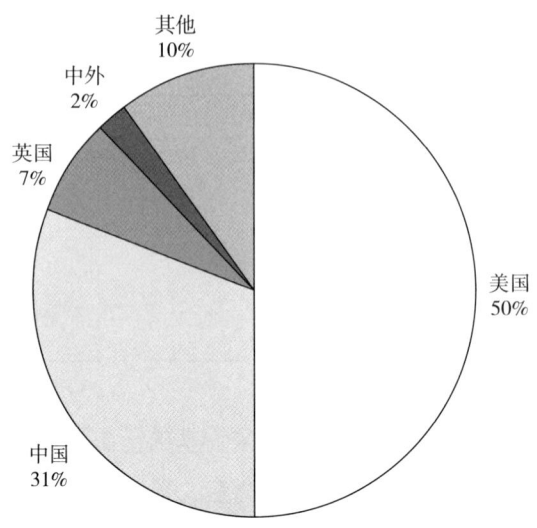

图1 亚马逊网上书店销售的主题外文图书作者国籍分布

主体，国外出版社是当前广州外文图书的主要出版力量，合计85家占比81%，中国出版社20家占比19%。在出版图书的数量上，国外出版社出版120种，占比达到80%；中国出版社出版30种，占比为20%。出版广州主题图书最多的外国出版社是学术性刊物出版社Springer，出版了17种图书，其主要内容是在广州召开的科技类会议论文集。其次还有亚马逊自助出版平台CreateSpace Independent Publishing Platform、市场研究和商业战略出版商Icon Group International分别都出版了4种图书，以旅游地图和专业市场信息为主。代表性出版机构没有对广州城市相关的研究进行整合出版，出版物没有形成系列（见表4）。

表4 出版数量较多的出版社及图书内容特点

单位：种

出版社	数量	图书内容特点
Springer	17	Springer作为学术性刊物的出版社，以广州为题的图书主要是在广州召开的学术会议的论文集，论文集的内容大多与计算机科学有关，严格来说并非是以广州作为主题内容

出版社	数量	图书内容特点
香港大学出版社	8	以广州近代历史著作为主,包括十三行与近代中国商贸,鸦片战争与近代中外关系,近代广州的社会生活与宗教等社会现象和运动
CreateSpace Independent	4	出版物以旅游地图为主,介绍广州的旅游资源,体现广州的历史底蕴丰厚,拥有粤剧、艺术博物馆等文化资源、商贸发达的特点
Icon Group International	4	商业著作出版社,介绍广州的经济发展和商品市场信息

在中国的出版社中,香港 3 家出版社就出版了 13 种图书,其中香港大学出版社和香港中文大学出版社分别以 8 种和 3 种位居前列,而中国内地 15 家出版社仅出版了 17 种图书;并且,香港出版社出版图书较多为研究性著作,集中论述近代以来广州的商贸、对外关系、社会生活等内容,多本研究著作详细论述关于广州贸易的政策、现实行为及中国商人职业的细节,进而论证广州是中国推动全球经济发展的核心地区。与香港地区的出版社相比,内地出版社不论出版图书数量还是影响力都相对逊色,较多集中在旅游地图和旅游指南等工具书,还有个别书籍介绍广州地铁、中医药技术等,较少出版本土具有更丰富内涵的研究性成果。广州本土研究力量的国际传播意识还不够强,对本地成果的国际出版重视程度不足,研究性成果没有走出去,也影响了广州在国际传播领域的显示度。

总体来看,广州主题外文图书的出版主体较为分散,绝大多数出版社零散地出版广州相关的书籍,散落地描述不同内容、探究不同社会现象和活动,并没有一个固定的主题。即使出版物相对较多的出版社,也是分属不同的内容和类别,没有出版社以广州为对象进行专门的选题策划,代表性出版机构也缺少与广州相关的品牌丛书和系列的拳头产品,如对广州进行社会科学、商业研究等丛书品牌的打造,尚未看到以广州为主题成系列的图书作品。

三 广州主题外文图书的内容与城市国际形象

亚马逊网上书店的图书按内容主题分为 24 个类别,150 种广州主题外文图书涉及 15 个类别，其中数量较多的有旅游与地图（38 种，占比 25.3%）、历史（26 种，占比 17.3%）、经济管理（23 种，占比 15.3%）、计算机与互联网（14 种，占比 9.3%）、政治与社会科学（9 种，占比 6.0%）等主题，此外还有艺术与摄影、传记、烹饪美食与酒等类别（见图 2）。

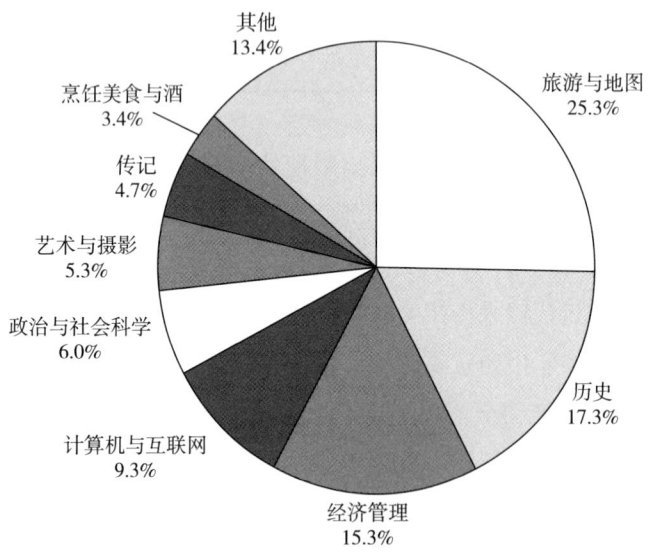

图 2　不同主题图书比例

（一）旅游与地图

旅游与地图类图书是广州外文图书中占比最高的类别，具有较强的普及性，也是国外读者了解广州城市的入门读物。广州作为中国接待世界游客的重要门户，国内外出版社都出版了大量以广州为对象的旅游地图。但是，在 38 种旅游地图图书中，有 14 种是广州与北京、上海、深圳、香港、澳门等其他城市组合在一起作为旅游指南合辑出版的。值得注意的是，中国出版社大多将广州作为一个单独的目的地，出版专门的广州城市地图，而国外出版社大多将广州与其他城市组合在一起出版区域性的旅游地区指南，最常见的组合类型是香港、澳门与广州，占了 9 种，也有部分外国出版社将广州与中

国其他城市组合为中国的城市旅游指南。在这种组合中，广州又在其中 10
种旅游图书中的排序位列最后（见表5）。

表5 广州在多城市组合的旅游与地图类外文图书中的位次

网站排名序号	图书名称	图书涉及城市	涉及城市数量(个)	广州在涉及城市中的位次
1	*Time Out Hong Kong：Macao and Guangzhou*,2007	香港、澳门、广州	3	3
2	*Lonely Planet Hong Kong，Macao & Guangzhou*,1998	香港、澳门、广州	3	3
3	*Newcomer's Handbook, Country Guide, China, Including Beijing, Guangzhou, Shanghai, and Shenzhen*	北京、广州、上海、深圳	4	2
4	*The Taxi Guides Box Set（Hong Kong, Shanghai, Beijing, Shenzhen and Guangzhou*	香港、上海、北京、深圳、广州	5	5
5	*China，Canton-Guangzhou and Macao*	广州、澳门	2	1
6	*Insight City Guide Hong Kong：Macao & Guangzhou*,2005	香港、澳门、广州	3	3
7	*Moon Handbooks Hong Kong：Including Macao and Guangzhou*	香港、澳门、广州	3	3
8	*Time Out Guide to Hong Kong, Macao and Guangzhou*,2003	香港、澳门、广州	3	3
9	*Insight City Guide Hong Kong，Macao & Guangzhou*,2005	香港、澳门、广州	3	3
10	*Fodor's Beijing，Guangzhou，Shanghai*	北京、广州、上海	3	2
11	*Hong Kong，Macao e Guangzhou*（意大利语）	香港、澳门、广州	3	3
12	*China：A Cookbook：300 Classic Recipes From Beijing And Canton，To Shanghai And Sichuan*	北京、广州、上海、四川	4	2
13	*Hong Kong + Macao et Canton*（法语）	香港、澳门、广州	3	3
14	*Lonely Planet Hong Kong, Macao and Canton*,1994	香港、澳门、广州	3	3

这反映了在很多国际游客看来，广州并不是一个独立的旅游目的地，而
是作为香港、北京城市旅游的附带地点，可能是到香港后顺道一游之地。

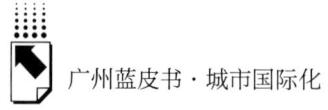

（二）历史和经济管理类

广州主题的历史类图书和经济管理类图书在内容上有所重叠，两类49种图书中关于广州商贸经济研究的有24种，其中对广州传统商贸研究的图书有18种，占比达到75%，着重研究广州这一传统商贸城市的发展历程和"十三行"时期广州海外贸易体制。例如范岱克在《广州贸易：中国沿海的生活与事业，1700－1845》一书中重建广州贸易在18世纪至19世纪上半叶的日常运作场景，揭开了所有历史参与者——从引水、买办、通事，到大班、行商和海关官员的日常生活，重新审视中国贸易的成败之处；王迪安在《十九世纪的全球贸易：伍秉鉴家族和广州贸易体系》中以当时的世界首富伍秉鉴家族的视角切入，研究广州贸易体系在经济全球化的动态演变。

关于广州当代经济管理的图书仅有6种，占比仅为25%。除了介绍广州专业市场的资料性图书外，研究性的著作是外国人的成果，如Bill Hare在《广州：中国最具影响力贸易中心的历史遗产》一书中指出，在改革开放之前，许多广州人移居到东南亚和北美等地区寻找工作机会，然而伴随着广州经济的成功，广州已经成为中国最发达的城市之一。还有著名人类学家麦高登在《广州的世界：华南全球市场中的非洲人和其他外国人》一书中指出，广州当今是商品贸易全球化的中心市场，非洲人与其他外国人来到广州开展新事业，他们向本国贩卖盗版、质量低劣的商品，进行着"低端的全球化"行为。

这说明对广州传统商贸研究的书籍偏多，但对当代广州改革开放成就和经验研究的书籍较少，国际受众对广州"千年商都"的形象还停留在"十三行""一口通商"的特殊时期，较少图书关注广州这一千年商是如何走向创新转型的过程，国内学者的最新研究成果没有走向世界。与此相对应的是，在亚马逊网上书店以Shenzhen为名检索的第一个结果就是图书《深圳巨星——中国最智慧的城市如何挑战硅谷》，分析论述深圳作为中国改革开放的第一个经济特区所取得的成就，这个历史上经济发展速度最快的城市，如何发展高新技术产业实现经济腾飞，进而成为中国的象征。

（三）政治与社会科学类

政治与社会科学类图书同样也着重围绕近代以来，广州的发达商贸成就以及活跃和开放的社会氛围，推动广州成为近现代思想和革命的策源地。例如，《珠江三角洲的女儿：中国南方的婚姻模式与经济策略，1860 – 1930》一书指出，珠江三角洲是中国女性自我意识苏醒的策源地之一，自 19 世纪以来，珠江三角洲蚕丝业的兴旺为女性提供了工作的机会，她们自愿成为"自梳女"（自行盘起头发以示不嫁的女性）实现独立生活。此外，《国家、治理和现代性：广州，1900 – 1927》一书也指出，以广州为代表的岭南地区竞相向西方学习现代民主与科学思想，寻求救国强国的真理，因此广州成为民主革命的策源地、20 世纪中国革命的摇篮，也是中国历史上第一个现代政府的所在地。这些图书分析了因发达的经济，广州拥有开放、先进和创新的思想，进而成为近现代思想和革命的策源地。

人文社科类的书籍分析了先进思想、文化、变革和革命经由广州发源，辐射全国，进而深刻地影响和改变中国近现代历史的进程，这展现了广州开放、包容、敢为人先的城市文化底蕴，但是这些图书也都是以历史性主题为主，关注近现代的广州历史面貌，缺少研究介绍新中国成立以来尤其是改革开放以来广州经济社会文化发展的成就，以及新时代城市风貌的图书。

（四）其他类别

计算机与互联网类的 14 种图书都是计算机信息科学与人工智能国际学术会议、智能计算与其应用国际会议等会议论文集，如《第九届计算智能与智能系统国际研讨会，ISICA2017，中国广州》《第一届中国模式识别与计算机视觉会议，PRCV 2018，中国广州》等，反映了广州在互联网技术、人工智能、图像识别、仿真技术等研究领域具有一定的领先地位，也能够向国外读者传达创新发展的广州形象，但是毕竟会议论文集的技术性较强，与城市的联系较弱，内容深度不够，对显示广州城市国际形象的作用有限。此外，8 种艺术与摄影图书、3 种文学与小说图书主要展现广州武术、粤剧、书法、广州彩瓷等岭南民间艺术，传递了广州的文化名城品味。5 种烹饪美食与酒的主题图书体现广州"食在广州"的美名和粤式饮食文化源远流长的城市特点。

广州主题外文图书偏重对广州的简单信息介绍，深入研究广州城市发展有分量有影响的图书较少。旅游与地图类图书以旅游指南为主，这类书籍能够帮助读者快速掌握城市基本概况，是内容简单、普及性较强的图书。研究型著作对广州城市的剖析最为深入，所呈现的城市形象相对立体丰富，但广州主题外文图书中研究性著作数量太少，影响力也偏弱，且主要集中在广州近代贸易口岸以及社会生活的历史回顾，对广州作为改革开放的前沿阵地，在中国特色社会主义建设中取得的丰富经验和成果，缺少总结和展示。

四 广州主题外文图书的封面符号与城市国际形象

图书封面是书籍装帧艺术中最重要的部分，封面的图形或图像以符号的方式描绘体现书中内容，给读者以强烈的视觉冲击。城市主题图书的封面符号，也是结合图书内容塑造和传播城市形象的重要手段，甚至比内容发挥着更加直接而深刻的作用。亚马逊网上书店的 150 种广州主题外文图书中，除去无图像、无意义的简单几何和文字符号的 65 种图书之外，有 85 种图书的封面使用了各种类型的形象符号（见表6）。

表6 广州主题外文图书封面形象符号使用情况

单位：个，%

符号类型	符号	数量	占比	主要图书类型
传统商贸	商贸交通工具:帆船	11	7.3	历史 经济管理
	商贸场所:商埠、牌坊、码头	6	4.0	
	商贸产品:瓷器	2	1.3	
人物形象	近现代人物:清代服饰男子、伍秉鉴、英国首相巴麦尊、自梳女	7	4.7	历史
	当代人物:妇女儿童、普通男子	5	3.3	传记 旅游与地图

符号类型	符号	数量	占比	主要图书类型
现代城市	街景、高楼、地铁、出租车	18	12.0	旅游与地图 经济管理
旅游资源	自然和人文景色与艺术、美食	12	8.0	旅游与地图 烹饪美食与酒
历史遗产	中山纪念堂、汉墓、古建筑	8	5.3	历史 旅游与地图
宗教	佛像、佛塔、寺庙	7	4.7	旅游与地图 宗教与精神生活
城市位置	地图	6	4.0	旅游与地图 经济管理
中国元素	龙、中国特色农村	3	2.0	历史

具体可分为传统商贸、人物形象、现代城市、旅游资源、历史遗产、宗教、城市位置、中国元素8种类型，在展示效果上对广州的城市国际形象有着不同的作用。

（一）传统商贸符号使用较多

传统商贸符号是使用最多的符号类型。广州作为海上丝绸之路的发祥地，典型的海上商贸交通工具——帆船也是广州与世界相联系的重要工具。作为商贸场所的码头、商埠等展现了近代以来广州繁荣的商贸景象，尤其是近代十三行以及珠江岸边客商云集的图片，也成为广州商贸之都形象的真实反映。广州作为中国一口通商的口岸，对外贸易的主要商品是瓷器，这也成为商贸繁荣的重要符号。因此，以上商贸类符号大量使用在历史与经济管理类图书中，如《广州贸易：中国沿海的生活与事业，1700－1845》《广州贸易的私人交易方面：超越公司，1700－1840》，与图书分析介绍近代广州商贸体制的内容非常匹配。

（二）人物形象符号以近代历史人物为主

在人物形象符号类型中，近现代人物包括有穿着清朝服饰的男子、近代西方人形象、自梳女等，图书展现的内容是当时参与广州外贸的官员和商人、鸦片战争的历史、清朝晚期的女性自我意识苏醒情况等。图书中出现最多的名人是十三行商人伍秉鉴，有 4 种之多，例如图书《十九世纪的全球贸易：伍秉鉴家族和广州贸易体系》《广州与澳门商人：十八世纪中国贸易的兴衰》《广州与澳门商人：十八世纪中国贸易的政治与战略》《中国现代银行的奠基石：广州信用体系和银行储蓄保险的起源》等。其他个别现代人物包括有移民的广州家庭、外交官员、妇女儿童等，例如图书《广州外交官：促进美国对华出口食品》。

（三）部分旅游地图类图书现代城市符号并非广州

现代城市形象也是使用较多的符号，尤其是在旅游地图类图书中，较多出现街景、高楼、地铁、出租车等形象符号。但是，除了明确以广州作为对象的地图使用的是广州城市景象，如中山纪念堂、珠江、花城广场等，介绍多个城市的地图使用的街景形象大多并不是广州，例如香港的维多利亚湾、双层巴士街景、北京的牌坊等。同时，在一些多个城市合集的旅游与地图类图书中，封面标题中"香港"城市名称十分醒目，而澳门与广州名称附加其后、字号较小甚至毫不起眼，例如孤独星球系列图书、意大利和法国的地图图书都是这样处理。

（四）部分图书封面内容与广州现实脱节

部分广州外文图书的封面内容与广州发展现实脱节，在展现广州城市形象方面容易出现误导的可能。例如，广州外文图书检索首位书籍《华南和广州旅游参考地图》封面是一个农村妇女用背篓背着孩子的背影，从背景看不出任何具体城市的信息，这可能是一个 20 世纪 80 年代时期农村务工人员到城市生活的图景，然而这本书却是在 2014 年出版，经过近 40 年改革开放，广州已经是国家中心城市之一，无论是经济发展水平、城市面貌还是市民生活，都难以用这样一幅图片进行概括，很容易让没有来过或者之前没有对广州有所了解的读者产生误解。

总的来看，广州主题外文图书的封面形象设计仍然以历史传统符号为主，一方面固然可以展现广州悠久的历史，但是另一方面，展现改革开放成就、经济发展成果的图片使用不多，可能给读者对广州城市的第一印象是陈旧，而缺乏现代生机勃勃的活力形象。

五　广州用好外文图书提升城市国际形象的对策建议

综合考察亚马逊网上书店广州主题外文图书的情况，可以看出，广州作为中国对外开放的重要门户城市，已有一定数量不同语种的图书对广州进行介绍和研究，但是所呈现的城市国际形象与广州国际大都市的真实地位和现实实力不相匹配。近年来，广州大力开展对外文化交流和海外推介活动，在国际媒体报道中保持了较高的热度，塑造提升城市形象取得了良好的成效。未来在塑造国际大都市形象的进程中，广州要重视发挥外文图书尤其是研究型著作在城市国际形象提升中的效用，在世界范围内支持、吸引和汇聚城市现代化建设和发展各方面的研究成果，推出更多内容丰富、信息准确、设计时尚的国际化出版物，深度刻画中国特色国际大都市形象，为讲好广州故事和中国故事提供有力支撑。

（一）建立多语种广州主题出版物数据库，全面掌握世界各国广州主题图书出版情况

跟踪全球大型出版集团、知名出版社的出版动态，掌握广州题材出版物的发行情况，定期分批采购世界主要语种广州题材图书等出版物，尤其是研究型著作，在广州图书馆设立"全球广州研究"资料室或图书专馆，供本地研究者借阅，提供研究参考。用好现有版权会展资源，在"南国书香节"等本地图书交易会展上设立广州题材海外图书专区，向国际出版机构招展，为本地研究机构及学者采购相关海外书籍提供便利。借鉴网络舆情监测管理运作经验，对广州题材的国际研究动态进行实时跟踪。委派广州研究实力雄厚、国际化研究较好的科研团队，定期对广州题材的国际研究和出版最新情

况进行翻译及分析，跟踪了解汇总国际主要科研机构、权威专家学者对广州的研究动态，例如广州题材文化产品的市场反响、广州城市发展实践的国际评价、国际社会对广州发展的意见和建议等，为决策及本地研究提供参考。

（二）创设"广州研究国际文库"，支持鼓励本土广州主题成果的国际出版

广州要鼓励优质的本土研究成果"走出去"，为国际读者客观严谨地观察了解广州城市发展创造良好条件。针对广州主题外文图书时代性偏弱等现状，着重加强引导和支持对现代广州经济社会发展实践理论总结性研究成果的海外传播，突出研究性成果对城市的海外宣传的重要作用。可先从市社科院等本地科研机构中甄选一批优秀的广州研究成果，例如广州改革开放、经济发展、商贸流通、科技创新、对外开放、城市治理等前沿题材研究成果等，选择优秀出版社合作策划创设"广州研究国际文库"，进行翻译并在国外出版发行，在短期内形成广州研究出版物在国际市场的规模效应。在此基础上，主动进行专题策划，持续向全社会征集以广州为主题的优秀研究成果，如反映当代广州社会政治、经济、文化等各个方面发展成就；总结以广州为代表的中国城市现代化治理经验，介绍岭南传统文化、文学、艺术等具有文化积累价值的作品，资助其根据国际阅读习惯以外文形式在国外权威出版机构出版，形成广州研究系列出版物，进入国外主流发行传播渠道，增进海外学者和读者深入了解广州城市发展的最新成就，推动"中国城市广州经验"的中外学术交流与对话，为讲好广州故事和中国故事积累势能。

（三）设立广州研究海外基金，鼓励支持全球学者研究出版广州主题图书

以广州研究数据库为依托，借鉴《广州大典》与广州历史文化专题研究资助运作经验，面向海外学者、机构设立"海外广州研究"专项科研基金，鼓励海外研究力量加强对广州各领域发展的研究。根据广州国际大都市建设中的重大理论和现实问题，面向全球进行课题招标，开展多层次研究资

助，汇聚全球研究智慧为广州全球城市发展贡献高水平决策咨询参考。设立"全球广州研究奖"，表彰以广州为对象的研究成果及为研究做出卓越贡献和重大成就的人士。建立广州题材创作国际人才库，与有研究广州兴趣的海外汉学家和研究者建立联系，向其推介全球广州研究相关政策措施及研究成果，就其最新广州研究或广州题材创作展开定向约稿，并为来穗开展深度调研、长期访问的机构学者提供资助及便利。积极联络将合适的基金研究相关成果纳入国际平台研究成果库，提高基金的含金量和吸引力。召开"全球广州研究论坛"学术活动，以广州主题图书的出版发布会为核心，以学术论坛、公众讲座、高峰对话等活动为配合，展示全球广州研究最新进展，开展广州研究热门主题探讨，培育广州研究的国际研讨氛围，进一步提高广州研究的传播率和影响力。

（四）与知名出版机构建立联系，提高广州外文图书国际出版水平

世界知名出版机构尤其是全球大型出版集团，掌握着覆盖全球的作者资源和营销网络，是广州打开广州研究成果全球传播局面的重要渠道。广州要主动建立与国际出版机构的联系，通过项目合作、信息共享等方式，用好知名出版机构资源，更好地进入国际出版市场。加强与国际出版机构的出版信息交换机制，充分利用"南国书香节"等本地图书展销平台作用，积极对接国际出版机构，建立广州主题外文图书出版信息交换机制，及时掌握广州主题外文图书最新出版状况及内容。并在此基础上，为出版机构提供最新的、准确的广州公共信息，为其出版涉穗通用读物如地图、导游手册等出版物提供素材支撑。发现不准确的图书内容，及时联系提醒，再版时加以更正。鼓励本地出版机构与国际出版机构合作，运用知名出版机构的国际化出版物设计策划和分销渠道优势，合作围绕广州研究或广州题材精品图书内容，翻译出版或策划开发一系列高水平和最新研究成果的精品外文丛书，对国际市场形成广州主题外文图书的持续性供给，提高广州版权输出的能力。扶持本地出版机构"走出去"，设立专项资金扶持本地出版机构开发国际出版业务、拓展国际市场、参与国际竞争。通过对版权产品输出的支持、版权

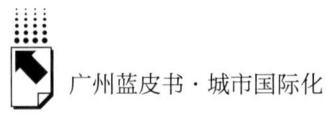

经纪人的培训、优秀版权代理机构的奖励和补贴，支持和扩大版权对外输出核心能力的提升。

（五）借助国际平台做好出版发布，扩大广州主题外文图书的国际影响

将广州主题外文图书纳入对外交往活动的广州宣介材料，利用广州对外交往优势，在高端国际平台面向对广州有兴趣或深入研究有需求的人士展开精准宣介，提高国际社会对"广州话题"的关注度，充分实现"广州研究"成果的社会价值。将广州主题外文图书宣介与各领域对外交往工作相结合，使之成为广州各领域的外宣品，在广州对外交往场合，尤其是与政府、企业、智库、国际组织等高端双边交往场合使用，加深交往对象对广州的认识。根据图书主题内容的匹配性，将广州主题外文图书纳入广州参与的高访、国家主场外宣活动以及国际性会议平台，广州举办的国际会议等各领域多层次国际交流场合发布或作为活动材料发放推广，为相关活动提供深度内容支撑。借助国际书展开展广州主题图书的全球推广，争取在北京国际图书博览会、香港书展等区内有重要影响的国际书展设立广州主题图书独立展台，促进广州主题图书走向世界，发展广州图书版权贸易和进出口贸易。争取在广州对外交往活跃地区的重要国际书展，如法兰克福书展、伦敦书展、美国书展、东京书展、阿布扎比国际书展、开普敦国际图书展、瓜达拉哈拉国际书展等，以设立小展台、联合展台，组织专题读书会、座谈会等多种方式，加强与国际出版界的联系，拓展相关地区市场，不断扩大国际影响力。

（六）加大广州主题外文图书的互联网传播力度，构建多重宣传网络实现精准传播

互联网已是舆论传播的主战场，广州出版业要顺势而为，推进广州主题出版物的数字化转型升级，及时占据互联网出版传播的有利位置。根据电子化阅读习惯，加大对读纸、读屏、听书、数据库等多种介质的开发，为读者提供贴心服务。主动利用新媒体丰富营销手段，争取广州主题图书在主流电

子图书 APP 的投放全覆盖，运用新媒体推送扩大营销范围，利用网络社群建立广州图书读者群开展深度营销。积极发展与相关领域国际学会、协会，期刊出版社及国际组织等权威研究交流平台的联系及合作，通过平台报道及推介"海外广州研究"专项科研基金、研究成果出版等信息，实现广州主题外文图书在相关领域的精准传播，让广州成为国际热点话题。

参考文献

张岩、何珊、梁耀丹：《中国主题图书海外销售状况分析——以亚马逊"中国书店"数据为基点》，《中国出版》2017 年第 7 期。

张岩、王琳琳、邓月：《中国儿童图书的海外传播研究——以亚马逊美国网站数据为基点》，《出版广角》2017 年第 1 期。

陈梅、文军：《中国典籍英译国外阅读市场研究及启示——亚马逊（Amazon）图书网上中国典籍英译本的调查》，《外语教学》2011 年 7 月刊。

郭德焱：《Canton 与广州的国际知名度——地名的传统翻译与对外宣传》，《开放时代》2000 年 12 月刊。

吴建民、胡正荣、赵月枝等：《国家形象与讲好故事》，《人民论坛》2015 年第 1 期。

孙红霞、李爱华：《文化外交的独特价值》，《国际研究参考》2007 年第 6 期。

姚旭、展姿：《讲好中国故事塑造国家形象》，《新闻爱好者》2017 年第 2 期。

B.4
新时代广州城市形象传播研究

—— 以近十年广州城市形象研究文献为例

赵瑜佩 李梓源*

摘　要：　广州是"讲好中国故事"具象的城市空间代表。借助系统性
文献综述法和话语分析探索广州城市形象话语表征呈现的区
间想象和文化表征发现，广州城市形象的空间表征为一种可
沟通多元化非同构的城市活力，呈现出延续性、跳跃性和零
散性的分布特点，正在积极地向富有现实意义的美好想象积
蓄广州的"新时代"人民美好生活向往的城市空间延展动
力，是海外华文媒体向世界讲述具有国际化色彩的中华文化
城市符号的2.0版本，承载着"海上丝绸之路"演进对接的
城市文化"魅力型"资源。在未来城市形象传播中，广州应
把握其"可沟通多元化非同构"的表征特点，推动其"延续
性"城市形象，为城市发展提供良好的舆论环境。

关键词：　中国故事　广州形象　美好生活　系统性文献综述法

　　城市空间的具象作为"讲好中国故事"重要的文化资源，凸显了对国
家形象的塑造的价值追求。广州作为国际化大都市，特别是在"一带一路"

---

* 赵瑜佩，博士，浙江大学传媒与国际文化学院"百人计划"研究员，博士生导师，研究方向
为政治传播学、国家形象与国际传播、数字文化与政治；李梓源，上海交通大学媒体与传播
学院在读博士，研究方向为国际传播、健康传播。

倡议及粤港澳大湾区建设提速的背景下，挖掘历史空间下广州城市形象对外传播核心要义，对深入阐释广州城市形象的空间表征、纵向发展以及追求"美好生活"有着十分重要的现实意义，是海外华文媒体向世界讲述具有国际化色彩的中华文化城市符号的 2.0 版本。本文选取了 2010～2019 年有关广州城市形象研究文献中的话语表征作为分析对象，通过话语的空间阐释和主体化变迁勾连广州的城市形象传播发展的延展动力，探索其城市传播是否架构了一种可沟通的非同构型的现代城市传播框架，最终凝练出"一带一路"倡导的文化价值表达。

一 传播学视角下的城市形象：整体概览与研究设计

（一）研究学术史梳理及研究动态

在国内新闻传播领域关于城市形象的研究主要集中在以下几个方面：一是聚焦于城市形象宣传片或某个重大活动事件，对其中所运用的传播策略、元素使用及传播效果展开分析；二是从宏观环境出发，对城市形象传播的误区、现状、机制、策略及未来路径等层面展开大体规划；三是从媒体视角出发，借助媒体对城市的新闻报道分析来探索城市形象在媒体中的定位与建构；四是从形象建构角度出发，聚焦于城市资源对城市形象塑造的意义或影响，具体包括习俗文化、城市雕塑、户外广告等不同方面的资源。这些不同维度的研究都对城市形象的传播与塑造起到了一定的指引作用，但在当前全球传播的大环境下，大多数研究仍仅仅把目光聚焦于城市形象塑造和分析本身，并没有过多从对外传播的角度出发进行考量。面对这样一个受众内外有别的环境，如果单纯地将国内的传播策略与路径照搬运用于国外，在实践中往往很难有效触及西方受众。同时，城市形象作为一个浮动的能指，其一方面在时间纵向上不断进行着传承与演绎变化的交替进行，另一方面也随着城市自身的发展而在不断进行着横向扩充，产生了多元的形象表征。如何在这种多元融合的城市形象中提炼出最具代表、深受国内外受众认同的城市形象，以更好地做好城市形象的传播工作，仍是亟须解决的一个重要问题。因而本研究以广州为例，通过挖掘历史空间下广州城市形象对外传播核心要义的传承与发展，对深入阐释广州城市形象的国际空间表征，架构可沟通的非同构型的现代城市传播框架有着十分重要的现实意义。

（二）研究问题与价值

基于此，本研究将遵循史料研究和系统性文献综述法来探索城市传播异构空间与人民美好生活的想象勾连，以此深入探讨和思考：如何从广州过去的形象能指构建具备现实性的城市形象，实现城市与人们美好生活愿景间的相互契合？

本研究基于广州为案例的城市形象对外传播研究的相关文献，有着三大研究价值。一是有利于为城市形象对外传播提供较为系统完善的理论及方法上的指导。当前城市形象传播缺乏较为系统完善的措施及完整的战略布局，往往使得城市形象的自我认知与外部解读之间存在脱节，产生中国城市的自我认识与其他国家的认识之间的割裂，难以形成一种良性互动。因而本研究试图搭建出广州形象传播策略的知识图景，进而构建出一套更为完整系统的传播策略体系。二是有利于推动城市形象传播前沿理论的研究。城市形象是一个浮动的能指，它在不同的历史语境、话语中具有不同的表述方式。本文从讲好广州故事的形象表征及话题设计这个角度切入，通过对不同年份下其所具有的表述方式进行分析，从中把握城市形象变化的空间规律及哲学性的发展趋势，完善城市形象传播话语体系。三是有利于在城市形象传播研究与国家形象传播研究间搭建相互沟通的桥梁。城市形象作为国家形象的一个构成要素，其对外传播过程往往与国家形象传播有着许多共通的地方。但同时，城市作为一个较小的地域单位，受当地的地理位置、政治环境等的交叉影响，又显现出自身的特殊性。因而本文针对广州形象研究，能更加清楚认识普遍与特殊间的关系，从而在研究成果上实现更好的相互借鉴、相互交流，推动国家形象相关研究的进一步发展。

（三）研究方法

本次研究基于中国知网（cnki. net）期刊数据库，采用系统性文献综述法（systematic review of literature），通过设置关键词"广州"、"广州形象"或"广州品牌"进行搜索。笔者发现，有关广州形象的国内学术研究自2010年起呈现陡增趋势，因而本研究选取了知网2010～2019年的文献进行梳理，共获得相关研究文献129篇。各个年份的文献研究数量如表1所示。

表1　各年份抽样文献数量

单位：篇

年份	抽样数量	年份	抽样数量
2010	25	2015	8
2011	11	2016	10
2012	13	2017	15
2013	10	2018	15
2014	8	2019	14

在此基础上，本研究采用Nvivo11.0对所检索的文献进行编码分析，对文献中所体现出的广州形象的表述方式或传播内容进行挖掘，试图为中国城市形象对外传播提供较为系统完善的理论与方法指导，搭建与国家形象传播研究间相互映射的桥梁，同时为广州更快适应国际网络化生存方式、提高国际主流舆论新形势和海外民间舆论场的应对能力提供新的数据和视角。

同时，为了进一步对过去十年来广州形象研究的变化趋势做出客观判断，本研究抽取了样本的10%进行预备性研究（pilot study），并以此建立了二级指标体系（见表2）。

表2　广州形象研究指标体系

一级指标	二级指标
广州城市形象表征	改革开放前沿、国际商贸中心、千年商都、国际化大都市、世界文化名城、千年羊城、南国明珠、花城、近代先驱、美食之都、兴盛不衰的商都文明、国家中心城市、一江两岸三带、岭南文化中心地、历史文化名城、海上丝绸之路、茶文化、特色饮食、广州话、美丽花城、岭南音乐之都

以研究目的与问题为导向，本文设计了广州形象的传播表征作为一级指标。而二级指标的建立则基于预备性研究对广州形象的表述方式、内容所做出的预编码，并在其后的编码过程中不断进行补充和完善。同时为了更为清晰地呈现广州形象传播表征的历史发展脉络和时间变化趋势，本研究还引入时间变量对不同年份所提出的广州形象表征加以区分，以便于之后的分析与比较。

二 广州城市形象传播表征

一座城市的形象传播内容，往往围绕着该城市形象的主题及表述方式进行相应展开。所谓城市形象，是指"公众对一个城市的内在综合实力、外显表象活力和未来发展前景的具体感知、总体看法和综合评价，反映了城市总体的特征和风格"①。一座城市只有具备了良好的城市形象，才能在保持对外吸引力及持续的繁荣兴旺上彰显更多活力。经过研究分析发现，近十年相关的研究文献所呈现出的广州形象表征主要体现在改革开放的前沿阵地、千年商都与商业名城、文化名城与近代先驱、千年羊城与南国明珠、海上丝绸之路这五大类。

（一）改革开放的前沿阵地

追溯改革开放的历史，广州作为广东省改革开放的中心，在推进改革开放的伟大举措上有着举足轻重的地位。党的十一届三中全会召开后，广州便在农村、城市开展了多项经济体制改革，并率先在全国放开塘鱼、蔬菜、粮油等价格。而在推动对外开放上，1984年邓小平第一次南方视察后批准开放了包括广州在内的14个沿海城市，随后又成立了珠江三角洲等沿海经济开放区。为改革开放由特区到沿海，再由沿海扩大到内地的整

---

① 罗艾桦、章淑华：《广州启动"城市形象大讨论"》，人民网，http://politics.people.com.cn/GB/14562/9145816.html，2009年4月16日。

体布局提供了良好的借鉴。1992 年邓小平第二次南方视察则再次肯定了广州作为改革开放前沿阵地所发挥的良好示范作用，并也坚定了全国继续深化实施改革开放的信念和决心。广州作为改革开放的前沿阵地及"试验田"的称号由此而来。

不少学者在其研究中同样也对广州在推进改革开放政策上的示范作用及地位表示了认同。比如学者温朝霞在其研究中便提及，广州在改革开放的热潮中作为中国对外开放的窗口，扮演着中国改革的"探路人"角色，"全球化、改革开放和中国特色社会主义发展所带来的'冲击波'，更促使广州城市形象在敢闯敢试的实践中得到不断发展和提升"[1]，重点凸显了广州在这一城市形象定位下所获得的城市发展的精神动力。学者於贤德则借广州作为改革开放的前沿阵地这一特殊的历史地位将其视为"30 年中国经济社会发展的缩影"。[2] 重点突出了广州在改革开放中所发挥的示范作用。但也有不少学者在提及改革开放前沿阵地这一城市形象表征时并未过多展开阐释，在很多时候仅仅将其视为其他形象表征的历史背景，在城市形象的话语现代性竞争中处于相对劣势。

（二）千年商都与商业名城

"千年商都，商业名城"作为广州的城市形象表征，与广州一直以来突出的商业气息和商业文化息息相关，其中更是饱含着广州商业发展所具有的历史底蕴。早在汉代，广州便以经商闻名而成为中国的一大都会。《汉书·地理志》中如此记载："处近海，多犀象、玳瑁、珠玑、银、铜、果布之凑，中国往商贾者多取富焉。番禺其一都会也。"[3] 而直至清朝闭关锁国，广州仍作为唯一的通商口岸参与对外贸易，其经商的历史文化也得以借此不

---

① 温朝霞：《在推进新型城市化发展中提升广州城市形象》，《广东农工商职业技术学院学报》2012 年第 2 期。
② 於贤德：《论竞技体育与城市形象的传播——以北京奥运会与广州亚运会为例》，《韩山师范学院学报》2011 年第 5 期。
③ 班固：《汉书：卷二十八下，地理志第八下》。

断延续下去。一直到今天，广州仍作为商贸之都在中国乃至世界享有盛誉，每年广交会的人流量及成交量均在不断攀升。此种商业发展上的一脉相承、深厚的经商历史底蕴也孕育了广州敢拼敢闯、诚信低调、脚踏实地的城市气质，让广州作为商业名城的城市特质愈加凸显。

不少持这种观点的学者正是从经济维度及历史维度出发对广州形象进行定位。比如学者杨静认为，广州自唐朝以来便为世界著名的国际贸易中心，享有"千年商都"的美誉。在现今四大商圈的交融发展所形成的新老城区"共存共融"的商业布局中，打造出了"南中国的休闲购物天堂"，以浓厚的购物氛围吸引了大批国内外旅客[1]，重点凸显了广州商业发展历史的一脉相承。学者姚宜则从受众这一视角切入，通过对在穗外国人的问卷调查发现，广州"经济发达、商贸活跃""国际商贸中心"的城市形象均获得了受访者的高度认同。[2] 而另有一部分学者则重点突出广州在对外贸易方面所起到的巨大作用，凸显其国际商贸中心的重要地位。

（三）文化名城与近代先驱

1982 年国家根据城市所具有的历史文化价值及革命意义公布了首批历史文化名城，而广州正位列其中。广州建城最早可追溯于先秦，繁荣于秦汉，汉唐以来更是海上丝绸之路的始发地。近代以来，广州作为孙中山的革命根据地，更是见证了革命思想的萌发与实践。历史的沉淀所遗留下的诸多名胜古迹、文物建筑、传统街区均构成了广州作为文化名城的遗迹与见证。同时，悠久的历史所孕育出的独具特色的岭南文化，也让广州作为岭南文化中心的历史地位更加熠熠生辉。

不少持有这种观点的学者，多从广州所代表的文化及历史出发分析。广州作为岭南地区的中心，自然是岭南文化的代表。比如学者杨静认为，"广州是岭南文化的中心，从粤语、粤剧、广东音乐、广东曲艺、岭南书法、岭

---

① 杨静：《广州城市品牌形象构建初探》，《价值工程》2012 年第 29 期，第 283～285 页。
② 姚宜：《广州城市国际形象及其对外传播研究》，《城市观察》2013 年第 6 期。

南画派、岭南诗歌、岭南建筑、岭南盆景、岭南工艺到岭南民俗和岭南饮食文化，都能在广州城里一一觅得踪迹。"① 学者陈映和董天策则对广州的历史脉络进行总结，"作为一个拥有2200多年建城历史的城市，广州是古代中国海上丝绸之路的发祥地，近代中国唯一的对外通商港口，现代中国革命运动的发源地，当代中国改革开放的前沿阵地。"② 从广州的历史发展所面临的一系列关键节点进行综合考量。但与此同时，也有学者对广州在历史遗迹的保护上提出了自己的反思，其认为广州一直以来依靠重经济、轻文化的粗放发展模式，在城市建设上并未过多地注重文物建筑的保护，由此也导致一大批遗迹的破坏与消失，呼吁政府在市政规划上须"立足文化、着力细节、审慎精约进行低碳建设"。③

（四）千年羊城与南国明珠

"千年羊城，南国明珠"这一广州城市形象表征，则来源于2009年广州面向国内外开展"城市形象表述词有奖征集活动"推选的广州形象口号。广州政府通过历史、文化、经济、政治等多种因素的综合考量，确立了这一形象表述口号。

诸多学者在引用这一形象定位时，均结合2010年广州举办亚运会的时代机遇试图向海内外推出这一城市口号。比如学者何国平和王瑞应便呼吁政府应抓住举办亚运会的历史性契机以此改善和提升城市形象传播，借此实现广州城市形象传播的华丽转型。④ 学者温朝霞和何胜男则对此提出质疑，认为广州这一城市形象定位虽简明概要地"反映了广州这座城市的历史、现状和未来"，但其中的文化内涵仍有待更进一步的挖掘。⑤

---

① 杨静：《广州城市品牌形象构建初探》，《价值工程》2012年第29期，第283~285页。
② 陈映、董天策：《本地媒体与城市形象之形塑：再现、场域与认同——以广州为个案的实证研究》，《城市观察》2012年第1期，第115~124页。
③ 朱雪梅、程建军、王国光、潘文朋：《后亚运时代历史文化名城广州形象建设思考》，《城市观察》2011年第3期。
④ 何国平、王瑞应：《广州亚运会与广州城市形象对外传播》，《对外传播》2010年第11期。
⑤ 温朝霞、何胜男：《2010年亚运会与广州城市形象的提升》，《探求》2010年第5期。

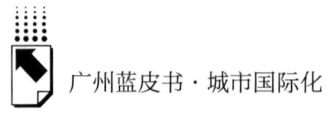

（五）海上丝绸之路

"海上丝绸之路"作为广州的形象表征，既有对唐代广州作为海上丝绸之路起点的辉煌过往的彰显，也代表着新时代下广州这座城市的发展定位与未来方向。历史上的海上丝绸之路，曾以"广州通海夷道"命名，可见广州在海上丝绸之路的发展中所具有的重要地位。随着新时代中国的日趋强大，21世纪海上丝绸之路作为一大构想被提出，广州再次被时代赋予重任，并迎来了城市发展的新的机遇。

不少学者由此也从历史及当前政策两个维度出发进行考虑，提议以海上丝绸之路为基点构建广州的城市品牌，把海上丝绸之路作为广州城市品牌形象传播的重要载体。如学者周云认为："海上丝绸之路兼具广州城市品牌形象的载体，也适合作为核心元素，传播广州的城市品牌。"海上丝绸之路的城市形象定位既囊括了广州"千年商都开放包容、敢为人先"的城市精神，又在对外传达广州精神上兼具感性和生动。[1] 学者高静娟则更为看重"海上丝绸之路"这一城市形象所具有的包容性，在阐释中试图以海上丝绸之路文化作为广州形象的统领，将国家历史文化名城、国家中心城市和国际商贸中心等多种形象要素融入进去。[2]

三 广州城市形象话语表征变迁特点

基于以上的分类，笔者对广州形象话语表征探索出三类时空变化特点：一是延续性。"千年商都，商业名城"在广州形象这十年的研究中，持续地被专家和学者所提及。这一方面是基于国家经济建设的大背景；另一方面，则有赖于在穗外国公众的人际传播、经济发展。二是跳跃性。"海上丝绸之路"及"文化名城，近代先驱"这两种表述方式，在广州形象这十年的研

---

① 周云、李智君：《广州城市品牌形象规划与建设》，《湖南城市学院学报》（自然科学版）2016 年第 3 期。

② 高静娟：《"一带一路"战略下提升广州城市品牌的思考》，《探求》2017 年第 2 期。

究中，呈现出跳跃式的特点；且"海上丝绸之路"在最近两年的文献中更是被频繁提及。三是零散性。"改革开放的前沿阵地"和"千年羊城，南国明珠"这两种表述方式，呈现出零散无规律性的分布特点（见图1）。基于史料和当下的现实情况，以下将做具体解析。

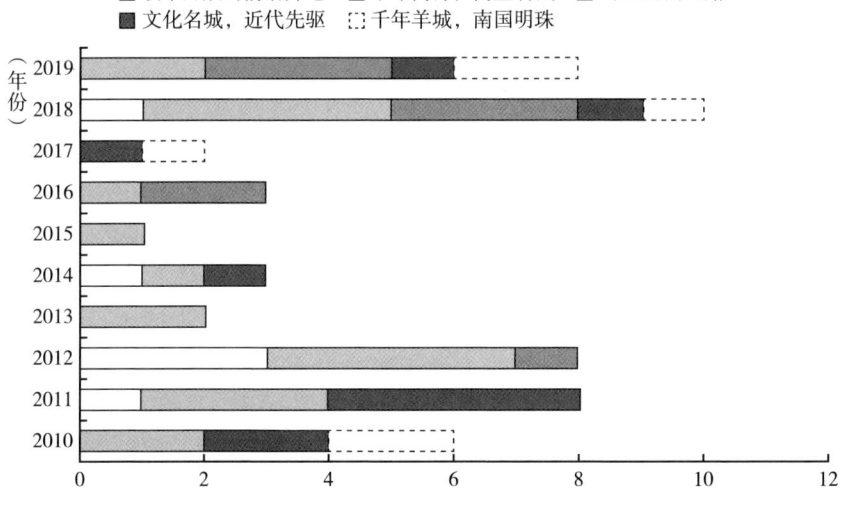

图1　研究文献中的广州城市形象时空变化

（一）延续性——美好向往与现实基础的两相结合

"千年商都，商业名城"作为广州延续至今的城市形象，带有较强的认同稳定性。"千年""名城"这些词语无不代表了人们对广州的美好向往。但值得注意的是，这种美好希冀并非只是一种空想，其更多的是建立在带有现实基础的社会存在，且有着深厚的历史沉淀与广泛的社会基础。

广州对外贸易源远流长，其发展历史最早可追溯至秦汉时期。从那时开始，广州已是重要的海上贸易中心。到了唐代，广州贸易港口的地位得到进一步的巩固和增强，当政者甚至设置市舶使来专门掌管海上贸易。"'广州通海夷道'（从广州到大食国）的贸易航线开辟后，广州更是出现了'大舶参天万舶争先'的繁华图景，外国商人来广州多的年份达10万人。""诸国贡使、商贾络绎不断，使广州巨额的外汇收入'上足以备府库之用，下足以睦江淮之求'。"① 宋代当政者沿袭唐代鼓励海外贸易的开放政策，在广州设立了市舶司，进一步打开了广州通往世界的大门。而元代虽然全国外贸中心转移到了泉州，"但广州仍不失为'蕃舶凑集之所宝货丛聚'的重要贸易港口。"② 而直到明清时期，虽然"海禁"和"闭关锁国"政策一定程度上阻挡了我们对外开放的步伐，但广州作为仅存的通商口岸仍与世界市场保持着紧密联系，在进出口贸易上做出了巨大的贡献。

不难看出，古代的广州作为一个重要的贸易港口，与世界的联系从未中断过，有着一脉相承的历史渊源。这种历史所传承下来的商业氛围及传统，自然也构建出了大多数人对广州作为"千年商都，商业名城"的认同感。并且在今天，广州的对外贸易发展，仍在改革开放的大背景下焕发光彩，特别是每年的广交会，更是在国家的对外贸易中有着举足轻重的影响。"千年商都，商业名城"，既包含了对过去的无限遐想，也包含了对未来的无限展望，这种想象有历史一脉相承的渊源，同时也有改革开放政策、"一带一路"政策等的相继支持和引导，自然也就构建了人们最深层的心理认同，而成为广州形象的一种延续。

（二）跳跃性——时代际遇的偶然触发

在广州形象的阐述中，"海上丝绸之路"作为广州形象的代名词，呈现出跳跃性的特点。这其中，人们对"海上丝绸之路"所带有的冀求，与现实的各种际遇偶然触发密切相关，由此也就导致"海上丝绸之路"这一形象表征的出现带有浮动跳跃的特点。

广州作为我国古代海上丝绸之路的发祥地，从秦汉时期的开辟到明朝的朝贡贸易，一直占有举足轻重的地位。而也正是从这个时候，海上丝绸之路

---

① 《古代广州的对外贸易》，广州市商情网，http：//www.gzsdfz.org.cn/qnsd/smxz/201504/t20150423_ 26398.html，2015 年 4 月 23 日。
② 《近现代广州的对外贸易》，广州市商情网，http：//www.gzsdfz.org.cn/qnsd/smxz/201506/t20150602_ 28802.html，2015 年 6 月 2 日。

在给人们带来城市认同和自豪感的同时，也被人们寄予了厚望。但从近代开始，由于国力衰弱和外国的殖民侵略，中国的对外贸易沦为半殖民地半封建的性质，广州的对外贸易转入了灰暗的历史时期。鸦片战争后，广州的对外贸易更是被列强开设的洋行所控制，其实际上已经被帝国主义列强所操纵、控制和垄断。抗日战争时期，广州对外贸易港口更是被完全控制，对外贸易已无法正常进行，在其后的很长阶段，又为西方资本主义国家和官僚买办所控制和垄断。① 海上丝绸之路的发展进程在一种战乱的环境下被人们搁置一旁，有关海上丝绸之路的美好想象，也怦然破碎，不具备重现往昔的可能。因而这样一个关于广州形象的代名词，虽有合理性的存在，但因无人提及，被公众选择性遗忘。

但从前面的分析可以发现，"海上丝绸之路"在 2012 年、2016 年、2018 年、2019 年，又呈现出一种跳跃性的变化，出现短期规律性的感知溢界。在 2012 年的出现频次较高，与亚运会的举办有着很强的关联。在现代社会，人文体育的发展与城市形象的对外传播两者间有着极为紧密的联系。人文体育中所具有的体育元素、文化宣传、公共管理和体育赛事等多方元素均对现代城市形象的提升有着积极的作用。而广州亚运会的举办既是对人文体育的一次实践，同时也是展示广州城市形象的一个重要舞台。② 因此，广州的"古代海上丝绸之路的起点"作为形象表征再次被大量的文化宣传进入社会公众视野。此外，伴随着"一带一路"建设的逐渐深化及粤港澳大湾区的建设发展，此形象的话语表述在 2016 年、2018 年、2019 年的研究文献里再现波峰。可见，广州作为古代海上丝绸之路的起点，凸显其所具有的历史厚重感和战略意义。值得关注的是，大湾区的建设也有赖于粤、港、澳三地的团结凝聚、协同发展。因而广州的历史文化和国际战略定位关系三地的历史及文化维系，能增强粤港澳三地发展的向心力。因而在"一带一路"及"粤

---

① 《近现代广州的对外贸易》，广州市商情网，http：//www. gzsdfz. org. cn/qnsd/smxz/201506/t20150602_ 28802. html，2015 年 6 月 2 日。

② 刘海唤：《人文体育与城市形象塑造的关系——以广州举办亚运会为例》，《广州体育学院学报》2010 年第 5 期，第 37～40 页。

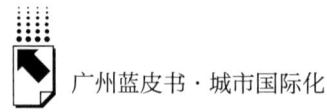
港澳大湾区"的政策背景下，未来广州更应该强化"海上丝绸之路"的现实基础，完善各项基础设施，丰富"海上丝绸之路"这一城市品牌所需的文化内涵及现实条件，将海上丝绸之路建构成具有延续性的广州形象代名词。

（三）零散性——城市集体记忆的退场

在广州形象的表述中，"改革开放的前沿阵地"和"千年羊城，南国明珠"呈现出零散性的特点。这不仅由于其代表的是对历史阶段的碎片化回顾，缺乏滋养记忆流动的根本动引，同时，也在一定程度上代表了人们对文化记忆的选择性和现实发展的进步性。随着我国文明交流和生态体系的变化和发展，"改革开放"的具体内涵已进化为新的历史条件，从站起来、富起来到强起来的伟大飞跃，因而广州从"改革开放的前沿阵地"也领先走入现代化的新时代。因此，此类形象表征也不再适用于体现广州城市格局和全局的代名词。

与此同时，广州在发展上也愈加瞄准国际化的发展定位，城市功能日趋走向国际化。广州在"十三五"规划中明确提出了要建设成为枢纽型的网络城市，重点打造国际航运枢纽、国际航空枢纽、国际科技创新枢纽。这种国际化的未来城市布局也驱动着广州城市形象由对城市历史文化的偏重逐渐转变为对建设国际化城市的时代潮流的适应与创新。因而在城市形象的表征中，"商业名城""海上丝绸之路"这种带有国际化发展定位的城市品牌得以保留下来，而"改革开放的前沿阵地""千年羊城，南国明珠"这类较多停留于历史回忆的城市形象则逐渐脱离于时代潮流与城市的发展趋势，由此在研究中呈现出这样一种零散分布的特点，深刻展示了城市集体记忆的退场。

四 广州城市形象传播的未来路径

城市形象的塑造与传播是一个尤为纷繁复杂的系统，其一方面需根基于城市自身的历史，另一方面又要与时代发展密切相关。因而当前广州城市形象的传播在留住历史沉淀下来的广州特色的同时，还应看到"一带一路"倡议及粤港澳大湾区建设赋予广州形象传播的新机遇，在此种新环境下努力把握"可沟通多元化非同构"的形象传播的表征特点，推动"延续性"城市形象的整体提升。具体来看，广州形象传播在未来应该遵循以下发展路径。

首先，根据城市形象表征的延续性特征，找准广州城市形象传播的特色与核心，采取一定周期内相对稳定的形象传播并对其内涵加以深度挖掘。研究发现，当前由于广州形象定位整体上仍较为模糊，在诸多的形象表征中缺乏较为系统的顶层设计和整体的价值观统领，因而难免容易出现与其他城市在城市形象与话题内容设计上的同质化，难以真正有效地凸显广州城市自身的特色。在未来的城市形象传播中，广州有必要重点凸显"千年商都，商业名城"这类带有延续性的城市形象表征，深挖其背后所具有的历史积淀与时代价值，以此提升公众对这一城市形象的认同感，进而稳固受众对于广州形象的认识与记忆。

其次，对于带有零散性特征的"海上丝绸之路"这一城市形象表征，广州则应抓住时代机遇，继续丰富该形象所需的文化内涵及现实基础，积蓄城市自身特色，真正做到"名副其实"。一方面，广州需抓住国家建设"一带一路"的伟大构想所赋予的发展机遇，继续完善城市的各项基础设施，不断提升自身的国际化水平，努力打造成为海上丝绸之路的"领头羊"与"头号招牌"，并借此在国际社会提高声誉，树立城市品牌。另一方面，广州也需深挖其作为古代海上丝绸之路发祥地和始发港的历史文化内涵，并以此对外输出自身的"海洋文化"及"开拓创新""兼容并包"的城市特质。不断提升自身在"一带一路"建设中的地位和知名度，以量变实现质变。

最后，城市形象的对外传播同样离不开在传播渠道及方式上的不断创新。广州还有必要借助公共外交发挥民间力量的作用，让民众也同时参与进广州城市形象的对外传播过程中。当前广州的城市形象传播大多仍停留于由政府单方面宣传的传统模式，在如今自媒体力量不断崛起的时代下，城市形象的传播更应该将广泛的公众力量也纳入进来，通过联合公众本已具有的紧密的人际传播网络、社交网络形成城市形象传播的强大辐射力和影响力。例如借助 B 站、抖音、微博等各大平台的视频博主的力量，以更为平民化的拍摄视角展现广州的城市之美与人文之美。通过借助多种传播方式及渠道的整合，形成媒介的合力功用，从而在广州城市形象的对外传播中形成整合性的立体交叉传播图景。

广州作为"讲好中国故事"具象的城市空间代表，其形象的感化是一个浮动的能指，广州形象的传播表征随历史情境及语境变化而变化，由此呈现出了延续性、跳跃性和零散性的分布特点。广州城市形象的空间表征和纵向发展体现了"新时代的矛盾内涵"。广州正是以一种可沟通多元化非同构的城市活力，积极地以具备现实基础的美好向往积蓄广州的"新时代"人民美好生活向往的城市空间延展动力，承载着"海上丝绸之路"演进对接的城市文化"魅力型"资源。在未来的城市形象对外传播中，广州应把握"可沟通多元化非同构"的形象传播的表征特点，推动"延续性"城市形象的整体提升，不断积蓄"零散性"城市形象的发展动力，为城市建设和发展提供良好的舆论环境与氛围，有助于广州在新时期赢得跨越式的发展，实现人与现代城市的和谐共生。

参考文献

刘江华、张强：《广州面向 21 世纪的发展定位研究》，《开放时代》2000 年第 2 期。

董婷：《中国城市形象国际传播初探——从广州举办 2017 财富全球论坛说起》，《西部广播电视》2018 年第 7 期。

刘佩：《论境外英语新闻网站亚运报道中"广州形象"的建构》，《东南传播》2012 年第 2 期。

崔淑慧、徐洪：《城市形象的塑造与感知研究现状分析——以广州市为例》，《汕头大学学报》（人文社会科学版）2018 年第 4 期。

张丽平：《他者图景：域外媒体报道中的广州形象分析》，《广东技术师范学院学报》2014 年第 1 期。

陈映、董天策：《本地媒体与城市形象之形塑：再现、场域与认同——以广州为个案的实证研究》，《城市观察》2012 年第 1 期。

城市评价篇

City Evaluation

B.5

2019年全球城市评价排名分析

伍 庆 胡泓媛 岑锦豪*

摘 要： 2019年科尔尼公司全球城市指数、日本森纪念财团全球实力
城市指数、西班牙IESE商学院全球活力城市指数、英国Z/
Yen集团全球金融中心指数和澳大利亚2thinknow智库全球创
新城市指数等相继更新公布研究报告。综合来看，全球主要
地区发展趋势出现分化，领先城市格局面临变数，科技、人
才和环境被公认为是下一轮城市发展竞争的关键要素。中国
城市释放高质量发展潜力，有望成为全球城市发展新的领导
集团。

---

* 伍庆，广州市社会科学院国际问题研究所所长、研究员，研究方向为全球城市、国际交往；
胡泓媛，广州市社会科学院国际问题研究所副研究员，研究方向为国际传播；岑锦豪，吉林
大学经济学硕士，研究方向为区域经济。

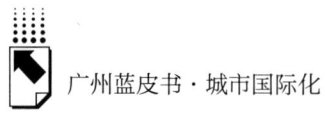

关键词： 全球城市　城市排名　城市评价

全球城市评价排名是研判全球城市发展最新成果、动态和趋势的重要工具，其中全球化和世界城市研究网络（GaWC）世界城市分级、科尔尼公司全球城市指数、日本森纪念财团全球实力城市指数、西班牙 IESE 商学院全球活力城市指数、英国 Z/Yen 集团全球金融中心指数和澳大利亚 2thinknow 智库全球创新城市指数等排名在全球城市评价研究中具有较高的科学性和权威性，受到广泛关注，是快速把握全球城市发展态势的研究材料。2019 年，上述机构除 GaWC 外均更新了研究排名结果。综合来看，全球城市体系结构总体稳定，但新的变化趋势正在酝酿。

一　科尔尼公司全球城市系列指数

自 2008 年起，全球著名咨询公司科尔尼公司发布"全球化城市指数"（Global Cities Index），这是最早的全球城市排行榜之一，围绕商业活动、人力资本、信息交流、文化体验、政治事务五大维度评选当前全球最具竞争力的城市。2016 年该指数的中文名变更为"全球城市指数"。2015 年开始，科尔尼新增"全球潜力城市指数"（Global Cities Outlook），围绕居民幸福感、经济状况、创新、治理四个维度评估城市的未来发展潜力，与"全球城市指数"同期发布。

（一）2019年"全球城市"系列指数：全球城市排名的革命性转变正在酝酿

科尔尼公司继续更新发布《2019 年全球城市指数报告》，包括"全球城市指数"和"全球潜力城市指数"两份榜单。全球城市指数经过十年的逐步扩容，榜单城市样本已趋于稳定，2019 年入选城市 130 个，为 2008 年的两倍多，但较 2018 年减少巴西阿雷格里港、萨尔瓦多、累西腓，墨西哥普埃布拉，以及中国泉州5座城市。全球潜力城市指数2019年排名预测到2029年。

《2019年全球城市指数报告》认为，综合两份榜单来看，全球城市格局处于不断变化之中，其中几个领先城市正处于关键转折点。领先城市在吸纳和留存人才等方面表现仍超过其他城市，但新兴城市在很多领域发展势头增强，国际影响力也日益突出，与世界领先城市差距缩短。报告指出"人"才是城市发展的关键，并以中国城市为例指出，城市和地区在打造未来竞争力时要注重构建"以市民为中心"的发展模式。在宏观层面上，大力发展人力资本，建立可持续发展的人口结构；在微观层面上，致力于提升每个市民的个人幸福感。

（二）顶级城市保持领先，但追赶城市竞争激烈

1. 全球城市指数：城市间竞争加剧

纵观历年全球城市指数，排名前五的城市基本稳定，由纽约、伦敦、巴黎、东京和香港包揽，尤其是纽约、伦敦和巴黎已连续十年蝉联三甲（见表1）。但报告指出，从总体得分的变化态势来看，这一局面将在未来一段时间发生根本性转变。第六至九名城市分差在1分以内，竞争愈加激烈。亚洲总体经济实力的提升推动了东京、香港、新加坡、北京等城市量分的快速上升，正在逼近长期占据领导地位的城市。领先城市不能止步，即使是最成熟的全球城市也面临着来自新兴城市的严峻挑战，因为下一代的全球城市正在为人才、创新和投资展开激烈竞争。

表1　2015～2019年全球城市指数排名前十位的城市

排名	2015年	2016年	2017年	2018年	2019年
1	纽约	伦敦	纽约	纽约	纽约
2	伦敦	纽约	伦敦	伦敦	伦敦
3	巴黎	巴黎	巴黎	巴黎	巴黎
4	东京	东京	东京	东京	东京
5	香港	香港	香港	香港	香港

排名	2015 年	2016 年	2017 年	2018 年	2019 年
6	洛杉矶	洛杉矶	新加坡	洛杉矶	新加坡
7	芝加哥	芝加哥	芝加哥	新加坡	洛杉矶
8	新加坡	新加坡	洛杉矶	芝加哥	芝加哥
9	北京	北京	北京	北京	北京
10	华盛顿	华盛顿	华盛顿	布鲁塞尔	华盛顿

五大维度上综合得分最高的城市以及大部分单项指标得分最高的城市与 2018 年相近。综合排名榜首城市表现非常出色,如纽约在 5 项指标上获最高分,伦敦在 4 项指标上获最高分,巴黎、香港在 3 项指标上获最高分。报告同时显示,一些城市在部分指标上的大幅进步实现了排名提升。政治事务维度的布鲁塞尔,新闻机构指标的纽约、莫斯科,国际性本地机构指标的巴黎和美食指标的伦敦为 2019 年新晋榜首城市;悉尼排名上升四位,主要源于高等教育人口的增长及媒体开放度的提高;休斯敦的排名从第 41 位跃居第 35 位,主要原因是吸引了更多全球化公司的入驻;慕尼黑、旧金山等城市,凭借商业活动、创新和信息交流水平等子维度的提升而占据优势(见表 2)。

表 2　2019 年全球城市指数各维度榜首城市一览

指标	榜首城市	指标	榜首城市	指标	榜首城市
商业活动维度	纽约	人力资本维度	纽约	信息交流维度	巴黎
财富 500 强企业	北京	非本国出生人口	纽约	电视新闻接受率	日内瓦、布鲁塞尔
全球领先服务企业	香港	高等学府	波士顿	新闻机构	伦敦、纽约、莫斯科
资本市场	纽约	高等学历人口	东京	宽带用户	日内瓦、苏黎世
航空货运	香港	留学生数量	墨尔本	言论自由	阿姆斯特丹、斯德哥尔摩
海运	上海	国际学校数量	香港	电子商务	新加坡
ICCA 会议	巴黎	艺术表演	纽约	智库	华盛顿特区

指标	榜首城市	指标	榜首城市	指标	榜首城市
文化体验维度	伦敦	政治事务维度	布鲁塞尔	体育活动	伦敦
博物馆	莫斯科	大使馆和领事馆	布鲁塞尔	国际组织	日内瓦
国际游客	伦敦	政治会议	布鲁塞尔	美食	伦敦
国际性本地机构	巴黎	友好城市	圣彼得堡		

2019年榜单继续延续新兴经济体城市多，欧美城市少的分布格局。在2019年"全球城市指数"中，被纳入榜单的亚太城市数量53座，较2018年减少1座；拉美城市11座，较2018年减少4座；欧洲、北美、中东、非洲城市数量保持不变，分别为24座、16座、14座和12座，2019年榜单城市分布更为均衡。欧洲的主要城市受人力资本维度的影响趋于停滞。报告提出，伦敦和欧洲其他主要城市商业活动都有所减少，这可能预示着不确定的商业环境正在迫使企业逐渐暂停在欧洲的支出计划。从2018年开始，欧洲主要城市的人力资本得分下降最为明显。主要原因是大多数高素质、多元化人才纷纷去其他地区寻找机会，或者干脆不工作。这一趋势在伦敦、布鲁塞尔、柏林等欧洲领先城市都能看到，是一个需要持续监测的指标。由此可见，充足的高素质人才是城市取得领先排名的关键，也是欧洲领先城市的重要差异化因素。

2. 全球潜力城市指数：亚欧城市居上，榜首城市易主

在2019年全球潜力城市指数榜单中，伦敦以其综合表现稳定占据榜首，是其近五年来首次成为"全球潜力城市指数"的第一名，连续四年排名第一的旧金山则退居第三（见表3）。报告指出，旧金山虽然在创新维度依然领先，但其在居民幸福感、政府治理和企业投资三个维度进步不如其他全球主要城市，因此旧金山不能只专注于创新。纽约排名也大幅下跌，跌出2019年的前十名榜单，新加坡、阿姆斯特丹和巴黎分别居第二、四、五位。从2019年的城市排位变动可以看出，美国的顶尖创新城市受到亚欧地区主要城市的竞争，很多分项前十名开始被亚欧地区城市占据，美国城市在宜居

性、外商直接投资、创业环境和私人投资等维度显示出劣势，而亚欧地区国家在建设城市和提升竞争力时正在这方面奋起直追，下一代全球城市的发展将会面临更激烈的竞争。

表3　2015～2019年全球潜力城市指数排名前十的城市

排名	2015年	2016年	2017年	2018年	2019年
1	旧金山	旧金山	旧金山	旧金山	伦敦
2	伦敦	纽约	纽约	纽约	新加坡
3	波士顿	波士顿	巴黎	伦敦	旧金山
4	纽约	伦敦	伦敦	巴黎	阿姆斯特丹
5	苏黎世	休斯敦	波士顿	新加坡	巴黎
6	休斯敦	亚特兰大	墨尔本	阿姆斯特丹	东京
7	慕尼黑	斯德哥尔摩	慕尼黑	慕尼黑	波士顿
8	斯德哥尔摩	阿姆斯特丹	休斯敦	波士顿	慕尼黑
9	阿姆斯特丹	慕尼黑	斯德哥尔摩	休斯敦	都柏林
10	首尔	苏黎世	莫斯科	墨尔本	斯德哥尔摩

与2018年相比较，各项指标上的领先城市变化明显，四大维度榜首城市分别为日内瓦（居民幸福感维度）、新加坡（经济状况维度）、旧金山（创新维度）、日内瓦和苏黎世（治理维度）。13项细分指标中"稳定性和安全性"的科威特城、"私人投资"的北京、"基础设施"的迪拜、"人均GDP"的休斯敦、"外商直接投资流入"的马斯喀特为2019年新晋榜首的城市。

从地区上看，中国城市和中东城市的进步超过西方城市，地位逼近欧洲和美洲城市。中国城市在治理维度上得分显著提高，而西方城市因为持续的政治不稳定性，治理维度得分上上下徘徊或与之前年份持平。

（三）中国城市进步明显，高质量发展效果显现

中国主要城市的竞争力在科尔尼全球城市系列指数报告发布11年来得到显著提升，表现也明显超过其他地区的城市。

1.全球城市指数：入选城市总体排名进步显著

2019年，入选全球城市指数的中国城市有26座。全球城市指数榜单收

缩，泉州作为榜单的末位城市被剔除。在2019年榜单中，中国前六大城市——香港、北京、上海、台北、广州、深圳排名基本稳定。20座后续城市则出现以进步为主的较大变化，位次上升的城市达15座，杭州、苏州等城市出现20位以上的跃升（见表4）。

表4 2015～2019年中国城市在全球城市指数中的排名

序号	城市	2015年	2016年	2017年	2018年	2019年
1	香港	5	5	5	5	5
2	北京	9	9	9	9	9
3	上海	21	20	19	19	19
4	台北	44	43	47	45	44
5	广州	71	71	71	71	71
6	深圳	84	83	80	79	79
7	南京	92	86	86	88	86
8	天津	102	94	91	87	88
9	成都	96	96	87	89	89
10	杭州	113	115	116	117	91
11	苏州	105	109	57	115	95
12	武汉	104	107	100	102	104
13	重庆	114	113	115	114	105
14	大连	110	108	107	106	108
15	西安	115	114	114	113	109
16	青岛	112	110	109	110	110
17	长沙	—	—	—	124	113
18	哈尔滨	117	117	117	118	114
19	宁波	—	—	—	123	116
20	沈阳	123	122	122	120	118
21	郑州	122	121	121	128	119
22	无锡	—	—	—	130	124
23	佛山	—	—	—	131	125
24	烟台	—	—	—	132	127
25	东莞	124	124	127	133	128
26	唐山	—	—	—	134	130

在城市得分方面，中国城市的平均得分增长速度是北美城市的 3 倍。入选首期"全球城市指数"的 7 座中国城市得分以平均每年 1.8% 的速度增长，超过首期 60 个城市平均速度 0.7 个百分点。相比之下，北美城市得分年增长率仅为 0.6%，欧洲城市 1.1%，亚太地区（除中国外）1.3%。

商业活动仍是引领中国城市综合得分上升的最大驱动力，其中北京、香港和上海在"商业活动"方面在世界范围内都属于领先水平，2019 年三座城市分别在"全球财富 500 强企业""领先的全球服务企业""航空货运""海运"四个细分指标上位居榜首。而人力资本和信息交流指标得分的大幅进步进一步加快了这一进程，例如苏州排名上升 20 位，很大程度上是由于国际人才吸引力的提升，如国际留学生数量的增加。

2. 全球潜力城市指数：中国城市成长速度快，发展潜力大

跻身全球潜力城市指数榜的中国城市数量从 2015 年的 21 座增加到 2019 年的 26 座，大部分城市排名也有显著上升。入选首期全球潜力城市指数榜单的 21 座城市得分平均年增速为 3.8%，同期亚太地区（除中国外）年增速仅为 1.5%，欧洲城市 1.1%，北美城市 - 0.3%。具体来看，有 14 座城市实现排名上升（与 2018 年相比较），主要是长三角地区城市、中西部中心城市和东北经济重镇，台北、上海、杭州、东莞、郑州等城市排名跃升 10 位以上，表现突出（见表 5）。

表 5   中国城市在全球潜力城市指数中的排名

城市	2015 年	2016 年	2017 年	2018 年	2019 年
台北	28	23	44	38	25
北京	45	42	45	47	39
深圳	50	50	47	52	49
上海	65	63	61	64	51
香港	53	57	54	54	52
苏州	56	59	57	55	54
南京	64	60	62	56	57
杭州	74	69	60	70	59
天津	55	61	64	65	60

城市	2015 年	2016 年	2017 年	2018 年	2019 年
西安	81	85	82	66	61
武汉	63	68	67	71	63
无锡	—	—	—	57	64
广州	76	78	56	59	65
东莞	83	82	84	81	68
大连	79	79	72	74	69
沈阳	67	71	71	77	70
哈尔滨	77	81	78	80	71
宁波	—	—	—	62	72
成都	72	75	77	76	73
郑州	85	84	85	84	74
佛山	—	—	—	69	75
唐山	—	—	—	75	77
重庆	91	90	89	88	78
青岛	84	92	92	90	79
长沙	—	—	—	67	80
烟台	—	—	—	73	81

从细分维度来看，中国城市在整体上表现出的巨大成功与政府治理质量的改善直接相关。我国 2018 年以来启动大范围的营商环境改善工作，被世界银行评选为全球营商环境最好的 50 个经济体之一，也受到科尔尼全球潜力城市指数的重点关注。

中国城市在全球城市指数和全球潜力城市指数榜单的良好表现，反映出其作为全球城市新星的地位进一步巩固。报告认为，近年来中国城市投入大量资源促进商业发展、基础设施和经济增长，但要持续保持竞争优势，还需大力提升对人力资本的吸引力，吸纳和留住高素质人才的城市才会在未来成为新一代的领导者。

二　日本森纪念财团全球实力城市指数

日本森纪念财团是一家从事城市创新和发展领域的研究和出版活动的组

织，旗下城市战略研究所从 2008 年起每年定期发布的全球实力城市指数（Global Power City Index，简称 GPCI），对全球主要城市的竞争力开展全面的调研、分析与评价，为城市制定发展战略提供对策建议。全球实力城市指数仅就全球 40~50 个主要城市进行分析评价，榜单城市参考其他全球城市排名的前十城市产生，并根据全球城市发展趋势实施动态调整。评估体系分为主客观评价两种量分，以经济、研发、文化交流、宜居性、环境及交通便利性等维度评估全球城市的综合实力得分为基础，并针对若干细分指标内容向经理、研究人员、艺术家、游客、居民等城市参与者展开问卷调查，综合得分排名。

（一）2019年全球实力城市指数：呼吁城市加强在可持续发展中的作为

日本森纪念财团城市战略研究所发布 2019 年全球实力城市指数，榜单城市总数为 48 座，新增墨尔本、赫尔辛基、都柏林和特拉维夫 4 个城市。森纪念财团致力于推动创造可持续发展理想城市环境的理念在本期报告中更加显著地体现，新增城市大多在环保领域具有较佳的表现。报告认为，影响城市竞争力的重要因素正在发生重大转变，正反映出全球在环境保护方面的动荡形势和举措分歧。在全球经济不透明度不断上升和环境意识的觉醒中，全球城市格局面临变局，首位城市伦敦开始出现下降势头，东京发展缓慢，而巴黎的复苏趋势则在增强。随着各国共同采取的减排行动在摸索中前行，城市也加入了环保事务的行列。城市在气候行动中发挥着越来越重要的作用，有能力建设更加可持续和公平的社会。

（二）领先城市竞争胶着，欧洲城市重现升势

2019 年全球实力城市指数排名有 48 座城市上榜。榜单前列的城市位次相对稳定，前十位城市与 2018 年保持一致（见表 6）。但从得分上看，排名前五位城市自 2018 年得分达到近 10 年来的顶峰之后，2019 年均出现一定程度回落，与后续城市的分差缩小。其中，巴黎的得分降幅最少，使之与第三位东京的分差显著缩小，两座城市分别作为 2024 年和 2020 年奥运会的主

办地，短期内竞争将更加激烈；新加坡的得分降幅最大，与第六位阿姆斯特丹的分差缩小至 26.9 分，排名前五的城市地位岌岌可危。整体来看，欧、美、亚太地区领先城市格局趋于稳定。2019 年榜单前十位中，4 座城市分布于欧洲、5 座城市分布于亚太地区、1 座位于北美洲，近三年来保持不变。2019 年欧洲城市表现亮眼。在榜单新增 4 座城市的情况下，欧洲仍有 4 座城市实现绝对排名的提升，其中马德里排名从 2018 年的第 22 位跃升至第 13 位，文化交流维度的评分大幅提升是其排名提升的主要因素。此外，新增上榜的 4 座城市中赫尔辛基、都柏林两座城市位于欧洲，首次上榜即位于榜单中部分，分别列第 28 位和第 33 位，都柏林在"GDP 增长率"指标取得高分，使得经济维度排名高达第 11 位。相比之下，亚洲只有迪拜 1 座城市实现绝对排名的跃升，从 2018 年的第 29 位提高至 2019 年的第 19 位，其他大多数城市排名均受到新增城市的影响出现不同程度的回落。

表 6　2015～2019 年全球实力城市指数排名前十的城市

排名	2015 年	2016 年	2017 年	2018 年	2019 年
1	伦敦	伦敦	伦敦	伦敦	伦敦
2	纽约	纽约	纽约	纽约	纽约
3	巴黎	东京	东京	东京	东京
4	东京	巴黎	巴黎	巴黎	巴黎
5	新加坡	新加坡	新加坡	新加坡	新加坡
6	首尔	首尔	首尔	阿姆斯特丹	阿姆斯特丹
7	香港	香港	阿姆斯特丹	首尔	首尔
8	柏林	阿姆斯特丹	柏林	柏林	柏林
9	阿姆斯特丹	柏林	香港	香港	香港
10	维也纳	维也纳	悉尼	悉尼	悉尼

受到 2019 年 G20 峰会在大阪召开的启发，全球实力城市指数更加注重分析城市在环境指标方面的表现。欧洲大陆的一些城市，如巴黎、柏林和阿姆斯特丹等，虽在综合得分方面不及伦敦、纽约和东京，但在宜居性维度方面均进入前五位，表现出较强的宜居吸引力，第十名悉尼在环境维度位居第五，远超其他同等层次的城市。新增城市亦在环境领域表现较好，赫尔辛

基、墨尔本在环境维度分列第四位、第六位。在可持续发展越来越受到重视的未来，发展与环境和谐共生的城市优势不容小觑。

（三）中国城市排名回落，发展均衡性有所欠缺

由于全球实力城市指数考察的城市数量比较少，中国城市榜上有名的仅有香港、上海、台北和北京。4座城市近年来排名均呈现一定程度回落（见表7）。2019年香港排名比较靠前，仍保持第九名，而北京、上海、台北的排名则继续回落，具体维度表现各异（见表8）。

表7 2014~2019年中国城市在全球实力城市指数中的排名

城市	2014年	2015年	2016年	2017年	2018年	2019年
香港	9	7	7	9	9	9
北京	14	18	17	13	23	24
上海	15	17	12	15	26	30
台北	33	32	33	36	35	39

表8 2019年中国城市在全球实力城市指数各维度排名表现

维度	香港	上海	台北	北京
经济	9（−4）	16	30（−3）	3（＋1）
研发	10（＋1）	18（−2）	25（＋2）	13（＋1）
文化	13（＋2）	25（−7）	42（−1）	15（−8）
居住	42（−15）	38（−8）	44（−6）	43（−9）
环境	35（−3）	48（−5）	25（−11）	47（−3）
交通	7（＋1）	4	26（−3）	14（＋7）
总排名	9	30（−4）	39（−4）	24（−1）

说明：括号内数字为较上期上升（＋）或下降（−）位次数。

经济维度是中国城市的传统优势领域。北京经济维度排名创出新高，紧跟纽约和伦敦，位列第三，较2018年上升1个位次，主要得益于"政治·经济·商机风险"指标的分数提升。上海2019年的经济维度排名与上年持平，列第16位，停止了2017年以来的急剧下滑趋势。

在研发维度，2019年中国城市的排名分布在第10~25位，与上年相比

有略微进步,总体处于榜单前半部分。从研发能力上看,香港和北京拥有众多顶级高校和科研院所,加上这两座城市分别具备较高的经济自由度和产学研相互转化的环境,客观上有利于研发竞争力的提升。相对地,上海和台北的产业并非以科技研发为主导,因此排名有所靠后。总的来看,由于起步较晚,与发达国家和地区成熟的科研体系和制度相比,中国城市在研发支出和研究人员交流机会等方面还存在较大提升空间。

在文化交流维度,由于北京的排名波动较大,2019年被排名上升的香港超越,两座城市分列全球第15位和第13位。香港虽然在世界遗产数量方面不及北京,但在酒店数量、创意环境、国际文化活动举办次数、国际学生数量以及访客文化设施等指标有不俗表现。

在交通便利性上,2019年上海和香港位居全球前列,前者继续与上年持平排在第4位,后者排在第7位,两座城市在国际航班数量、抵离国际游客数量、机场跑道数量、交通价格等指标上继续保持显著优势。北京在交通便利性维度进步明显,排在第14位,较2018年上升7个位次,这表明北京在缓解严重交通拥堵等城市病方面做出的努力已经有所见效。

中国城市在环境与宜居性维度的排名仍然处于榜单的偏后位置,严重影响综合排名。在2019年上榜的48座城市中,中国城市的宜居性排名分布在第38~44位,环境维度的排名则在第25~48位,4座城市在这两个维度上的排名均出现明显退步,需引起重视。在宜居维度,排名最靠前的上海也仅为第38名,而香港、北京和台北分别为第42位、第43位、第44位,表明宜居程度严重制约着中国城市的综合排名上升。在环境维度,在2018年表现较为优秀的台北也下跌到第25位,香港排名第35位,而北京和上海更是处于排名榜的倒数位置,分别为第47位和第48位,折射出中国经济发展与环境保护亟待平衡的城市问题,中国在建设可持续城市、跻身城市综合实力排行榜前列还需做出更多努力。

三 西班牙 IESE 商学院全球活力城市指数

西班牙纳瓦拉大学 IESE 商学院是西班牙的三大商学院之一,全球活力城市指数是 IESE 商学院在 2014 年开始推出的一项旨在衡量全球主要城市综合发展水平的指数。全球活力城市指数通过 10 个维度评估城市发展状况，包括"经济状况""人力资本""社会凝聚力""公共管理""政府治理""环境""流动性与运输""城市规划""国际联系""科技"，综合来自该领域权威机构的研究数据进行评分，并将城市划分为四个等级。

（一）2019年全球活力城市指数：城市发展需要全球视野

西班牙纳瓦拉大学 IESE 商学院发布 2019 年度"全球活力城市指数"（Cities in Motion Index，简称 CIMI），进一步扩充榜单研究城市范围，涵盖全球 174 座城市，较上期增加台北（中国）、爱丁堡（英国）、杜塞尔多夫（德国）、丹佛（美国）、西雅图（美国）、魁北克（加拿大）、弗罗茨瓦夫（波兰）、布加勒斯特（罗马尼亚）、亚松森（巴拉圭）、班加罗尔（印度）和拉合尔（巴基斯坦）11 座城市，其中台北和布加勒斯特为继 2018 年调整出榜后重回榜单。榜单剔除了两座表现不太突出的城市——巴利亚多利德（西班牙）和维哥（西班牙）。报告呼吁城市管理者更加重视运用全球视野，综合考虑城市治理的所有影响因素和社会动力，利用网络联系（networking）的优势，扩大经验交流和相互学习，在更大范围的开放的思想交流和合作行动中使城市治理更加优化、智慧。

全球活力城市指数从 2018 年起将"公共管理"维度与"政府治理"维度合并，形成"政府与公共治理"维度，把评价维度总数从 10 个缩减到 9 个。2019 年维持这一调整，各维度的排序及其相对权重为："经济状况"（1），"人力资本"（0.612），"国际联系"（0.511），"城市规划"（0.487），"环境"（0.831），"科技"（0.356），"政府与公共治理"（0.404），"社会凝聚力"（0.567）以及"流动性与运输"（0.548）。2019 年报告对具体评价指标进一步调整，使之更契合当前城市生活方式特点，如"人力资本"维度新增"教育支出"指标，"经济状况"维度新增"按揭贷款""工资""购买力"指标，"流动性与运输"维度新增"车辆"、剔除"加气站"指标，"科技"维度新增"互联网速度"和"计算机"、剔除"脸书"和

"苹果商店"等，指标总数扩充至96项，得以更综合更全面地评价每个城市当下与未来的发展状况。2019年报告将城市等级调整细分为 H、RH、M、L、VL 五个等级。

（二）西欧与北美城市总排名领先，发展中国家需努力

与往年类似，2019年在评价榜单中排名前十位的城市全部来自西欧、亚洲、北美地区，分别有7座西欧城市、2座亚洲城市和1座北美城市进入前十，西欧地区进入前十的城市数量在2019年创下新高（见表9）。

表9　2015～2019年全球活力城市指数排名前十位的城市

城市排名	2015 年	2016 年	2017 年	2018 年	2019 年
1	伦敦	纽约	纽约	纽约	伦敦
2	纽约	伦敦	伦敦	伦敦	纽约
3	首尔	巴黎	巴黎	巴黎	阿姆斯特丹
4	巴黎	旧金山	波士顿	东京	巴黎
5	阿姆斯特丹	波士顿	旧金山	雷克雅未克	雷克雅未克
6	维也纳	阿姆斯特丹	华盛顿	新加坡	东京
7	东京	芝加哥	首尔	首尔	新加坡
8	日内瓦	首尔	东京	多伦多	哥本哈根
9	新加坡	日内瓦	柏林	香港	柏林
10	慕尼黑	悉尼	阿姆斯特丹	阿姆斯特丹	维也纳

西欧、北美等发达地区的城市得分较高，在表现最好的前25%的城市中，80%以上均位于西欧和北美地区。而非洲、拉美、中东等发展中国家和地区的城市排名较为靠后，平均得分较低，在排名最靠后25%的城市中，70%以上来自这些地区。亚洲地区城市表现分化，排名靠前的城市大多位于东亚地区，这些城市所处地区的经济发展水平较高，因此整体实力也较强，但与欧美城市还有一定差距；有超过35%的亚洲城市则位于排行榜的中后位置，一定程度上拉低了整体平均分。因此，在城市竞争力提升方面，亚洲地区还有很长的路要走。

从具体维度上看，北美城市的优势主要在"经济状况""人力资本"

"城市规划"等维度，北美城市在相应维度前十位城市中分别占有 7 个、5 个和 7 个席位，其中美国城市在"经济状况"和"人力资本"两个维度优势尤其突出，而加拿大城市则在"城市规划"维度评价较高。欧洲城市在"政府与公共治理""社会凝聚力"两个维度表现优异，分别在该维度前十位城市中分别占有 6 个、7 个席位。"科技""流动性与运输"两个维度则由欧亚城市共同领衔。"科技"维度前十名分别有新加坡（1）、香港（2）、迪拜（5）、首尔（6）、雷克雅未克（4）、阿姆斯特丹（7）、伦敦（8）、爱因霍芬（9）、哥本哈根（10）、洛杉矶（3）。"流动性与运输"维度前十名也有 6 座欧洲城市和 3 座亚洲城市入围，尤其是中国城市上海、北京分列该维度第一名、第二名。"环境""国际联系"等维度城市分布较为多样，如"环境"维度有蒙得维的亚、亚松森、奥克兰等拉美和大洋洲城市上榜前十，"国际联系"维度则有两座澳大利亚城市上榜前十。

（三）中国城市总体排名稳定，部分维度优势扩大

2019 年上榜全球活力城市指数的中国城市有 7 座，分别是香港（11）、台北（30）、上海（59）、北京（83）、广州（113）、深圳（119）、天津（154）。台北自 2018 年被剔除后又重回榜单（见表 10）。

表 10 2015~2019 年全球活力城市指数中国城市排名

城市	2015 年	2016 年	2017 年	2018 年	2019 年
香港	17	39	42	9	11
上海	83	93	80	57	59
北京	99	92	90	78	83
台北	74	64	56	/	30
广州	104	104	102	109	113
台南	122	141	150	/	/
高雄	119	103	141	/	/
台中	101	112	145	/	/
天津	135	166	164	149	154

城市	2015 年	2016 年	2017 年	2018 年	2019 年
沈阳	142	155	162	/	/
武汉	136	153	126	/	/
哈尔滨	146	169	167	/	/
重庆	131	147	157	/	/
深圳	118	130	118	115	119
苏州	138	165	129	/	/
城市总数	148	181	180	165	174

2019 年，中国城市在"流动性与运输"方面排名均较为靠前，其中上海、北京分列第一位、第二位，广州、深圳也进入前 20 位，这与中国城市在该维度增加的地铁里程、车辆数量等指标上占据优势有关。在"城市规划"维度，中国城市也有显著进步，2019 年该维度指标未做调整，与之前年份可比性较强，香港上升 2 位居全球前八，台北排名第 12，上海、北京、广州、深圳均实现 10 位以上的提升，其中北京从 2018 年的第 111 位跃居 2019 年的第 63 位。"经济状况""国际联系"等仍为中国城市相对优势维度，位次高于综合排名，但 2019 年较上年均出现不同程度的下滑，也与相应维度的指标调整有关。中国城市在"经济状况"维度新增"工资""购买力"等指标上优势不突出，而"国际联系"维度删除了中国城市表现较佳的"机场"指标。上海、北京在"科技"维度的优势 2019 年未能保持，在"科技"维度增加"网络效应索引""网速""电脑普及率"等指标后，两市均出现 50 位以上的下滑，与中国其他城市差距大幅收窄，反映出两市相关指标发展状况可能欠佳（见表 11）。

表 11　2019 年全球活力城市指数中国城市各维度排名

评价维度	香港	台北	上海	北京	广州	深圳	天津
经济状况	29	83	80	58	82	73	89
人力资本	17	20	27	64	128	137	138
社会凝聚力	140	3	129	127	117	136	125
环境	20	145	147	163	154	153	172

评价维度	香港	台北	上海	北京	广州	深圳	天津
政府与公共治理	21	3	74	116	145	158	161
城市规划	8	12	37	63	105	100	134
国际联系	15	55	59	50	90	126	161
科技	2	23	116	115	132	133	137
流动性与运输	40	10	1	2	13	15	43
2019 年总排名	11	30	59	83	113	119	154
2018 年总排名	9	—	57	78	109	115	149

总体来看，中国城市的发展优势相对保持在经济、国际联系、流动性与运输方面，人力资本集中在香港、上海、北京等首位城市的格局没有改变，而社会凝聚力、环境等仍是中国城市的普遍短板。

四　英国 Z/Yen 集团全球金融中心指数

全球金融中心指数（GFCI）是"长期金融"（Long Finance Initiative）项目下的重要组成部分，由 Z/Yen 集团和中国（深圳）综合开发研究院共同编制，是被国际金融业界最广泛使用的针对金融中心城市的评价体系。该指数从 2007 年 3 月开始，于每年 3 月和 9 月定期更新，采用主客观评价相结合的方式对榜单城市进行评分，客观评价从营商环境、人力资本、基础设施、金融业发展水平及声誉度五大维度对全球金融中心进行评分，主观评价则是对全球金融业从业者发送网上调查问卷进行评价。

（一）全球金融中心指数：金融市场信心总体小幅下调

全球金融中心指数于 2019 年 3 月和 9 月分别发布第 25 期和第 26 期报告。第 25 期共有 102 座城市进入正式排名，增加了斯图加特、科威特城和内罗毕，剔除特立尼达和多巴哥。第 26 期共有 104 座城市进入榜单，增加了圣地亚哥和南京。第 25 期报告共收到 3708 位调查者的问卷，其中有 2373

位调查者提供了29065个有效评估。第26期报告共收到3478份调查问卷，3360名受访者提供了32227个有效评估，比第25期的数据量更大，覆盖面更广。

第26期报告显示，金融市场信心总体小幅下调，整体评分较第25期下降2.5%。三分之一的金融中心得分下降，甚至包括全球前五。贸易战、地缘政治动荡、英国脱欧等因素使业界对中期发展预期进行重大调整。五大维度对金融中心竞争力影响重要性由大到小排序分别为营商环境、税收、人力资本、基础设施、信誉度和金融业发展水平。相对而言，亚太地区还保持强势。第26期报告新设一项科技金融中心（FinTech Index）榜单，通过问卷调查的方式对金融中心的科技金融业发展进行评分。受访者认为，要为当前科技金融业创造具有竞争力的环境，人才的可得性和金融服务的可接入性是主导因素，而大数据分析和网络安全是最重要的技术应用。

（二）亚太地区进步强势，西欧地区相对放缓

全球金融中心指数的正式榜单城市数量从第1期的46座增加至第26期的104座，数量翻了一倍多，分布区域则向新兴经济体倾斜，第25期、第26期的新增城市绝大多数是新兴经济体城市。

伦敦、纽约、香港、新加坡和东京一直处于全球五大金融中心的领先地位，多年来变化不大，排名稍有变动，第26期出现评分差距已经不到30分。自英国脱欧以来，伦敦金融市场信心受到重挫，第26期得分下降14分，为五大金融中心中变化最剧烈的。从第24期报告开始，上海进入全球排名前五并保持三期，第25、26期东京得分增幅较大，到第26期时与上海分差收窄到4分。第6～10位城市的排位变化较大，第26期中一些往期处于前十的城市，如多伦多、苏黎世、法兰克福等欧洲金融中心城市被挤出了前十位，由迪拜、深圳取而代之，悉尼继第25期缺席之后重回前十榜单。传统的顶级金融中心与新兴金融中心的差距进一步缩小（见表12）。

表 12 2016～2019 年全球金融中心指数排名前十的城市

序号	2016 年		2017 年		2018 年		2019 年	
	第 19 期	第 20 期	第 21 期	第 22 期	第 23 期	第 24 期	第 25 期	第 26 期
1	伦敦	伦敦	伦敦	伦敦	伦敦	纽约	纽约	纽约
2	纽约	纽约	纽约	纽约	纽约	伦敦	伦敦	伦敦
3	新加坡	新加坡	香港	香港	香港	香港	香港	香港
4	香港	香港	新加坡	新加坡	新加坡	新加坡	新加坡	新加坡
5	东京	东京	东京	东京	东京	上海	上海	上海
6	苏黎世	旧金山	旧金山	上海	上海	东京	东京	东京
7	华盛顿	波士顿	芝加哥	多伦多	多伦多	悉尼	多伦多	北京
8	旧金山	芝加哥	悉尼	悉尼	旧金山	北京	苏黎世	迪拜
9	波士顿	苏黎世	波士顿	苏黎世	悉尼	苏黎世	北京	深圳
10	多伦多	华盛顿	芝加哥	北京	波士顿	法兰克福	法兰克福	悉尼

近年来随着亚太地区经济持续高质量发展，以及受英国脱欧、美国贸易保护势力抬头等外部因素影响，国际金融专业人士普遍更加看好亚太地区金融中心的发展，第 25、26 期报告均显示亚太金融中心城市的全面进步。第26 期不仅前十位顶级金融中心席位有 7 席为亚太地区，而且在 15 个声誉度优势评价最好的金融中心中有 9 个来自亚太地区，15 个有望进一步提升影响力的金融中心同样有 9 个来自亚太地区。亚太城市的优势主要从"声誉度""产业部门"维度显现出来。

西欧城市则相对提升较慢，虽然超过一半的金融中心在等级评分上有所进步，但除巴黎、卢森堡、日内瓦等少数城市排名提升明显外，其他城市排名均下降。北美城市中，加拿大城市发展相对放缓，而美国城市还保持着一定的进步势头，在第 26 期北美排名前十的金融中心里，排位上升的城市基本在美国。虽然发展相对放缓，但欧美等发达国家和地区的金融中心在"法律规则与腐败""联系度"等维度还是保有绝对优势，完善的资本市场和金融制度使金融中心的稳定性、抗风险能力更强。

（三）中国城市整体进步显著

近年来，随着中国金融改革的推进和金融产业的发展，中国金融中心的竞争力不断提升，进入全球金融中心指数排行榜的中国城市也不断增多，除了传统的国际金融中心香港和排名靠前的台北之外，上海、北京、深圳、广州、青岛、天津、成都、杭州、大连9个城市已在正式榜单中稳定下来，第26期又新收录南京为榜单城市。

香港自榜单设立以来始终保持在前五名，是排名最靠前的中国城市。上海、北京也是初始收录榜单的城市。上海自第24期以来连续三期保持历史最好名次第五位，是排名最高的入榜中国大陆城市。北京则在第26期进至第七位，刷新最好名次。深圳于第6期起进入榜单，历史最高排名全球第五，在第26期重回前十榜单，排名第九。广州于第21期起进入榜单，在第26期排名第23。青岛自第19期起进入榜单，经过大幅跃升后近年来排名稳定在第30位左右，第26期排第33位。台北近年来排名微跌，2019年两期均维持在第34位。天津自第23期起进入榜单，但从第63名大幅滑落到第26期的102位。成都自第22期起进入榜单，逐步攀升至第26期的第73位。杭州自第24期起进入榜单，但从第89名滑落至第26期的第104位。大连自第17期起进入榜单，近四期位次稳定在100名上下。南京为第26期首次上榜，排名第103位（见表13）。

表 13　中国城市在全球金融中心指数中排名变化

城市	2017 年		2018 年		2019 年	
	第 21 期	第 22 期	第 23 期	第 24 期	第 25 期	第 26 期
香港	4	3	3	3	3	3
上海	13	6	6	5	5	5
北京	16	10	11	8	9	7
深圳	22	20	18	12	14	9
广州	37	32	28	19	24	23
青岛	38	47	33	31	29	33
台北	26	27	30	32	34	34
成都	—	86	82	79	87	73
大连	75	92	96	100	101	101
天津	—	—	63	78	81	102
南京	—	—	—	—	—	103
杭州	—	—	—	89	99	104

整体来看,中国城市在榜单中进步显著。一是前列城市全球领先地位持续强化。第 26 期榜单前十城市中,中国城市已占据 4 席,远高于其他国家。二是中国城市正逐渐摆脱"多而不强"的局面,不断向国际前列水平看齐。在 15 个有望进一步提升影响力的金融中心中,上榜的中国城市排名继续前移,青岛占据榜首(见表 14)。15 个声誉度优势评价最好的金融中心中,青岛、杭州、上海、香港和深圳均榜上有名。在第 26 期金融中心的影响力层次划分中,大连、广州从国际级上升至全球级,进入全球专业金融中心行列,使全球级的中国城市增至 8 座;天津从本地级升至国际级,与杭州一起进入"国际竞争者金融中心"行列;南京首次进入本地级层次。

表 14　有望进一步提升影响力的金融中心

排名	第 23 期	第 24 期	第 25 期	第 26 期
1	上海	上海	上海	青岛
2	青岛	青岛	青岛	上海
3	新加坡	古吉拉特国际金融科技城(GIFT)	法兰克福	斯图加特
4	法兰克福	法兰克福	新加坡	香港
5	卡萨布兰卡	新加坡	古吉拉特国际金融科技城(GIFT)	巴黎
6	香港	都柏林	成都	法兰克福
7	北京	香港	香港	深圳
8	都柏林	成都	巴黎	北京
9	阿斯塔纳	卡萨布兰卡	卡萨布兰卡	新加坡
10	古吉拉特国际金融科技城(GIFT)	北京	都柏林	东京
11	卢森堡	巴黎	斯图加特	伦敦
12	成都	深圳	深圳	首尔
13	首尔	伦敦	北京	努尔苏丹(曾用名:阿斯塔纳)
14	迪拜	卢森堡	伦敦	都柏林
15	多伦多	首尔	阿斯塔纳	苏黎世

值得注意的是，中国城市在科技金融中心榜单中整体占据显著优势，首期公布的前20名城市中有6座中国城市上榜，北京、上海分列第一、第二名，广州、深圳分列第四、第五名（见表15）。报告认为，中国城市普遍重视科技发展，科技对科技金融业的支撑力度强劲，是使中国城市表现亮眼的重要因素。

表15　2019年全球科技金融中心排名

排名	城市	排名	城市
1	北京	11	悉尼
2	上海	12	东京
3	纽约	13	洛杉矶
4	广州	14	华盛顿
5	深圳	15	斯图加特
6	伦敦	16	墨尔本
7	香港	17	波士顿
8	新加坡	18	成都
9	旧金山	19	多伦多
10	芝加哥	20	法兰克福

中国金融业在迈进全球的发展过程中，专业化水平越来越高，与国际市场越来越接轨，与国际上其他金融中心的联系度提升较快，在全球金融业发展中所发挥的作用也越来越大。

五　澳大利亚2thinknow智库全球创新城市指数

澳大利亚2thinknow智库是全球第一家以"创新"为研究主题的专业智库，其建立了一个跟踪收录1500多个城市各类发展指数的数据库，并于2007年首次发布全球创新城市指数（Innovation Cities™ Index）排名，旨在寻找一种城市创新发展的基本模板和整体思路。指数的分析框架围绕文化资产、人力基础设施、网络型市场三大核心因素进行正态分布计算合并，衡量城市的创新程度和潜力。上榜城市共有四个级别：核心城市（Nexus）、枢纽城市（Hub Cities）、节点城市（Node Cities）和起步城市（Upstart）。榜单城市逐期递增，2016~2017 年的报告扩大到 500 座，后沿用至今。

（一）2019年全球创新城市指数：坚持创新助力城市崛起

2019 年全球创新城市指数是该排名的第十二期。报告认为，全球创新城市指数聚焦创新环境和状况，能先于其他排名感知城市的崛起，持续挖掘创新潜力是城市保持竞争优势的必然选择，随着城市化推进创新的力度使全球城市发展出现分化。2019 年榜单为此提供了力证，榜单城市排名出现剧烈的波动，新思想商业化的时间窗口正在缩小。2019 年上榜的城市有核心城市 60 座，比上期增加 8 座；枢纽城市 107 座，比上期减少 13 座；节点城市 199 座，比上期减少 57 座；起步城市 100 座，比上期增加 46 座；未划分等级的城市有 46 座。分别位于榜单头尾的核心城市和起步城市数量较上期有所增多，而中部的枢纽城市和节点城市的数量变化则相反，全球城市创新实力可能出现分化。

（二）美国领先优势扩大，其他地区表现平稳

2019 年上榜的前十名城市及位次均出现一定变动。首位城市由纽约摘得，纽约自上榜以来位次始终在前五名内波动，2019 年首次夺得榜首，美国老牌科技创新中心城市波士顿和旧金山排名则出现下滑，分列第八、九位，而芝加哥首次进入前十，使美国在前十名的城市达到了 5 座（纽约、洛杉矶、芝加哥、波士顿、旧金山），远超其他国家和地区。东京退居第二，悉尼退出前十榜单，亚太地区的城市回落至 2 座（东京、新加坡），欧洲城市 2 座（伦敦、巴黎）（见表 16）。从全球创新发展特征来看，北美、欧洲以及东亚城市占据了全球创新发展的顶尖位置，美国城市的优势尤其突出。

表16 2014～2019年全球创新城市指数排名前十的城市

排名	2014 年	2015 年	2016～2017 年	2018 年	2019 年
1	旧金山	伦敦	伦敦	东京	纽约
2	纽约	旧金山	纽约	伦敦	东京
3	伦敦	维也纳	东京	旧金山	伦敦
4	波士顿	波士顿	旧金山	纽约	洛杉矶
5	巴黎	首尔	波士顿	洛杉矶	新加坡
6	维也纳	纽约	洛杉矶	新加坡	巴黎
7	慕尼黑	阿姆斯特丹	新加坡	波士顿	芝加哥
8	阿姆斯特丹	新加坡	多伦多	多伦多	波士顿
9	哥本哈根	巴黎	巴黎	巴黎	旧金山
10	西雅图	东京	维也纳	悉尼	多伦多

在60座核心城市中，27座来自北美，19座来自欧洲，14座来自亚洲。欧美城市占核心城市的比重超过75%，足见其在全球创新发展方面的地位。美国城市23座，本期增加3座，底特律、凤凰城、拉斯维加斯位次升幅较大，分别提升25个、21个、11个位次。亚洲城市增加2座，中国的台北、北京和土耳其的伊斯坦布尔分别提升16个、11个、10个位次，在亚洲城市中表现亮眼。欧洲城市上榜数量与上期持平，部分欧洲城市虽然保持了核心城市的地位但排名降幅较大，如曼彻斯特、阿姆斯特丹等。

在107座枢纽城市中，美国城市有39座，占比超过1/3，继续保持领先位置。而亚欧城市则显著减少，欧洲城市40座，同比减少8座；亚洲城市有13座，同比减少8座。

在199座节点城市中，67座来自欧洲，68座来自美洲（美国城市54座），53座来自亚洲（28座中国城市）。榜单规模收缩较为平均，美国和欧洲在节点城市中占比达到近70%，保持整体优势。

100座起步城市分布相对均匀，较为集中的有14座俄罗斯城市、11座中东城市、4座非洲城市、38座亚洲城市、18座拉丁美洲城市。

（三）中国城市排名分化，深圳、香港、台北表现突出

本期中国城市上榜44座，与上期持平，其中大陆城市38座，港澳台城

市 6 座。北京、上海、台北、深圳、香港为核心城市，上期枢纽城市台北、深圳本期进入核心城市等级，使枢纽城市等级仅余广州 1 座。节点城市 28 座，上期 9 座节点城市在本期降至起步城市等级。从排名上看，本期排名实现上升的城市有 32 座，排名下降的仅 12 座，表明中国大多数城市的创新发展处于提速状态（见表 17）。

表 17   2019 年全球创新城市指数中国城市概况

分类	该级别城市数量	该级别中国城市数量	中国城市
核心城市	60	5	北京（26，+11），上海（33，+2），台北（44，+16），深圳（53，+2），香港（56，-29）
枢纽城市	107	1	广州（74，+39）
节点城市	199	28	重庆（237，+44），宁波（240，+64），天津（242，+14），武汉（243，+59），苏州（244，-24），南京（269，-28），杭州（279，+20），高雄（294，+27），成都（307，-48），厦门（308，-23），无锡（330，+17），台南（332，+38），温州（333，+18），大连（336，-21），青岛（338，-1），福州（339，+5），台中（341，+57），沈阳（343，+30），东莞（344，-34），泉州（355，+10），西安（359，-25），南通（360，+31），佛山（361，+33），昆明（362，+12），南宁（363，+9），哈尔滨（364，+32），南昌（365，+25），太原（366，+26）
起步城市	100	10	扬州（375，+9），济南（380，+6），澳门（381，-73），郑州（382，+13），珠海（383，-25），长春（392，-4），中山（399，+13），合肥（401，+10），烟台 - 威海（410，+7），汕头（411，+38）

说明：括号内数字为 2019 年排名及上升（ + ）或下降（ - ）位次数。

中国领先城市面临更激烈的竞争局面。北京和上海是中国排名最前的两座城市，在本期分差仅为 1 分，却分列第 26 位和第 33 位。台北和深圳得分也仅有一分之差，而排名则分列第 44 和第 53。香港与深圳同为 46 分，这两个地理位置上相互毗邻的城市优势互补，均享受着国家政策支持，且集聚了大量高科技人才，其创新能力将持续保持优势。广州是中国在本期唯一一个枢纽城市，排名提升 39 名，仅 1 分之差未能进入核心城市级别，发展潜力不容小觑。

其余入选榜单的城市均为"节点城市"或"起步城市"，主要由我国的二线城市和准一线城市组成，它们虽然和前五个城市在全球排名和得分上尚存在一定差距，但大部分均比上期有明显进步，有能力成为未来中国创新城市的新星。需要警惕的是，包括港澳在内的许多中国沿海地区经济发展水平较高的城市则在排名上出现了明显倒退，其中澳门后退达73名，而东南沿海的香港、珠海、东莞、厦门和东部沿海的苏州、南京等城市也后退20名以上，反映出传统发达的城市正面临着新兴城市追赶带来的挑战。

在创新能力越来越重要的21世纪，通过加大财政力度培育创新人才，积极扶持创新产业，推出有利于产学研相结合的政策，均成为国际领先创新城市的必然要求。不同于基础设施等经济建设具有长久耐用性的特质，创新竞争力的迭代十分迅速，要求城市无论是政府还是企业部门都必须调动好各方面资源，在创新领域保持持续性投入，不断调动各类主体的创新积极性。对于发展中的中国城市而言，尚有众多方面需要借鉴与学习，应在原有的经济建设特别是基础设施的投入上，加强创新能力的培育与创新产业的布局，加大对智力资本建设的投入及储备，以便在激烈的竞争中维持优势，在面向未来的新经济发展中取得领先地位，使中国城市在全球竞争中脱颖而出。

六　2019年全球城市排名总结

上述评价排名从各种视角勾勒出2019年全球城市发展的总体状况。虽然采用的研究方法各异，数据来源多样，但显示出全球城市发展的一些共性特征和趋势。

（一）领先城市格局面临变数

近十年来，全球顶级城市榜单鲜有变化，纽约、伦敦、巴黎、东京等城市常驻各大榜单，尤其是综合性全球城市排名前五位，2019年继续延续这一格局。但是从评分来看，五大排名的城市得分出现整体回落，榜单顶级城市之间的分差进一步缩小。各大榜单顶级城市的演化趋势各有不同，全球城市指数、全球金融中心指数中亚太城市表现较为强劲，全球实力城市指数和全球活力城市指数中欧洲城市则重现升势，全球创新城市指数中则是美国城市领先优势进一步扩大。科尔尼咨询、日本森纪念财团等多家机构在报告中预测全球顶级城市排名将在未来几年内发生变化，新的顶级城市不久即将诞生。纵观全球，地区政治动荡、贸易保护主义抬头、新冠肺炎疫情席卷全球等全球城市发展的不确定因素叠加，任何城市都无法独善其身，全球顶级城市的排名竞争极有可能在2020年出现白热化。

（二）亚洲城市整体发展放缓

亚洲城市尤其是东亚地区城市，近十年来紧抓世界经济复苏和地区政治局势平稳的东风，在经济快速发展的带动下，实现了城市整体实力的大幅跃升。但这一趋势近年来有所放缓。2019年全球城市指数中实现排名提升的亚洲城市绝大多数是中国城市，其他地区城市表现平平；全球实力城市指数中亚洲只有迪拜一座城市实现绝对排名提升，而其他城市则多数出现不同程度的回落；全球活力城市指数也出现类似情况，前十名中东京、新加坡出现下滑，首尔、香港则被挤出前十，排名统计的亚太地区城市仅占榜单前半部分约10%；全球创新城市指数中，排名前十的亚洲城市回落至2座，枢纽城市亚洲减少8座，发展后劲显现不足。亚洲城市仅在金融领域，即全球金融中心指数中继续保持进步势头，可见亚洲城市综合实力尚有欠缺，导致城市综合评价进一步上升乏力。

（三）中国城市渐成全球城市发展新主力

与其他地区城市发展相对放缓的形势不同，中国城市在日渐胶着的全球城市竞争格局中显示出较强的竞争力，极有可能成为全球领先城市强有力的挑战者。香港、北京、上海、台北、广州、深圳六大前列城市的全球领先地位基本稳定，在部分领域已达顶级城市水平，如北京在全球实力城市指数的"经济"维度取得全球前三，北京、上海分列全球活力城市指数"流动性与运输"维度第一、二位，全球金融中心指数除香港、上海稳居第三、五位外，北京也升至第七位。中国后起城市则延续整体进步的趋势，2019年全球城市指数上榜的中国后起城市75%实现排名提升。近年来中国城市之间排名也形成力争上游的良好竞争氛围，长三角地区城市、中西部中心城市和东北经济重镇进步尤其明显。中国城市着重通过制度改革提高政府治理效能，进一步提高发展的稳定性和可预见性，释放高质量发展潜力。预测全球城市发展状况的全球潜力城市指数报告显示，中国入选首期全球潜力城市指数榜单的21座城市得分平均年增速达3.8%，远高于其他地区城市。

（四）科技、人才和环境是下一轮城市发展竞争的关键要素

创新和可持续发展是21世纪全球城市发展的两大主题。2019年全球城市排名不约而同地加大对此两大主题的支撑要素，如环境、科技、人才的关注。全球实力城市指数从环境友好的角度筛选榜单的新增城市，一些城市凭借较强的宜居性进入综合榜单前列；全球活力城市指数从可持续发展出发增加"地铁里程""自行车拥有率"等绿色出行的指标、妇女权益等促进社会和谐的指标，从提高社会人才素质出发增加"教育支出"的指标等；全球金融中心指数更重视科技与金融的融合发展，创设全球科技金融中心评价标准及榜单；全球创新城市指数报告则预测人力资本将成为未来城市的核心竞争力，提示全球城市重视提升对人力资本的吸引力。全球城市普遍重视提高科技、人才等核心要素的竞争力，如全球创新城市指数结果显示，美国城市的主导地位进一步强化；全球科技金融中心指数前20名中半数为亚太城市，反映出亚太城市对扩大科技应用价值的敏锐性；欧洲城市则凭借在环境友好和社会制度公正性方面的优异表现，重拾在全球实力城市指数、全球活力城市指数等榜单中的领先地位。

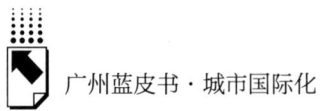

参考文献

伍庆、胡泓媛等：《全球城市评价与广州发展战略》，中国社会科学出版社，2018。

2thinknow：Innovation Cities Index，2010－2019.

A. T. Kearney：Global Cities Report，2008－2019.

IESE Business School：Cities in Motion Index，2014－2019.

Institute for Urban Strategies：The Mori Memorial Foundation，Global Power City Index，2008－2019.

Z/Yen，China Development Institute（CDI）：The Global Financial Centres Index，19th－26th edition.

B.6
粤港澳大湾区战略背景下广州全球
联系度的现状评价与提升策略*

邹小华　陈　刚**

摘　要：　全球化和信息化背景下，城市的全球联系能力，即其对全球化的经济、政治、社会等要素资源的生产、集聚和配置能力，对于城市的发展至关重要。广州作为我国华南地区的门户城市和国家中心城市，在全球空海运输联系、全球贸易联系以及全球人文联系方面都拥有坚实的基础。《粤港澳大湾区发展规划纲要》的出台，为广州全球联系度的提升提供了新的契机。未来，广州应立足粤港澳大湾区，发挥现有优势，加强与港澳基础设施、经贸和人文联系，联合港澳打造重要的全球商贸中心、综合交通枢纽、国际交往中心、国际金融中心；同时补齐在全球政治联系和人口国际化方面的短板，重点加强与港澳地区的人文联系和往来，着力建设国际大都市。

关键词：　全球化　城市联系　粤港澳大湾区

---

* 本文为国家自然科学基金青年项目“基于中资企业分支网络全球扩展的世界城市网络的空间演化与机制——以高级生产性服务业为例”（项目编号:41801167）阶段性研究成果。

** 邹小华，博士，广州市社会科学院广州城市战略研究院博士后，研究方向为城市全球化与城市网络；陈刚，博士，广州市社会科学院产业经济与企业管理研究所副研究员，研究方向为区域经济增长。

广州作为我国的重要港口和千年商都，长久以来是国家对外联系的重要门户，在对外航空、航海、国际贸易和全球人文联系等方面具备坚实的全球联系基础。2018 年 3 月，习近平总书记在参加十三届全国人大一次会议广东代表团审议时，明确"广东既是向世界展示我国改革开放成就的重要窗口，也是国际社会观察我国改革开放的重要窗口"。广州作为我国华南地区的门户城市和对外开放的前沿阵地，在当好"两个窗口"上应当发挥核心作用；同时，开放的全球交通网络、开放的经济体系以及开放的社会文化等，有利于广州全球联系度的进一步提升。2019 年《粤港澳大湾区发展规划纲要》（以下简称《规划纲要》）的出台，明确了广州国家中心城市和综合性门户城市的作用和国际商贸城市、综合交通枢纽的功能。建设国际大都市的定位，以及粤港澳三地加强基础设施互联互通、经贸产业合作以及人文和信息联系的一体化程度，也为广州全球联系度的提升提供了新的契机。本文研究构建城市全球联系度发展指标体系，对广州的全球联系度进行系统评价和比较，并就全球城市联系度的提升提出相关对策建议。

一 全球联系拓展：全球化背景下城市发展的新路径

（一）城市全球联系的内涵

理解全球城市的一个重要方面，就是强调其在全球资源配置和国际关系处理中发挥了重要的控制功能和协调功能，即城市与全球范围内其他城市之间的联系对其发展及在全球城市体系中的地位的关键作用。城市间的联系以基础设施、经济等"硬"联系为主，而政治、人文等"软"联系在城市全球联系中也发挥着重要作用，并且作用越来越突出。具体来看，城市的全球联系主要包含以下五个方面。

1. 全球交通联系是城市全球联系产生的基础

以航空、航海为主的现代高速度、大运量的交通方式，为城市的全球联系提供必要的条件，也是城市全球联系得以实现的基础。

2. 全球经济联系是城市全球联系的核心

跨国公司是当今全球化过程中最重要的作用主体。跨国公司通过跨国投资与国际贸易等形式，强化全球范围内城市之间的经济联系，并使之成为当今全球化的核心构成要素。

3. 全球政治联系是城市全球联系的重要促进要素

虽然在新国际劳动分工下，以跨国公司为代表的经济要素成为全球联系的主要作用者，但政治力量对全球化的影响仍不可忽视。通过国家之间的联系，以及国际政府间组织和非政府组织的全球活动所产生的全球政治联系，很大程度上影响着全球城市联系的强度和格局。

4. 全球人文联系是城市全球联系的重要构成要素

在现代信息基础的帮助下，跨空间的信息即时传输已非常便利，但身临其境的体验和面对面的人际交往仍是网络虚拟交流不可替代的。因此，全球人文联系也是全球化时代城市国际联系的重要构成要素。

5. 全球信息联系是信息化时代城市全球联系实现的重要条件和补充

在全球化和信息化时代，城市之间绝大多数联系的实现，都是建立在信息网络基础设施联系之上的。信息联系为城市间的金融交易、知识和信息交流等提供不可或缺的基础条件，也为城市间人与人之间的面对面交流提供重要补充。

（二）指标体系构建与样本城市选取

1. 指标体系构建

基于城市全球联系的内涵和构成要素，考虑评价内容的全面性、指标数据的可获取性及研究数据的可比性等原则，本文构建了包含 5 个二级指标和 13 个三级指标的城市全球联系度评价指标体系。本文利用德尔菲法（即专家打分法）确定了各级指标的权重（见表 1），并通过对各级指标得分的计算和加权，最终得到各城市全球联系度的得分。

表1　城市全球联系度指数评价指标体系

一级指标	二级指标	权重	三级指标	权重
城市全球联系度	全球交通联系度	36.68	国际航空客运量	9.17
			国际航空货运量	9.17
			国际航空线路数量	9.17
			国际海运吞吐量	9.17
	全球经贸联系度	24.30	跨国公司总部数量	8.10
			生产性服务公司总部数量	8.10
			对外贸易总值	8.10
	全球政治联系度	10.02	国际组织总部数量	5.01
			外国领事馆数量	5.01
	全球人文联系度	15.00	国际游客数量	7.50
			常住外籍人口数量	7.50
	全球信息联系度	14.00	互联网用户数	7.00
			国际互联网网速	7.00

资料来源：全球航空联系数据来自 OAG（2017 年）；全球海运联系数据是根据各城市统计部门或港务管理部门公布数据整理（2018 年）；跨国公司总部数量是根据福布斯（Forbes）公布的全球2000 强企业排名（2018 年）整理；生产性服务公司总部数量来自 GaWC（2016 年）；国际组织总部数量来自国际协会联盟（Union of International Associations）公布数据（2018 年）；外国使领馆数量来自 EmbassyPages. com（2018 年）；互联网用户数来自世界银行（World Bank）数据库（2017 年）；国际游客数量来自 Euromonitor International（2017 年，中国城市不包含港澳台游客）；国际互联网网速数据来自粤港澳大湾区研究院世界城市营商环境评价报告（2017 年）；对外贸易总值和常住外籍人口数量是根据各个国家或城市统计局公布的统计数据（2018 年，部分无最新数据的城市根据较早年份数据整理）整理。

2. 样本城市的选取

为更好地对广州全球联系度的发展现状与存在问题进行分析，本文选取当前在全球城市体系中排名领先的城市作为对比样本，从全球和区域两个层面对广州的城市全球联系度发展现状进行对比分析。为此，本研究根据当前全球城市网络研究权威组织 GaWC 公布的 2016 年全球城市体系排名，选取 22 个顶级全球城市作为样本城市，对其全球联系度进行综合性分析。

二 广州全球联系度对比分析

（一）总体情况：全球排名不突出，在大湾区内优势不明显

1. 总体全球联系度不突出，与全球核心枢纽城市仍有一定差距

通过对 22 个样本城市的全球联系度进行计算和排名，采用自然间断点分级法，在数据值的差异相对较大的位置处设置其边界，将其划分为四个梯队。广州的城市全球联系度得分为 13.42，在 22 个样本城市中排名第 16，位于第四梯队，领先悉尼（13.19）、墨西哥城（12.90）、孟买（11.78）、深圳（11.72）、雅加达（10.04）和约翰内斯堡（6.70）六个城市，广州全球综合联系度发展已具备一定水平，但尚不突出（见图 1）。

另外，广州的全球联系度得分仅为排名前两位的城市伦敦（57.83）和香港（53.96）的 24% 和 25%，是新加坡（44.56）、纽约（43.42）和东京（42.87）联系度的 30% 左右，说明广州的城市全球联系度与全球核心枢纽城市相比还存在一定差距。

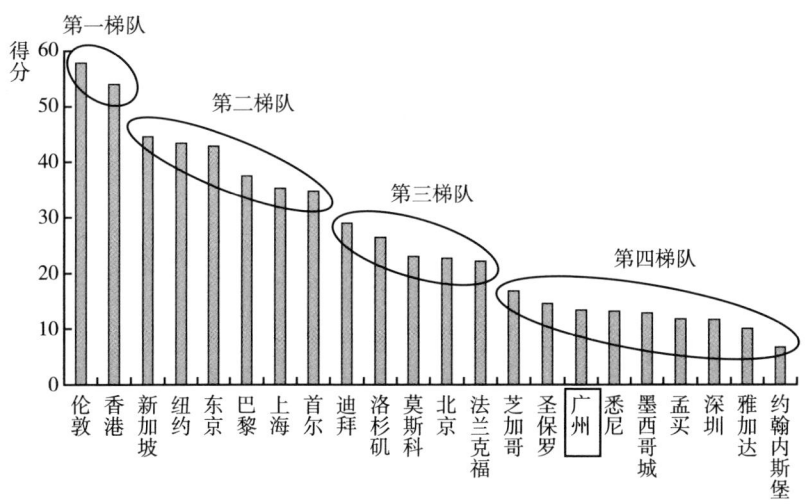

图 1 所选 22 个样本全球城市全球联系度综合得分、排名及梯队划分

表2　22个样本全球城市全球联系度指数二级指标排名与得分

排名	全球交通联系度		全球经贸联系度		全球政治联系度		全球人文联系度		全球信息联系度	
	城市	分值	城市	分值	城市	分值	城市	分值	城市	分值
1	伦敦	19.26	香港	16.28	伦敦	10.02	纽约	11.05	东京	11.04
2	香港	18.34	东京	15.06	巴黎	8.88	伦敦	9.92	首尔	8.46
3	上海	18.01	伦敦	14.46	纽约	6.28	香港	8.38	香港	7.60
4	新加坡	14.56	纽约	12.71	东京	5.62	迪拜	8.01	新加坡	7.38
5	首尔	12.53	新加坡	11.07	北京	4.94	新加坡	7.78	巴黎	5.47
6	迪拜	10.85	北京	10.75	首尔	4.75	洛杉矶	7.12	纽约	5.36
7	巴黎	10.25	上海	9.39	莫斯科	4.73	巴黎	5.21	洛杉矶	4.48
8	法兰克福	9.66	巴黎	7.73	新加坡	3.75	法兰克福	3.95	伦敦	4.17
9	东京	8.05	迪拜	6.92	香港	3.35	芝加哥	3.35	上海	3.97
10	纽约	8.03	首尔	6.78	雅加达	3.32	莫斯科	3.22	北京	3.65
11	莫斯科	7.50	洛杉矶	5.43	墨西哥城	3.18	东京	3.10	圣保罗	3.48
12	广州	6.46	悉尼	4.66	洛杉矶	3.13	悉尼	2.95	莫斯科	3.12
13	洛杉矶	6.28	莫斯科	4.46	法兰克福	3.03	孟买	2.23	墨西哥城	2.88
14	深圳	5.63	孟买	4.43	悉尼	2.81	首尔	2.19	芝加哥	2.69
15	芝加哥	3.85	墨西哥城	4.41	圣保罗	2.76	约翰内斯堡	1.90	广州	2.22
16	圣保罗	2.62	深圳	4.37	芝加哥	2.62	圣保罗	1.78	法兰克福	2.11
17	北京	2.53	芝加哥	4.35	孟买	2.62	上海	1.75	深圳	1.71
18	雅加达	2.11	圣保罗	3.89	上海	2.11	北京	0.86	雅加达	1.38
19	墨西哥城	2.09	法兰克福	3.43	迪拜	2.02	广州	0.61	迪拜	1.17
20	悉尼	1.70	雅加达	2.65	广州	1.48	雅加达	0.59	悉尼	1.08
21	孟买	1.66	广州	2.65	约翰内斯堡	1.24	墨西哥城	0.33	孟买	0.84
22	约翰内斯堡	0.90	约翰内斯堡	2.61	深圳	0.00	深圳	0.01	约翰内斯堡	0.05

2.落后香港，与深圳差距较小

同处粤港澳大湾区的三个城市——香港、广州和深圳相比较，香港全球联系度综合得分排名高居第2位，全球联系度综合得分远高于广州；深圳位列第20位，落后广州4个位次。

（二）全球航空、海运联系发达

1. 全球交通联系度名列前茅，全球海运网络发达

广州的全球交通联系度在 22 个样本城市中排名第 12，高于其综合联系度排名和在其他几个二级指标上的排名。其中，广州的国际海运吞吐量居 22 个样本城市中的第 4 位（见图 2）。2018 年广州港集装箱吞吐量达到 2187 万标准箱，较 2017 年增长 7.4%，增长趋势良好。与同区域的香港和深圳相比，2018 年香港港口货物吞吐量为 1960 万标准箱，较 2017 年下跌了 5.2%，排在了广州之后；2018 年深圳港口吞吐量为 2574 万标准箱，比广州稍高，但增速只有 2.1%。

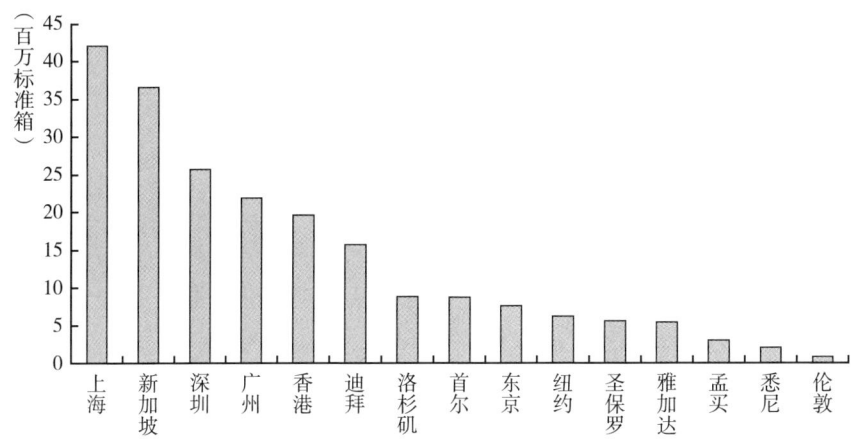

图 2　2018 年主要全球城市港口吞吐量对比

2. 全球航空联系度良好，与国际核心航空枢纽城市差距较大

广州的国际航空线路数量、国际航空货运量和国际航空客运量排名分别为第 14、15 和 16，与伦敦等国际航空核心枢纽城市相比，还有较大差距。截至 2017 年底，从广州白云国际机场出发的国际航空线路数量为 87 条（见图 3），仅为伦敦的 1/10 和巴黎的 1/5，与北京（139 条）和上海（124 条）也存在一定的差距。可见广州航空运输的国际联系度仍然有限。在粤港澳大湾区城市中，广州的国际航空线路数量、国际航空客运量和国际航空货运量分

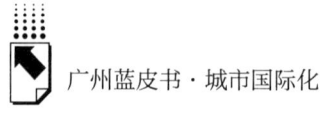

别只有香港的 32.79%、17.84% 和 6.27%，航空差距比海运更大；而与深圳相比，广州在这三项指标上则存在一定的优势。

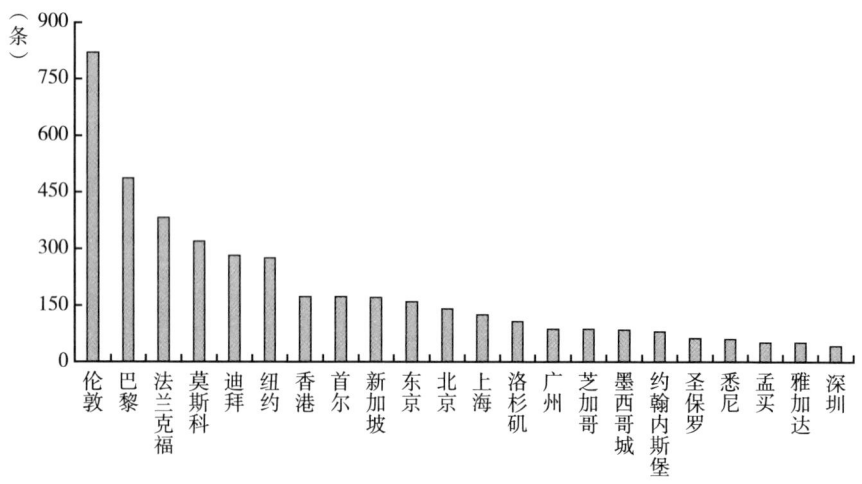

图 3 截至 2017 年底主要全球城市国际航空线路数量对比

在机场设施建设和机场服务提供方面，白云国际机场已达到较高水平。根据国际机场协会（ACI）公布的 2018 年度机场服务质量（ASQ）测评结果排名，白云国际机场位列第 9 位，白云国际机场 2 号航站楼也获评国际航空运输评级组织（SKYTRAX）"全球五星航站楼"称号。但相比纽约、伦敦、上海和北京这些拥有两个以上机场的全球航空核心枢纽，广州的机场建设还存在一定的差距。并且广州连接机场与广州南站、广州北站等城市重要交通枢纽的内部交通网络也有待完善。国际航空线路方面，受到北京、上海等国内城市的竞争，广州从国家争取到的国际航空线路数量不多。

（三）全球人文联系度排名低于综合联系度，国际人口数量偏少，人口来源结构有待优化

广州的全球人文联系度在 22 个样本城市中排名第 19，略低于其综合排

名（见表2）。与主要的全球城市相比，广州的全球人文联系度仅为纽约的 5.5% 和伦敦的 6.2% 。2018 年广州入境游客数量 900.63 万人，增长数量与上年持平，其中外国游客数量 340.13 万人，比上年下降了 1.6% ；常住外籍人口数量方面，据《广州日报》最新报道，2018 年广州常住外籍人口约为 8.21 万人，仅为纽约的 1.2% 。

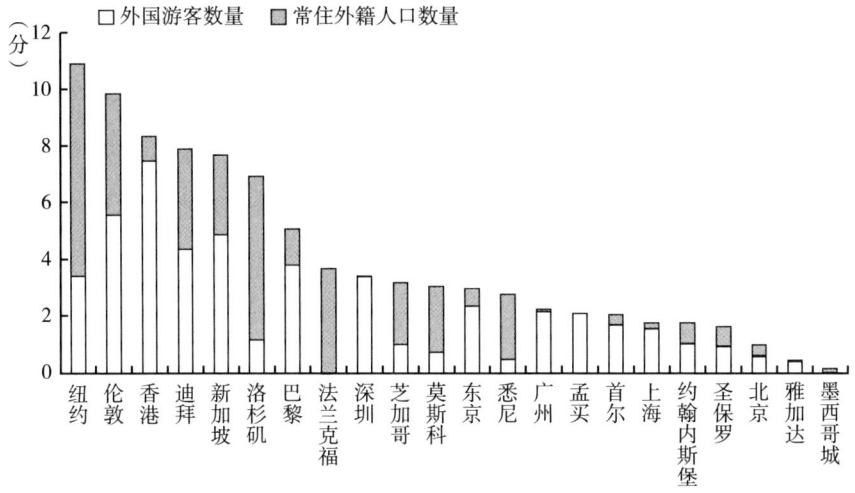

图4 22个样本全球城市全球人文联系度及相关三级指标得分

在 22 个样本全球城市中，香港的全球人文联系度排名高居第 3，2017 年香港的入境游客数量为 2570 万人，高居粤港澳大湾区城市榜首，是广州的 2.85 倍；常住外籍人口 69 万人，是广州的 8.4 倍。深圳的全球人文联系度排名第 22，低于广州。2018 年深圳入境过夜游客数量虽然高达 1220.21 万人，但港澳游客占比达到 82.72% ，外国游客仅有 172.96 万人，是广州的一半左右；深圳常住外籍人口只有 2.6 万人，比广州要少。从全球人文联系的人口结构来看，在穗外籍人口来自韩国、日本和欧美的"三资"企业人员及其家属，以及来自非洲和阿拉伯国家的外贸商人，外籍高层次人才的比重较小，广州国际人口结构构成有待进一步提升。

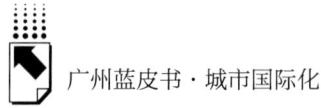

（四）经贸联系广泛，但与全球核心枢纽城市仍有一定差距，联系的结构和层次偏低

广州与全球 220 多个国家和地区保持贸易往来，世界 500 强企业中有 301 家进入广州，广州与全球保持着广泛的经贸联系。但广州的全球经贸联系度得分排在样本城市的第 21 位，只高于约翰内斯堡，得分仅是排在首位的香港的 16.28%。2018 年广州的对外贸易总额为 9810.15 亿元，在对标城市中排名第 14，但仅为香港的 13.64%，是深圳的 1/3 左右（见图 5）。从贸易结构上看，广州进出口商品构成中，机电产品占比分别达到 43.9% 和 51.52%，而高新技术产品份额仅为 27.39% 和 17.18%，进出口商品的层次相对较低。

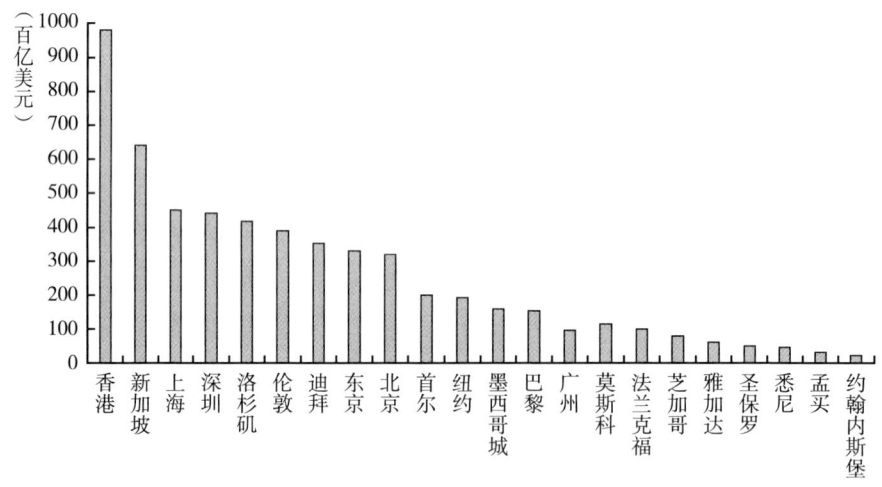

图5　22 个样本全球城市外贸总值分布

跨国公司总部数量方面，根据福布斯公布的 2018 年全球 2000 强企业排名，总部位于广州的全球 2000 强企业数量为 8 家，在对标城市中排名第 16，与其综合排名持平。但与东京、北京、纽约等全球重要的企业总部集聚城市相比，广州的数量分别为其 5.71%、11.76% 和 13.79%，差距较大。

根据 GaWC 基于高端商务服务企业的世界城市网络联系研究，全球规模最大的 175 家跨国高端商务服务企业中，无一家总部位于广州，广州重要跨国高端商务服务企业的区域性总部数量为 16 家，高于深圳的 9 家，但相比香港的 62 家，还有较大差距。全球贸易联系多元化程度和层次偏低，也是导致广州全球经贸联系度偏低的重要原因。

（五）全球信息联系度有待提升

广州全球信息联系度得分列 22 个样本城市第 15 位，高于其综合排名。2017 年广州的互联网用户数为 690 万人，列第 14 位，略高于同区域内的香港（630 万人）和深圳（570 万人），但仅为排在首位的东京的 13.28%。国际互联网网速排名第 14，是排在首位的新加坡的 18.57%，也低于北京、上海以及同区域内的香港，但高于深圳。虽然当前广州互联网宽带建设和普及率还有待进一步提升，但广州作为我国三大互联网信息枢纽之一，也是我国已建成的六大国家超级计算中心之一，同时还是国内四个部署 IPv6 根服务器的城市之一，足以体现广州在国内互联网系统中的重要性，未来广州的全球信息联系度仍然具备较大的提升空间。

除信息硬件设施方面的优势外，广州在信息内容传播方面在全国和全球的影响力都在不断提升。根据人民网研究院发布的《2018 全国党报融合传播指数报告》结果，广州日报融合传播力排名全国第三，报纸传播力排名全国第二，微信传播力排名全国第四。并且，以南方报业传媒集团和广州日报报业集团为代表的广州传媒业，依托遍布全球的海外华侨华人网络，通过与境外媒体进行合作和搭建新媒体平台等方式，不断拓展其海外特别是在东南亚地区的信息传播网络。此外，广州数量巨大的外国游客和外国常住人口，也是其拓展国际信息联系的重要媒介，能够为其全球信息联系度的提升提供潜在支撑。

（六）全球政治联系短板明显

广州的全球政治联系度得分为 1.48，排名第 20，较大程度落后于香港，但高于深圳。其中使领馆数量得分 1.46，构成广州全球政治联系度得分的主体。广州的外国领事馆数量与其他国家首都或地区行政中心城市相比，差距较大；与其他非国家首都全球城市相比，广州的领事馆数量仅为洛杉矶和法兰克福的 50% 左右，与芝加哥、孟买和迪拜等城市也存在一定差距（见图 6）。

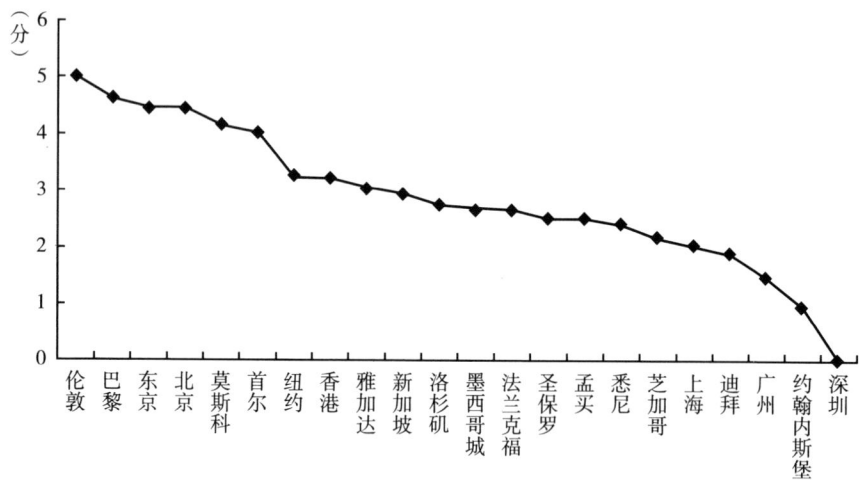

图 6 22 个样本全球城市外国领事馆数量指标得分

广州的国际组织总部数量得分仅为 0.02（见图 7），根据国际协会联盟记录，总部位于广州的跨国组织和国际非政府组织为 5 家，数量仅为伦敦的 0.32%，在 22 个样本全球城市中只领先深圳，但同区域内的香港也仅有 37 家。可见，广州乃至整个粤港澳大湾区内的主要城市，对国际组织的吸引能力仍然有限，未来需花大力气提升在国际组织网络中的联系度。

三 进一步提升广州全球联系度的对策建议

（一）巩固和强化全球交通联系，完善内部和区域交通网络衔接

1. 增强国际海运综合服务功能，进一步提升港口、航道服务能力

加强港航基础设施建设。加快南沙港区二期、三期码头的自动化改造和

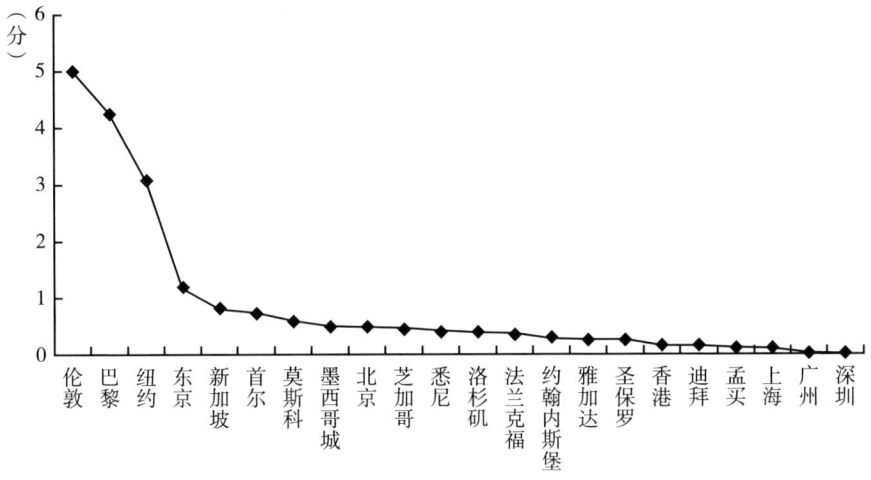

图7　22个样本全球城市国际组织数量指标得分

　　四期码头的建设，提升南沙港的自动化水平和服务能力。推动南沙港铁路及配套站场建设，构建南沙港区集装箱铁水联运枢纽。抓紧启动南沙港区五期工程、南沙国际邮轮码头二期工程前期研究，研究推进黄埔国际邮轮港项目相关工作。研究开通白云国际机场至南沙邮轮码头的旅客通道，提升海空联运的便利度。

　　拓展全球港口交流合作网络。借助2019年在广州举办世界港口大会的契机，拓展与全球主要港口友好合作关系的建立，重点加强与"海上丝绸之路"沿线港口之间的交流与合作，拓展广州的全球外贸班轮航线联系，促进港口间交流互访和经贸往来，提升广州港集装箱枢纽港地位。借鉴香港等国际大港在海运金融、海运保险等海运专业服务业发展和邮轮港建设等方面的经验，引进国际知名第三方物流商进驻，增强广州港的海运专业服务能力。

　　推动区域港口协调联动发展。推动广州与粤港澳大湾区内的香港和深圳，以及东莞、珠海、佛山、惠州、中山、江门等港口共同建立区域港口协同发展合作磋商机制。充分利用区域内的香港作为国际海运中心的地位及其在海运专业服务方面的丰富经验，加强广州海运服务的发展，形成与区域内

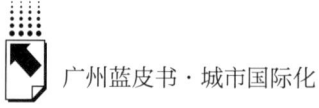

的香港和深圳等港口优势互补、互惠共赢的港口、海运、物流和配套服务体系。

2. 提升机场的内外通达度和衔接度

利用粤港澳大湾区建设世界级机场群的契机，在提高广州航空客货流的吞吐和中转能力、提升机场国际枢纽竞争力的同时，加强与大湾区内主要机场间的一体化程度和密切合作。

提升机场服务能力。加快推进白云国际机场第三航站楼和第四、第五跑道的建设，抓紧广州第二机场建设的前期研究和准备工作。学习香港在航空管理和培训等方面的先进经验，进一步提升广州机场的客货吞吐能力和服务水平。

拓展和优化国际航空线路网络。借力白云国际机场2号航站楼开通以及举办世界航线发展大会的契机，拓展与全球主要航空公司的合作范围。同时，重点依托南航基地航空公司的优势，重点推动与"一带一路"沿线城市和欧美国家主要城市之间的直飞航线的开通，拓展和完善全球航空网络。

完善城市内部交通运输系统。加快广州北站的升级改造建设，以及广州北站—白云国际机场的新白广城轨、广州南站—白云国际机场的广佛环线、广州南站至白云机场段等空港快线建设，积极构建空铁联运的立体化交通体系，建设以白云国际机场为核心，铁路网、公路网和轨道交通网络紧密连接的综合交通网络。

构建大湾区区域协同、一体化的机场体系。加强广州地铁网络与东莞、佛山、中山、惠州等湾区内城市地铁网络的对接，加快穗莞深城际铁路、广佛环线等城际铁路的建设和通车，完善区域内枢纽机场间的交通运输网络。同时结合大湾区内各城市的发展特征和功能定位，进一步强化分工协同、适度竞争、错位发展，共同探索区域机场群协同发展的模式。

（二）吸引国际机构集聚，加强国际交往

1. 提升国际政治影响力

进一步发挥广州国内重要政治中心城市的功能，吸引更多国家和地区来

穗设立领事机构。充分发挥广州作为世界大都市协会联合主席城市以及在世界城市和地方政府组织等国际组织中的重要身份地位，积极参与和举办国际交流活动，融入全球联系和交流网络，提升在国际组织中的话语权。通过与国际组织进行洽谈，吸引其来穗设立区域性总部或分支机构，打造国际组织和跨国机构聚集地。

2. 打造国际交往中心

扩大《财富》国际科技论坛、国际金融论坛、广州国际投资年会等广州会议品牌的国际影响，通过政府和高校、科研机构和企业等民间的双重力量，申请和举办更多大型国际学术会议，打造国际学术会议之都。巩固提升"广交会"品牌的龙头地位，培育广博会、金交会、创交会、海交会等一批具备国际竞争力的专业品牌展会，提升广州会展之都的国际知名度。持续推进国际友好城市缔结的"百城计划"，积极拓展国际"朋友圈"，拓展与全球范围内城市之间的联系和交往。

（三）增加全球人文联系流量，提升全球人文联系质量

1. 挖掘独特文化资源，吸引更多海外游客

在粤港澳大湾区发展规划提出的"共建人文湾区"的框架下，进一步加强对广州岭南文化、历史文化和港航文化等特色文化的挖掘，重点加强广州"岭南文化中心"的建设。同时加快推进广佛文化同城，整合两地旅游资源，共同开发精品旅游线路吸引和留下更多国际游客。加强与香港、澳门、佛山在特色饮食文化整合与宣传上的合作，以广州国际美食节为依托，开发"岭南美食寻味之旅"等饮食文化体现项目，共建世界美食之都。依靠南沙邮轮母港，进一步增加国际班轮航线，与港、澳合作开发跨境邮轮旅游产品；落实穗港澳游艇双向"自由行"政策，完善游艇出入境管理机制，争取游艇入境 15 天免签政策。

2. 加强对港澳人才的吸引，提高人口国际化水平和质量

在《粤港澳大湾区发展规划纲要》提出的建设宜居宜业宜游的优质生活圈指引下，广州重点加强对港澳地区人才的吸引力度。加大对港澳高校来

广州联合办学的支持力度，推进香港科技大学（广州）的建设，鼓励更多港澳高校来穗合作办学。加快推进"乐学广州"、"乐业广州"、"乐创广州"和"乐居广州"计划的实施，为港澳青年在穗学习、实习、交流、就业、创业、生活等提供全面支持。

（四）优化产业结构和国际贸易结构，提升全球经贸联系度

1. 提升粤港澳大湾区市场一体化水平，推动贸易自由化

推进与港澳口岸监管部门之间的信息互通、监管互认和执法互助等合作，进一步便利港澳企业拓展在穗市场；进一步减少与港澳之间贸易的限制条件，不断提升广州与港澳服务贸易的自由化水平。加强与港澳在服务贸易相关的人才培养、资格互认、标准制定方面的合作，推动广州与港澳人员的跨境便利执业。探索推动穗港澳三地在法律、仲裁、医疗等专业领域人才跨境执业的专业认证便利化。

为广州和港澳符合条件的商务、科研和专业服务人员来往两地的通行证办理上提供便利，与港澳协作统筹外国人在粤港澳地区来往的便利性。加强粤港澳三地的口岸部门合作，推动建立更为便利化的通关模式，促进穗港澳地区人员与货物往来的便利性。

2. 提升在全球经济网络中的控制和协调作用

大力发展总部经济，提升全球企业联系网络的控制力。瞄准重要目标企业，按照"一企一策"的方式有针对性地制定奖励及其他相关优惠政策，并在人才支撑、金融支持等方面提供更多的便利条件，吸引更多的国内外大型企业将全球或区域总部设立在广州。同时着力培育本土企业，特别是高新技术企业和现代服务类企业发展壮大，支持其制定全球化战略和拓展全球网络。

扩大对外开放，加强对港澳企业的吸引与合作，共同打造国际金融枢纽和全球服务中心。研究制定加快金融等关键行业对外开放的相关政策，特别是加大对港澳地区金融企业来穗经营放开的力度，进一步取消或放宽对港澳投资者的资质要求、行业准入、机构设置等限制，吸引更多港澳金融机构及

其他现代服务企业来广州设立分支机构。同时加强与港澳地区金融机构和现代服务企业的联系与合作，共同建设粤港澳大湾区国际金融枢纽和国际服务中心。

参考文献

彭高峰：《枢纽型网络城市——广州建设国家中心城市的规划探索与实践》，《北京规划建设》2017 年第 1 期。

邱伟年、隋广军：《广州建设国际商贸中心城市研究——国际大都市发展转型的经验与启示》，《国际经贸探索》2012 年第 5 期。

魏宗财、甄峰、席广亮等：《全球化、柔性化、复合化、差异化：信息时代城市功能演变研究》，《经济地理》2013 年第 6 期。

Beaverstock, J. V. & Smith, R. G. & Taylor, P. J. "World-city network: a new metageography?", *Annals of the Association of American Geographer*, Vol. 90, No. 1, pp. 123 – 134.

Taylor, P. J. "Specification of the world city network", *Geographical Analysis*, Vol. 33, No. 2, pp. 181 – 194.

Derudder, B. & Witlox, F. "An appraisal of the use of airline data in assessing the world city network: A research note on data", *Urban Studies*, Vol. 42, No. 13, pp. 2371 – 2388.

Taylor, P. J. & Derudder, B. World City Network: A Global Urban Analysis (the 2nd edition). 2nd edition. London: Routledge, 2015.

Roels, J. & Derudder, B. & Witlox, F. "International sport federations in the world city network", *Journal of Sport & Social Issues*, Vol. 37, No. 2, pp. 142 – 159.

Taylor, P. J. "The new geography of global civil society: NGOs in the world city network", *Globalization*, Vol. 1, No. 2, pp. 265 – 277.

Derudder, B. & Witlox, F. & Faulconbridge, J., et al. "Airline data for global city network research: reviewing and refining existing approaches", *GeoJournal*, Vol. 71, No. 1, pp. 5 – 18.

Ducruet, C. & Letri, D. & Rozenblat, C. "Cities in worldwide air and sea flows: A multiple networks analysis", *European Journal of Geography*, pp. 1 – 26, Retrieved from http://cybergeo. revues. org/23603; DOI: 10. 4000/cybergeo. 23603.

Taylor, P. J. & Catalano, G. & Walker, D. "Measurement of the world city network", *Urban Studies*, Vol. 39, No. 13, pp. 2367 – 2376.

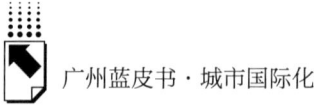

Bouteligier, S. Global cities and global environmental NGOs: emerging transnational urban networks? //Amen, M., Toly, N. J., Mccarney, P. L., et al. Cities and Global Governance: A New Site for International Relations. Burlington VT: Ashgate, 2009: 151 – 176.

Takhteyev, Y. & Gruzd, A. & Wellman, B. "Geography of Twitter networks", *Social Networks*, Vol. 34, No. 1, pp. 73 – 81.

Zhen, F. & Wang, B. & Wei, Z. "The rise of the internet city in China: Production and consumption of internet information", *Urban Studies*, Vol. 52, No. 13, pp. 2313 – 2329.

B.7
广州国际创新型城市建设评价及对策建议*

汤萱 许玲 张延平 罗萍**

摘 要： 广州作为海上丝绸之路上的千年商都，自古至今都是中国与全球商贸联系的重要国际商贸中心城市。伴随着创新全球化的发展趋势，广州正全力朝着建设国际创新型城市方向转型。本文基于广州现阶段建设国际创新型城市的基础和条件，汲取国际上成熟创新型城市的先进经验做法，从城市创新系统建设的核心要素、支撑要素以及融入全球创新网络外部要素三个层面构建了国际创新型城市运行机制及综合指标评价体系，并运用熵值法，对广州现阶段国际创新型城市建设成果进行综合评价，同时将广州与北京、上海、深圳、天津、杭州、武汉、南京、重庆8个城市的评价结果进行对比，分析广州在国际创新型城市建设过程中存在的问题与不足，提出相应的对策建议。

关键词： 广州 国际创新型城市 城市创新系统 城市评价

---

* 本文由广东省哲学社会科学课题（编号：GD18JRZ01）、国家社科基金（编号：18BJL065）、羊城学者项目（编号：201831837）资助。

** 汤萱，博士，广州大学经济与统计学院教授、博士生导师，研究方向为创新管理；许玲，硕士，中新广州知识城开发建设办公室科员，研究方向为政府组织管理；张延平，博士，广州大学工商管理学院副教授、硕士生导师，研究方向为创新创业管理；罗萍，在读博士，广州大学科研处，研究方向为经济统计。

当今世界，经济全球化已由产业全球化逐渐发展到创新全球化的新阶段。城市在世界竞争格局、全球创新网络以及国际产业链条中的地位日益凸显，科技创新、生态和谐、人文环保等元素也逐渐渗入到城市发展的核心理念之中。近代以来，伴随着世界经济中心的数度转移，综合创新实力成为支撑经济中心转移的核心关键因素，高端人才和创新资源流向哪里，经济社会发展的制高点和动力源就转向哪里。世界各国探索建设创新型城市的热情日益高涨。

广州作为国家中心城市，是参与国际社会合作和竞争的重要门户。2015年，广州市提出要加快建设珠三角国家自主创新示范区和全面创新改革试验核心区，进一步深度融入全球创新网络，嵌入全球创新链条，打造国际科技创新枢纽。2019年广州市政府工作报告中强调，要加快将广州打造成为科技创新强市，出台加强基础与应用基础研究、加快建设重点实验室，推动国家级大科学装置、大科学研究中心布局落户等众多举措。从千年商都到国家重要的中心城市，广州不断顺应世界经济的迭代发展。如今，广州已深度融入全球创新网络，在全球范围内集聚创新要素，从资本、商品、物流的控制节点向人才、知识、信息和科技意义上的流量枢纽升级，国际一流的科创企业、人才、高等院校、研发机构等创新资源向广州汇聚态势明显，已具备建设国际创新型城市的基础和条件。广州作为国家中心城市，不断完善枢纽型网络城市格局，加速打造国际航空、航运枢纽项目，经济社会平稳有序发展，城市能级及核心竞争力持续加码。

借鉴国际创新型城市诸多相关研究及实践经验，本研究从城市创新系统建设的核心要素、支撑要素以及融入全球创新网络外部要素3个层面构建了国际创新型城市综合指标评价体系，并选取了北京、上海、深圳、天津、杭州、武汉、南京、重庆8个城市作为参照对象进行对比，对广州现阶段国际创新型城市建设进行综合判断和评价，分析其存在的问题与不足，并提出相应的政策建议，以期为推动广州国际创新型城市的发展建言献策。

一 国际创新型城市的内涵定义及典型代表

（一）创新型城市的界定

创新型城市是指以创新为城市发展核心驱动力，同时具备创新主体、创新文化、创新制度以及创新环境等各方面优质创新资源禀赋基础，能够通过集聚和配置创新资源，完善自我平衡和发展，实现经济社会可持续发展的城市。

（二）国际创新型城市的界定

国际创新型城市在国家级创新型城市的基础上，发展成为具有国际竞争力，在全球创新型城市群和创新网络体系中处于最高层级并占据重要枢纽地位的创新型城市。国际创新型城市不仅是以创新发展为核心驱动力，广泛吸纳国际创新人才，聚集全球优势创新科技和优质创新机制，拥有强大创新资本吸引能力的国际创新枢纽，还是吸引大批跨国公司总部以及研发机构入驻，经济繁荣、绿色环保、文化包容、和谐宜居的国际化大都市。

（三）国际创新型城市的基本特征及典型代表

国际创新型城市大多数集中于已实现城市化、现代化的城市，不同类型的创新城市根据自身禀赋条件的差异在建设中注入了不同的创新元素，呈现出各具特色的创新路径。从国外创新型城市发展进程来看，依据城市产业发展的不同侧重点，创新型城市大体可以划分成五种类型：科技主导型创新城市、文化主导型创新城市、工业主导型创新城市、服务业主导型创新城市以及全面发展型创新城市。

1. 科技主导型创新城市

这种类型的城市将科技创新与技术集成作为创新发展的主导战略，多依托于一流的国际高等院校和研发机构，通过大力发展先进的科技生产力，形成雄厚的创新实力和显著的科技产业优势，在促进城市经济、文化、社会以及生态环境协调发展的同时，向全世界各国提供高端技术和高科技产品，推动全球科技进步发展，代表城市有美国硅谷、印度班加罗尔、日本筑波等。

2. 文化主导型创新城市

这种类型的城市是将文化产业的不断突破作为创新发展的主导战略，通常其城市本身拥有深厚的文化艺术底蕴，依托自身坚实的经济基础，利用强大的人力、物力、财力等资源，通过在文化艺术领域的创新突破，大力推进城市文化产业的创新发展，打造处在时代前沿、引领世界潮流的城市发展的全新形态，代表城市有法国巴黎、西班牙巴塞罗那、美国西雅图等。

3. 工业主导型创新城市

这种类型的城市将工业领域的创新突破作为创新发展的主导战略，该类型城市大多位于大都市周边，工业基础扎实，工业领域的技术、人才等资源优势明显，致力于工业领域的技术创新，通过工业创新带动城市创新发展，代表城市有英国哈德斯菲尔德、美国堪萨斯等。

4. 服务业主导型创新城市

这种类型的城市将创新现代服务业经济发展作为创新发展的主导战略，通过不断创新城市的现代服务业模式，增强创新城市服务功能，致力于发展现代服务型经济，第三产业发达，综合服务能力较强，政务服务水平和社会福利水平高，在满足城市自身居民服务需求的同时，也将城市的服务对象范围扩大到全球，为其他国家和地区提供各种跨国服务，推动城市与世界经济发展的融合，代表城市有德国柏林、日本东京、芬兰赫尔辛基等。

5. 全面发展型创新城市

这种类型的城市通常具备完善的社会制度和强大的物质经济基础，金融、文化、科技、软件等现代化产业发达，人力资源基础雄厚，代表城市有美国波士顿、亚洲的新加坡等。

二 广州建设国际创新型城市的基础和条件

广州作为广东省省会，同时也是我国重要的经济文化中心城市，是国务院定位的国际大都市、国际商贸中心、国际综合交通枢纽、国家综合性门户城市、国家历史文化名城，在建设国际创新型城市方面具备得天独厚的基础和条件。

（一）区位优势明显

广州濒临南海，毗邻港澳，交通便利，是珠三角都市群和经济圈的核心城市，也是全国经济最活跃并且最具发展潜力的粤港澳大湾区经济圈的引领城市，珠三角城市群与粤港澳大湾区经济圈为广州城市经济的发展提供了广阔的腹地，依托如此巨大的经济腹地和广泛的区域经济合作基础，为广州进出口商贸和经济的发展提供了天然的优势条件。广州是海上丝绸之路上的千年商都、全球著名的港口城市，与世界各国保持着密切的商贸往来，各国资本在此汇聚，成为不可替代的经济支点。

（二）科教基础扎实

广州是我国高等教育最发达的城市之一，也是在粤港澳大湾区高校最密集的城市，拥有 82 所高等院校，占据广东省高等院校总数的 2/3，全省所有的国家重点高校和 97% 的国家级重点学科皆落户于此，既有中山大学、暨南大学等百年学府，也有华南理工大学、华中师范大学、广州大学、华南农业大学等综合实力雄厚的名校，掌握着全省绝大部分优质的创新人才资源。同时，广州汇集了全省最多的科研中心、重点实验室和研发机构，拥有国家级工程技术研究中心 18 家、国家级企业技术中心 27 家、国家重点实验室 20 家、省级工程技术研究中心 956 家、市级企业研发机构 2425 家、省级、市级重点实验室 398 家、国家级、省级大学科技园 8 个。通过高等院校和科研院所搭建的网络通道和交流平台，使得全球优质的创新人才、创新科技等创新资源得以集聚于此。

（三）人才资源集聚

《广州人才发展白皮书（2018）》统计显示，截至 2018 年，广州市人才资源总量达 377 万人，占常住总人口的 25.3%，与 2017 年相比增长 7.4%，比 2010 年增加了 146.7 万人。全市共有 6 名在穗工作诺贝尔奖获得者，97 名"两院"院士，493 名国家重大人才工程入选者，90 个省"珠江人才计划"创新创业团队，891 名广东"特支计划"入选者。与此同时，广州市创新出台实施高层次人才政策和产业领军人才政策，大力推进实施各类市级人才项目，人才政策体系不断完善。广州市共累计发放"人才绿卡"4880 张，连续组织举办了 20 届"中国留学人员广州科技交流会"（以下简称"海交会"），2018 年海交会吸引了 5 万人次参会，其中海外人才 4000 名。

（四）基础设施完善

基础设施建设是推进城市创新系统建设过程中必不可少的物质保障，也是实现城市经济、社会、人文、环境和创新等效益的重要条件。一直以来，广州都致力于加大城市基础设施建设力度，通过统筹规划、协调推进、突出重点、优化布局，中心城市功能不断优化，城市综合承载力明显提高。2018年，全市基础设施建设总投资额达 1762 亿元，与 2017 年相比增长了 12.3%。海港、空港、铁路枢纽、轨道交通、高快速路等基础设施建设取得重大进展，已建成由广州白云国际机场、广州港、铁路枢纽（广州站、广州东站、广州南站）、公路站场及集疏运网络等构成的综合交通枢纽格局。城市信息基础设施建设水平不断提高，2018 年全年完成邮电业务收入 877.90 亿元，光纤接入用户已实现占比 91.6%，累计建成充电桩 2.6 万个。

（五）政策环境优越

广州市政府持续加大创新政策支持力度，大力推动实施创新驱动发展战略，围绕科技体制创新改革，释放科技创新活力，在激励科技人才创新创业等方面出台了一系列突破性的政策文件，构建了以《中共广州市委、广州市人民政府关于加快实施创新驱动发展战略的决定》为主体的"1 + 9"科技创新政策体系。在"1 + 9"政策框架下，广州还相继出台了系列细化政策作为配套，如《广州市支持企业设立研究开发机构实施办法》《广州市科技企业孵化器管理办法》《广州市科技创新促进条例》《广州市信息化促进条例》《广州市建设国家创新型城市试点工作实施方案》《广州国家自主创新示范区建设实施方案》等，形成了以一个纲领性文件加若干配套政策相统一的创新政策体系，为创新创业者构建了良好的政策环境。

三　国际创新型城市运行机制的影响要素

国际创新型城市根植于知识经济，一方面，基于自身创新资源条件的地区竞争优势和城市自身创新系统的完善程度是推动广州国际创新型城市形成与发展的内生基础与力量源泉；另一方面，全球创新网络的空间扩张与地方镶嵌深刻地改变了全球创新资源的空间配置格局，全球创新价值链条中研发与设计环节的集聚程度与趋势，成为国际创新型城市发展极其重要的外部动力。国际创新型城市运行机制主要由城市创新系统中的核心要素体系、支撑要素体系以及融入全球创新网络的外部要素体系三大主要体系相互融合、相互协调、相互作用形成。

（一）城市创新系统中的核心要素体系

城市创新系统中的核心要素体系是城市科研资本存量、科研组织机构、科研人力资本等创新系统科研资源至关重要的物质载体，主要包括以下几方面。

一是以企业为核心要素的技术创新。企业是城市技术创新活动的主体、应用型研发活动的主要参与者，也是技术创新成果的应用主体。企业强大的技术实力和创新能力主要依赖于其雄厚的研究开发基础和高成本的研发资源投入，国际上成功的创新型国家的研发资源投入中70%来自企业。

二是以高等院校为核心要素的知识创新。高等院校是进行科研探索、创新传播知识和培养现代化发展所需的各类人才的主要场所，是为现代化建设培养高端人才最核心的场所，是创新思想与知识的发源地，是保证城市研发创新能力可持续发展的关键要素，在建设国际创新型城市过程中发挥着不可

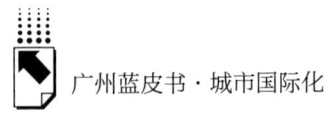

替代的重要作用。

三是以科研机构为核心要素的科技创新体系。科研机构是城市科技创新活动的主要承担者，是实施科教兴市战略和建设国际创新型城市的重要载体。科研机构在社会经济发展中承担具有基础性、前沿性、战略性的科学研究和技术开发工作，是城市创新系统的核心组成部分，对于增强城市创新系统的自主创新能力的作用是无可取代的。

（二）城市创新系统中的支撑要素体系

城市创新系统中的支撑要素体系是支撑核心要素体系功能有效运转和效率提高的重要保障，主要包括硬支撑要素体系和软支撑要素体系。

硬支撑要素是为城市创新发展提供所需的物质条件，第一，由技术转移机构、专利代理机构、创新创业孵化机构、会计师事务所等专业性服务机构所组成的专业性创新支持网络。第二，商业银行以及为科技研发提供资金来源的各类风险投资等金融机构是城市创新系统中降低城市创新企业研发风险，推进技术研发创新成功的重要因素。

软支撑要素是形成城市创新发展环境的关键要素，在城市创新发展的各研发主体间起到协调与润滑作用，主要包括：第一，由政府制定的政策、制度以及基于社会网络的城市创新文化等。第二，促进城市创新系统发展软实力的城市精神文化。城市的精神文化是一个城市发展和繁荣的内在精神动力，有浓郁创新文化氛围的城市往往能够在创新活动中保持旺盛的生命力，助力实现城市的最大利益。

由城市创新核心要素体系和支撑要素体系构成的城市创新系统是广州国际创新型城市形成的内生基础与前提条件，在各种要素共同发生协同作用下，推动国际创新型城市形成与发展。

（三）融入全球创新网络的外部要素体系

全球创新网络是通过城市与国际创新主体间的联结形成。创新主体间的联系通道包括企业间垂直联系，企业与高等院校、科研机构的水平合作联系以及企业内部不同部门之间的协同联系。全球创新网络的世界范围内的扩张与城市镶嵌，不仅实现了对全球研发创新资源的整合优化与空间转移，增强了嵌入城市的研发资源储备，同时也为嵌入城市融入全球创新网络获得更多的知识溢出，提升研发与创新能力提供了现实的通道与载体，进而构成推动国际创新型城市建设与发展的外部条件。融入全球创新网络的外部要素体系主要是由跨国企业研发中心或分部、国际高端研发机构、国际一流院校、国际优秀人才等一系列综合要素构成。近年来，广州主动融入全球创新网络，围绕推动建设国际创新枢纽、国际航空航运枢纽、国际贸易枢纽、现代金融服务枢纽，大力开展招商引资引智引技工作，成效显著。

四 国际创新型城市运行机制评价

（一）构建国际创新型城市综合评价指标体系

通过结合对国际创新型城市影响因素的分析，借鉴世界创新型城市评价体系，从城市创新系统建设的核心要素、支撑要素以及融入全球创新网络外部要素三个层面构建国际创新型城市的综合指标评价体系（见表1）。

表1 国际创新型城市评价指标体系

目标层	准则层	次级准则层	指标层	单位
国际创新型城市评价指标体系	核心要素体系	技术创新要素体系	规模以上工业企业科技活动人员	人
			规模以上工业企业科技活动经费支出	亿元
			规模以上工业企业新产品产值	亿元
			高新技术企业数	个
			战略性新兴产业增加值	亿元
			城市技术合同成交额	亿元
		知识创新要素体系	高等院校数量	所
			在读研究生数	人
			科技成果数	个
			专利授权数	项

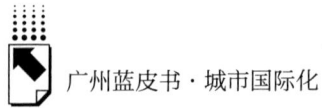

续表

目标层	准则层	次级准则层	指标层	单位
国际创新型城市评价指标体系	核心要素体系	科技创新要素体系	科研中心、重点实验室数量	所
			科协数	个
			科学研究与试验发展（R&D）人员数	人
			全市科学研发经费支出占 GDP 比重	%
	支撑要素体系	硬支撑要素体系	科技企业孵化器	个
			第三产业增加值占 GDP 比重	%
			城市金融机构数	个
			公共财政科教支出比例	%
			公共交通线路数	条
			全社会货运量	万吨
			城市绿化覆盖率	%
			城市垃圾无害化处理率	%
		软支撑要素体系	城市创新政策法规文件数	件
			公共图书馆数	个
			公共图书馆总藏书量	万册
			博物馆、纪念馆	座
	融入全球创新网络的外部要素体系	外部要素体系	外商投资企业数	家
			外商投资金融机构数	个
			外商直接投资金额	亿美元
			高新技术进出口总额	亿美元
			国际互联网用户数	万户

（二）评价结果分析

选取广州、北京、上海、深圳、天津、武汉、南京、重庆、杭州9个城市作为样本城市，以2018年的数据作为原始数据，原始数据主要是通过各个城市的统计年鉴、城市统计局、城市科技局、科技创新委员会等官方网站收集获取。本文运用熵值法，将广州与其他8个城市在建设国际创新型城市的实力进行对比研究，最终测算结果及排名见表2。

表 2　国际创新型城市综合评价结果及排名

指标 城市	综合创新 能力		技术创新 要素		知识创新 要素		科技创新 要素		硬支撑要素		软支撑要素		外部要素	
	排名	得分	排名	得分	排名	得分	排名	得分	排名	得分	排名	得分	排名	得分
北京	1	0.2094	1	0.0540	1	0.0293	1	0.0342	1	0.0362	1	0.0358	4	0.0199
上海	2	0.1959	3	0.0420	2	0.0239	4	0.0138	2	0.0351	2	0.0357	1	0.0454
深圳	3	0.1443	2	0.0430	7	0.0064	2	0.0198	4	0.0272	5	0.0118	2	0.0361
天津	4	0.1117	4	0.0210	3	0.0181	3	0.0194	9	0.0172	4	0.0124	3	0.0236
广州	5	0.1028	5	0.0184	5	0.0127	6	0.0109	3	0.0341	6	0.0087	5	0.0180
杭州	6	0.0846	6	0.0133	4	0.0131	9	0.0042	5	0.0270	3	0.0169	6	0.0101
武汉	7	0.0536	8	0.0041	8	0.0058	5	0.0136	6	0.0199	7	0.0056	7	0.0046
南京	8	0.0499	7	0.0051	6	0.0071	8	0.0067	6	0.0230	8	0.0050	9	0.0030
重庆	9	0.0482	9	0.0035	9	0.0088	7	0.0077	8	0.0192	9	0.0044	8	0.0046

资料来源：根据各个城市统计年鉴、城市统计局、城市科技局、科技创新委员会等官方网站数据，由作者统计整理计算得出。

1. 技术创新要素排名情况

北京市、深圳市、上海市位列前三，广州市排名相对靠后，位于第五，排名后三位的是南京市、武汉市、重庆市。由此可见，广州市在技术创新方面无明显优势，未来要重视技术创新，尤其要加强对企业技术创新研发活动的重视。

2. 知识创新要素排名情况

北京市、上海市、天津市位列前三，排名后三位的是深圳市、武汉市、重庆市，广州市排名第五，广州市在知识创新方面也相对弱势。未来，广州市需认真思考如何发挥高等院校的知识创新潜力。

3. 科技创新要素排名情况

位列前三的城市分别是北京市、深圳市、天津市，排名后四位的城市分别是广州市、重庆市、南京市、杭州市。在此项排名中，广州市的排名依然靠后，在科技创新方面广州市与其他城市相比，竞争力明显不足，广州科研机构的潜力未得到有效发掘。

4. 硬支撑要素排名情况

北京市、上海市、广州市位列前三，重庆市、武汉市、天津市排名靠后，分别是第七、第八、第九名。在硬支撑要素排名中，广州市排名第三，表明在硬支撑要素方面广州市具备一定的优势，在今后的国际创新型城市建设中，应在保持原有优势的基础上继续完善硬支撑要素体系。

5. 软支撑要素排名情况

排名前三的城市分别是北京市、上海市、杭州市，排名后四位的城市分别是广州市、武汉市、南京市、重庆市。在此项排名中，广州市排名靠后，表现出在国际创新型城市建设过程中软支撑要素明显不足。

6. 外部要素（融入全球创新网络）排名情况

上海市、深圳市、天津市位列前三，广州市排名第五，杭州市、武汉市、重庆市、南京市排名靠后。在此项排名中，广州市排名处于中游，可见广州市在国际社会交流方面的优势已不再明显，下一步要重新审视自身，加大国际交流，利用自身沿海经济开放的优质资源，重新获取与国际合作发展的新优势。

7. 综合创新能力排名情况

北京市、上海市、深圳市位列前三，广州市排名第五，武汉市、南京市、重庆市排名靠后。广州市在 9 个城市中创新能力处于中等水平，具有一定的发展潜力，但与排名前三的城市相比，仍有一定的差距。

综合以上分析，广州市只在硬支撑要素的排名上相对靠前，技术创新、知识创新、外部要素（融入全球创新网络）方面排名居于中游，科技创新、软支撑要素方面排名居中靠后，反映出广州在建设国际创新型城市中存在不足。从最终的综合评分中可看到，广州位列第五名，位于北京、上海、深圳、天津的排名之后，广州与天津的综合创新能力水平相当，但与排名前三的城市的创新水平差距较大。未来，广州在建设国际创新型城市中要想有所突破，需要认清自己在创新发展过程中的不足，学习其他城市的成熟的经验做法，有针对性地弥补不足，完善创新要素体系，以期取得突破性进展，在国际创新型城市网络中占据一席之地。

五 广州建设国际创新型城市的对策建议

基于国际创新型城市评价指标体系的评价结果，广州市在建设国际创新型城市过程中应在以下几个方面给予重视和投入。

（一）发挥不同类型主体的核心作用

1.以企业为技术创新的核心，提高技术创新能力

作为技术创新的主体，企业是创新思维、研发科技人才集聚和实践创新之地。广州要实现建设国际创新型城市的目标，务必在技术创新能力上下功夫。第一，确立企业的技术创新主体地位，发挥企业的技术创新主导作用，主动创造新技术，吸纳新的科技成果，优先发展先导技术。高新技术企业等新型高端科技企业不仅是现代高科技创新产业集群的核心组成部分，也是建设国际创新型城市、提升城市创新能力的核心驱动主体。第二，加强企业知识产权保护，实现利益共享机制。企业能够充分享受技术创新成果带来的利益，保障企业创新付出的成本有所回报，激发企业创新的潜力和信心。第三，加强企业间密切合作，形成品牌集群效应。企业应具备大局观念，加强交流合作，扩宽合作范围，提升开放程度，增强企业间信任与联系，积极开展企业间技术研发合作和创新活动，分享彼此间有利于共同成长和发展的先进技术与管理经验。第四，培育特色产业，增强产业竞争力。战略性新兴产业是未来城市产业发展新的动力源和经济增长点，基于产业发展趋势和国家高新技术产业化重点领域指南，战略性新兴产业的未来发展要与时俱进，立足广州市现有新兴产业的技术、人才和市场等创新资源条件，根据产业形势的发展适时调整产业发展方向，改善产业发展环境，促进产业健康可持续发展。

2.以高等院校作为知识创新的核心，提高知识创新能力

高等院校是城市快速发展的智力支撑，高等院校自身具有的优势，决定了它是知识经济发展的强大基础和动力。获取人才资源竞争优势是建设国际

创新型城市，提升城市创新竞争力的根本。高等院校作为知识创新主体促进广州国际创新型城市建设发展的途径，要加强产学研合作，加强高等院校与企业、科研机构以及政府部门间的密切合作。第一，促进高等院校和企业间深度融合。高等院校与企业共同围绕重大核心科技攻关，组织联合研发与合作创新，实现高校教授专家队伍、研究生高质量人才队伍与企业、科研机构专业科技人才队伍的融合，推动广州知识创新发展。第二，高等院校要注重培养与市场需求相匹配的人才。高等院校最重要的任务就是培养人才，要培养出符合企业、市场需求的专业型人才，能够不断根据产业发展需求提升自身能力以适应市场所需的人才，适应未来社会创新发展的人才。第三，推动高等院校学科集群与市场产业集群实质性对接。推动高等院校与市场共同将核心竞争资源和实力学科打造成专业学科集群，在学科集群与产业集群对接中培养高层次创新人才，对接广州城市内支柱行业的产业群，形成具有核心竞争优势的技术群。各方应打破小范围、小领域各自为政的合作局限，将学科集群与产业集群、技术集群全面对接，从更宽的视野为城市创新发展培养高端创新人才。

3. 以科研机构作为科技创新的核心，提高科技创新能力

科研机构是广州市实施"科教兴市"战略，打造国际创新型城市的重要载体。建设国际创新型城市要重点提高科研机构在基础性、前沿性以及战略性新兴产业中科技研发地位上下功夫。第一，创新科研机构与企业、高等院校的科技合作模式。科研机构要加强与企业、高等院校之间的互动，集中整合利用科研机构、企业以及高等院校的优势创新资源，通过共同进行科技项目研发、合作共建研发机构等多种形式组成产学研合作联盟，促进知识创新与技术创新的良性互动，推动创新成果产业化。第二，提高科研机构科技成果转化的能力。利用科研机构的知识溢出效应优势，加快科技成果转化是建设国际创新型城市的重要途径之一，要进一步提高科研机构知识和技术的创新水平，加快研究成果转化，完善科研机构研究成果转化的组织、机制和政策，加强产学研之间的良性互动，创新合作方式，促进科技成果转化。

（二）完善城市支撑要素体系的建设

1. 大力推动科技中介服务机构发展

科技中介服务机构是为推动高新技术产业化和促进技术创新成果转化提供服务的机构。科技中介服务机构是实现城市科技实力以及城市整体创新能力提高的重要保证。在建设国际创新型城市的发展战略下，广州不仅要加强各类创新主体的发展，还要促进主体间的良性互动，大力推动科技中介服务机构的发展是做好以上工作的重要条件之一。现阶段，科技中介服务机构作为创新的重要支撑，需要为社会创新活动提供服务。第一，要建立完善的全方位开放式的科技中介服务网络体系。通过中介服务网络体系可以有效节约信息传递的时间，缩短信息需求方与供应方的空间距离，降低各方沟通交流的成本，加速创新要素信息的扩散。第二，注重科技中介专业化和网络化相结合。科技中介服务机构不仅要注重行业内部机构间服务资源的整合集聚，还要注重增强行业与企业、高等院校等创新主体以及其他专业技术服务机构间的互动交流，开展相关的联结服务，不断提升科技中介服务水平。

2. 创新金融服务机构和金融服务的组织形式

城市的创新活动离不开资金的支持，研发创新活动对资金的要求很高，没有足够的资金支持，创新活动就无法持续开展下去。在资本市场中，企业的融资能力是决定创新能否成功的关键要素。城市需要在金融领域鼓励更多的金融服务机构和金融服务形式创新，吸引投资者投入更多资金。强化企业融资能力，逐步建立起以企业为主体的全方位、多渠道、多层次的资金支持和保障体系。广州在建设国际创新型城市过程中，第一，鼓励设立创新创业基金，吸引更多的社会民间资本投资到科技研发创新中，给予中小型高新技术企业创业资金扶持。第二，出资组建科创企业孵化器，为科创企业提供企业成长初期的风险资金，将创新技术、创新人才、创新资金等创新资源与未来的创新企业家有机结合起来。第三，优先资助重大战略性领域的关键技术创新投入。重大战略性关键技术领域的创新活动作为城市研发创新、科技发

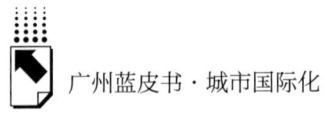

展的重点，应给予资金重点支持。

3. 发挥政府引导和推动企业创新的主导作用

企业是城市创新的主体，政府是企业创新的推动者和引导者。一方面，政府可以通过创造一定的产品市场需求空间，完善基础设施配套服务，鼓励企业的创新行为。第一，政府主动创造对接服务企业的机会。政府通过公共采购的方式购买企业创新产品，增加市场对创新产品的需求量，保证创新产品在进入市场初期的市场需求相对稳定，降低企业在创新过程中的市场风险，有利于带动创新产品进入市场，帮助创新企业开拓市场。第二，政府积极完善基础设施及配套设施。根据高新技术产业集群未来发展需求和发展方向，加大各项科技创新基础设施及配套设施投入和建设，增强基础设施对城市产业创新的支撑作用。

另一方面，政府作为各项制度和政策的制定者，要为各创新主体提供激励创新的制度和政策环境。第一，政府要营造公平竞争的市场氛围。保证市场准入公平，协调平衡各市场主体利益，对市场进行严格监管，保证创新资源公平分配。第二，政府有效制定各项政策释放红利。对创新型企业给予税收减免等优惠政策，给予创新企业在科技创新研发、设备更新改造和职工技术创新培训等方面一定的税收激励，鼓励企业进行创新。同时，制定和优化人才培养和人才引进政策，健全人才激励机制。第三，健全知识产权保护法律体系。通过采取强有力的行政执法保护措施，增强对知识产权运用的保护。

4. 发挥各类科技创新公共服务平台的基础作用

为了使高新技术产品和产业集群更具竞争力，需要各创新主体整合创新资源，不断提高创新能力。创新公共服务平台是激发科技创新的基础平台，各创新主体可以在平台上搜集各类创新要素信息，分享创新经验，激发创新灵感，实现各创新主体间的良性互动，发挥创新公共服务平台的基础作用。第一，积极支持重点实验室、科技研发中心等专业性科研机构共享创新资源，建立开放性的技术服务平台；第二，科学规划特色科技创新专业化园区，建立专业化共享技术平台；第三，建立促进创新技术、创新人才以及创新科技信息的交流和辐射的开放型科技创新交流平台。

（三）营造鼓励创新的城市环境

1. 营造国际创新型城市具备的友好城市环境

在城市化进程中，特别是在大城市的建设发展过程中，生活环境对城市未来的繁荣与发展至关重要。广州在国际创新型城市建设过程中，在推动城市社会经济高速发展的同时，也要注重对城市生态环境的优化和保护，建设资源节约型和环境友好型城市，促进城市健康、可持续发展。第一，营造优质环境，加强城市的精细化管理。通过对城市在公共安全治理、公共卫生治理上的细分管理，健全城市应急管理机制，提升城市管理效率，营造优质的城市发展环境。第二，做好节能减排，加强污染物排放源头管理。重点发展循环经济，大力推动绿色产业发展；推进工业节能，提高能源利用效率，全面推行清洁生产；推进交通节能，鼓励倡导低碳出行，打造绿色低碳交通模式。第三，加强环境保护，增强城市绿肺功能。以城市外围各类自然保护区为生态屏障，构筑城市组团生态间隔区、建设城市内部生态间隔带，构建多层次、网络化的生态间隔体系。

2. 营造国际创新型城市具备的创新文化环境

创新文化是一个城市创新发展的源泉和可持续发展的基础，勇于创新的城市文化是推动国际创新型城市建设和高新技术产业集群深层次发展的原始动力。促进创新文化深度融入城市中，为城市发展营造具有创新活力的文化环境。第一，政府应正确引导传播创新文化。可以通过组织创新知识讲座以及不同类型的创新文化宣传活动，提升市民对创新活动的兴趣，培养创新文化思维，增强全社会支持创新文化的意识。第二，营造传播创新文化的氛围。通过全民教育和媒体宣传，鼓励市民参加创新创意活动，增强市民对创新文化活动的认识和了解，营造有利于城市创新发展的文化氛围。第三，创建创新互动空间和创新交流平台。为广大市民的创新交流提供互动空间，同时为科技创新人员提供科研信息交流平台。第四，创造人与自然和谐共生可持续发展的环境。重视城市社会经济、人文氛围与生态自然环境间的和谐共生，将生态环境保护作为推动城市创新发展的重点工作，在继承传统优秀文

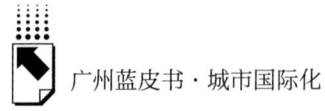

化的同时，吸收、创造、更新城市文化，打造朝气蓬勃的城市工作和生活文化环境。

（四）积极融入全球创新网络

在创新全球化的背景下，必须面向全球，主动与国际创新前沿接轨，积极主动与国际创新交流合作的大环境相融合，提升创新合作水平。第一，积极探索国际创新交流双向轨道机制。国际创新型城市不仅要将优质的国际创新资源、高端创新人才以及高精尖科技产品"引进来"，还要积极主动推动中国高科技创新企业、高端技术产品"走出去"与世界交流，建立海外生产基地和研发创新中心，在全球范围内吸收优质智力创新资源。第二，转变国际创新资源单一引进机制。从注重先进技术和项目的引进，逐渐过渡到技术、人才、项目、资金、信息、管理领域资源的全方位综合引进，拓展高新技术企业、高等院校、科研机构对外合作交流的深度和广度，增强应用创新研究领域的国际互动交流，推动国内高新技术产业集群与国际创新产业链相连接，促进国际创新资源与国内产业经济相结合。第三，围绕城市重点创新发展领域行业进行针对性招商。打造一流优质的国际营商环境，吸引世界500强等国际产业领军型企业入驻，支持跨国公司在城市设立区域总部，依托城市重点科技创新园区进行集聚性招商。第四，转变引资方式，创新性开拓招商领域。鼓励外商投资设立境内创业投资公司等投资性企业，扩大利用外资领域，增强外资在新一代信息技术、生物、新能源、新材料等战略性新兴产业的投入，促进城市先进制造业和战略性新兴产业发展。

参考文献

黄震环、谢颖、黄小军、张仁寿：《基于新增组织机构视角的科技文化及生产性服务业发展趋势研究——以粤港澳大湾区国家中心城市广州为例》，《福建论坛》（人文社会科学版）2019 年第 5 期。

刘佳、顾小龙、辛宇：《创新型城市建设与企业创新产出》，《当代财经》2019 年第

10 期。

刘刚、王宁：《突破创新的"达尔文海"——基于深圳创新型城市建设的经验》，《南开学报》（哲学社会科学版）2018 年第 6 期。

武汉大学创新型城市研究课题组：《新时代高质量发展下的创新型城市建设——基于西安创新型城市的思考》，《中国科技论坛》2019 年第 11 期。

王志刚：《科技创新与国家核心竞争力》，《中国科技产业》2018 年第 6 期。

王迎春：《创新型城市建设中文化的作用及培育》，《人民论坛》2016 年第 2 期。

王日玥、徐晨阳、方子娴：《中国创新城市建设的现状、问题与对策——京沪建设国家创新城市专家研讨会综述》，《全球化》2017 年第 6 期。

王默、魏先彪、彭小宝、段玉珍：《国家创新型城市效率评价研究——基于两阶段 DEA 模型》，《北京理工大学学报》（社会科学版）2018 年第 6 期。

杨雪、吴达、高文：《天津市创新水平评价与分析——基于〈2016 中国创新城市评价报告〉的统计分析》，《天津科技》2017 年第 12 期。

袁永、郑芬芳、郑秋生：《广东建设全球性科技创新中心研究——基于全球创新城市指数》，《科技管理研究》2017 年第 7 期。

中国科学技术发展战略研究院：《国家创新指数报告 2018》，科学技术文献出版社，2018。

中国科学技术发展战略研究院：《中国区域科技进步评价报告 2018》，科学技术文献出版社，2018。

国际经贸篇

International Economics and Trade

B.8
广州现代化国际化营商环境评估
与优化研究

柳立子　刘　佳　陈　刚*

摘　要： 现代化、国际化营商环境是一个地区进行国际交流与合作、
参与国际竞争的重要保障，是城市竞争力的重要体现。世界
银行和国家发改委从政府对企业监管的复杂程度和费用支出
设计指标进行营商环境评估。针对这些评估指标，广州已经
充分开展了相关方面的优化提升工作，下一阶段要从提升企
业的获得感入手，政府的目标是要从减少形式流程转向真正
简政放权。基于此，本课题组从企业生产成本和收益规模角
度构建新评估体系，分析广州在营商环境建设中的优势和短

---

* 柳立子，广州市社会科学院广州城市战略研究院副研究员，博士，研究方向为营商环境；刘
佳，广州市社会科学院广州城市战略研究院助理研究员，研究方向为文化产业；陈刚，博士，
广州市社会科学院产业经济与企业管理研究所副研究员，研究方向为区域经济增长。

板,并提出相应优化建议。

关键词: 广州 营商环境评估 生产成本 收益规模

当前城市发展已进入到资源要素禀赋相对平衡、新旧动能加快转换的关键时期,单纯以提供优惠政策为抓手的招商竞赛已不可持续,推动经济发展的着力点将由狠抓项目转向营造环境。在由高速增长转向高质量发展的过程中,中国城市开始逐渐从高速增长阶段的 GDP 较量,转换到一条优化营商环境的新赛道。

世界银行和国家发改委的营商环境评估主要是从政府对企业监管过程的复杂程度和费用支出设计指标展开评估。针对这些评估指标,广州前一个阶段已经充分开展了相关方面的优化提升工作,相关办事部门通过推出"网上注册系统"、简化"登记流程"、实施"多部门并联审批"、采用"一次申报、分步处置"、推行"无纸化""线上化"、推出"最多跑一次"等措施,实现了办理材料明显精简,办理时间显著缩短,跑腿次数大幅减少。在对广州企业进行调研访谈的过程中,企业对于上一个阶段这种准入门槛降低和服务效率提升是有鲜明感受和实际认可的。然而这毕竟是相对静态地考察城市当前的营商环境情况,下一阶段的营商环境竞赛,要比拼的气魄、胆识、智慧和核心要点都将发生深刻的变化,也将深刻改变城市乃至区域间优劣地位与格局态势,决定中国下一个 40 年的经济地理格局。

一 企业新需求:从"办事不求人"转向 "成本收益比高"

营商环境是企业发展的土壤,优化营商环境说到底就是为了给企业解决实际问题,让各类企业在市场中如鱼得水,助推城市经济健康前行。当维系中国上一个经济高速增长 40 年的人力、土地、资源等成本优势逐步丧失,企业对于政府降低成本、提高收益的需求变得越来越紧迫。第三次产业革命后，人类社会进入后工业时期，这一时期的人类社会轴心是理论知识，竞争的核心是企业与企业之间、人与人之间的知识技能与创新速度，经济结构重心从第一、第二产业（商品生产与流通）转向第三产业即服务型经济，人才、技术和机会越来越成为企业竞争实力的因素和不断持续创新的源泉。在科学技术日新月异、各种变革重组推陈出新的时代，整个社会体系中的"不确定因素"急剧增加，面对外部环境的突变，企业越来越倾向于选择能够相对低成本、高效率获得人才、技术和机会的城市，并以此作为其能够做出快速反应和精准决策的竞争优势。这就意味着，营商环境的优劣，不是由政府自己说了算，而是要通过企业家自身的获得感来评判，对营商环境进行评估无疑要从企业"获得感"中设置指标和获取数据。

二 政府新目标："放管服"改革从减少形式流程转向真正简政放权

2018 年党的十九届三中全会提出，"使市场在资源配置中起决定性作用""转变政府职能，优化政府机构设置和职能配置，是深化党和国家机构改革的重要任务"。社会主义市场经济体制的建立和完善，要求政府合理地划定自己的职能范围，降低市场准入门槛，鼓励市场正当竞争和合法运营，同时发挥社会主义制度优势，加强宏观调控，强化市场监管，避免市场失灵。这就要求政府必须简化行政审批，加强行政监管，即简政放权、放管结合。改革开放 40 多年来，尤其是党的十八大以来，大量事实表明：紧紧抓住"简政放权"这个关键词，才能更好地深化市场化改革。这既是重塑政府和市场关系、使市场在资源配置中起决定性作用和更好发挥政府作用的重要战略举措，也是在国内外错综复杂形势下放手激发市场活力和社会创造力、实现经济稳中向好的关键一招。长期的计划经济体制，对我国政府和市场有着深远的影响，制度一旦形成也会有自我强化及执行惯性的特点，长期计划经济体制使不少人仍习惯或固守事前行政审批的思维，而忽视政府在新的经济体制下扮演的监管角色。优化营商环境，就必须推动简政放权走向深入，着力解决市场体系不完善、政府干预过多以及监管不到位的难题，必须始终紧紧抓住"简政放权"这个关键，重塑政府和市场关系，大幅度减少政府对资源的直接配置，按照市场规则、市场价格、市场竞争配置资源，实现效益最大化和效率最优化。从近年"放管服"改革实践来看，从 2013 年把简政放权、放管结合作为"当头炮"和"先手棋"，到 2014 年强化放管结合，再到 2015 年将优化服务纳入其中，当下"放管服"改革已形成三管齐下、全面推进的态势，改革综合效应不断显现。"放管服"改革向纵深迈进，当下面对的都是难啃的硬骨头。要切实把该放的权完全放出去、该减的流程尽快减下来、该除的障碍坚决清理掉，搬开压在市场主体身上的大山，用更多的时间、精力投入到市场开拓和技术创新上来。

三 构建新评估：提升企业"成本收益比"的营商环境评估及优化建议

营商环境是企业从事生产经营活动和培育企业竞争优势所必需的各种共同的外部条件总和，其最终目的应是帮助企业（或资本）实现利润最大化。因此，有效降低企业成本，扩大企业收益，提高企业利润①，是评价城市营商环境的主要标准，只有帮助企业实现利润最大化的地区，企业才会选择留下来进行生产经营，并不断发展壮大。具体来说，营商环境主要通过两方面影响企业利润：一方面是能够显著减少企业的生产经营成本，如公开透明的政务服务环境能够有效减少企业的制度成本；强大的金融市场规模有利于降低企业的资本成本；健全的法治保障有利于降低企业的风险成本；房价、租金等地域性较强的社会成本也是企业承担成本的重要组成部分。另一方面则是能够有效提升企业当前或未来的收益规模，如规模较大的劳动力市场和技术创新市场可以让市场主体更容易获得高素质的人力资源和先进生产技术，

---

① 这里所说的利润不仅包括企业生产经营过程中获取的利润，也包括企业对未来的预期利润。

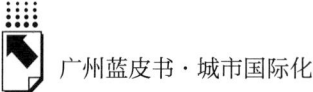

通过提高企业生产效率，提升企业产量规模和质量；庞大的市场规模和良好的国际化连通水平不仅有利于扩大企业产品的市场受众范围，还有利于企业将产品和服务拓展到国际市场，从而提升企业的收益规模。

基于上述分析，课题组对营商环境进行重新解析，从企业生产成本和收益规模角度考虑，认为影响企业利润的主要因素包括政务服务环境、金融市场环境、法治保障环境、社会成本水平、人力资源环境、技术创新环境、市场需求环境和国际连通水平八个方面（见图1）。以上述八个因素为主体，课题组构建了深度评估营商环境的指标体系，旨在对广州营商环境做出更多元维度、更深层次评估，从而分析广州在营商环境建设中的优势和短板，为加快营商环境建设、提升城市经济活力提供决策参考。

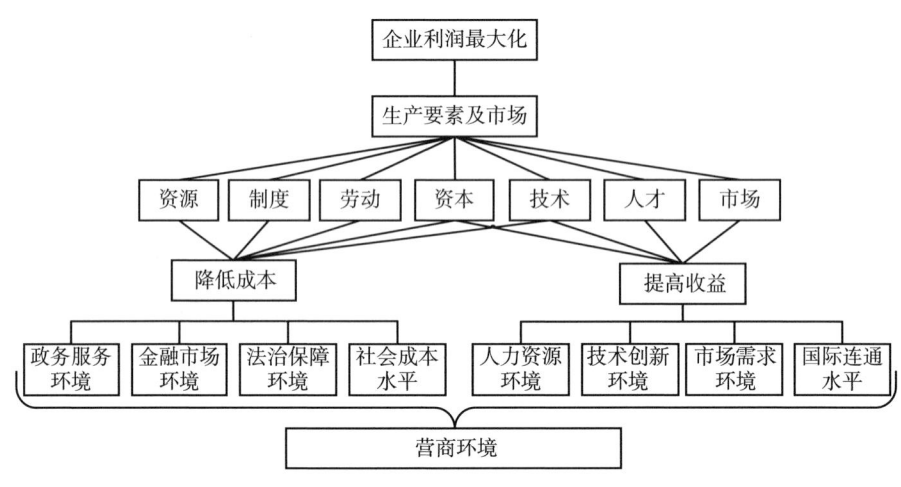

图1　影响企业利润的营商环境指标

（一）政务服务环境

政务服务环境是经济社会发展的高潜质资源，政务服务环境优，则资金、技术、人才等各种资源越容易形成集聚，越有利于降低企业生产经营的制度成本，对企业的吸引力就越强。

根据《中国法治政府评估报告（2018）》和《中国政府透明度指数报告

（2018）》中梳理出反映城市政务服务环境的 4 大指标，将北京、上海、广州、深圳和杭州作为样本城市，5 个城市在政务服务环境方面的得分如表 1 所示。

表 1 　2018 年五大城市政务服务环境指标得分

指标　　　城市	广州	北京	上海	深圳	杭州
依法全面履行政府职能	63	62	67	71	62
行政决策	93	77	67	88	76
社会公众满意度调查	125.34	129.49	135.26	139	140.9
政府透明度	83.41	79.96	79.31	88.09	74

资料来源：《中国法治政府评估报告（2018）》《中国政府透明度指数报告（2018）》。

"依法全面履行政府职能"反映的是城市政府机构数、领导职数设置是否合理，公共服务情况、公共安全情况和生态保护情况，满分为 80 分。从得分上看，5 个城市差别并不明显。"行政决策"评估一个城市决策的合法性、科学性、民主性、公开性以及决策追踪情况，被评估的城市不仅要建立行政决策的相关制度，而且还要积极推进相关制度的实施，全面客观地评价一个城市行政决策的完善程度，满分为 100 分。广州在这一指标上表现优异，主要是因为在制定重大决策事项目录、重大决策合法性审查等方面做得很好。"社会公众满意度调查"反映的是一个城市的社会公众对市政府在保护生态环境、保障食品安全、城市交通管理、维护社会治安、完善行政服务设施和制度、政务公开和预防化解社会矛盾等方面工作的满意度，广州在这一指标上得分不甚理想，说明广州在保护生态环境、公共服务、公共安全、政务服务等方面的工作还存在提升空间。"政府透明度"反映的是城市政府在管理过程中的信息公开性，在这一指标上，广州得分高于北京、上海和杭州，低于深圳。在具体的信息公开方面，广州的执行和结果公开情况具有比较优势（见图 2），主要短板则体现在决策公开和管理服务公开上，虽然"决策公开"得分高于上海和杭州，但与北京和深圳存在一定差距。

近年来，为改善政务服务环境，高效服务企业发展，广州各级各层

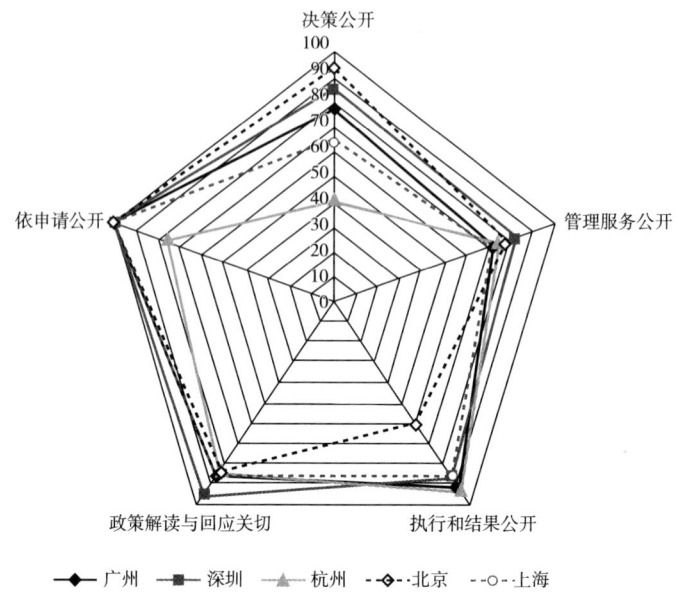

图 2　五大城市"政府透明度"比较（2018）

资料来源：《中国政府透明度指数报告（2018）》。

各领域研究出台多种文件与措施：如企业开办方面，放宽注册资本登记条件，将注册资本由实缴登记制改为认缴登记制，企业年检改为年报制，全面实施"三证合一，一照一码"登记制度；办理施工许可方面，实现"广州市工程建设项目联合审批系统"试运行；电力方面，推出供电服务"减四提二"；用水方面，推动用水审批进驻市政公用综合窗口；融资方面，推动"退税贷"和"互联网＋税银服务"；跨境贸易方面，广州海关出台 25 项措施优化口岸营商环境；税收服务方面，推出 100 项"一次不用跑"办税事项清单，等等。大力优化审批流程，提升政府办事便利度，完善政务服务环境，有效降低了企业的办事时长与办理成本。但同时也应该看到，广州在政务服务方面还有较大的提升空间，需要为企业提供更便捷的市场准入（如提高创办企业全程网上办理的便捷度，对企业设立变更等信息及时与银行、税务局等联通衔接）、加强政务诚信建设（如制定推进诚信建设的专门规章或规范性文件）、加大政府在管理过程中的信息公开（如决策信息公开、管理服务公开等），同时进一步在公共服务和生态保护等方面努力创新，创造新优势。

（二）金融市场环境

城市经济影响力的重要因素之一是金融市场发展规模。强大健全的金融市场不仅能有效提升企业融资效率，降低企业融资成本，还能有效增加企业资本要素总量，形成资本规模优势，提高资本生产效率，降低企业单位产品的资本投入成本。

根据中国（深圳）综合开发研究院编制的《中国金融中心指数报告》来看，从综合实力上来说，2019 年广州金融综合竞争力指数为 74.33，在五大城市中排名仅略高于杭州。在北上广深四大城市中处于末位水平，综合竞争力得分约为首位城市——上海（235.62）的 30%，与北京（184.43）和深圳（123.83）也存在一定的差距（见图 3）。从各城市金融产业整体发展来看，北京、上海和深圳属于全国性金融中心，而广州仅是区域金融中心。可见，广州的金融产业发展现状对于广州经济进一步发展可能不太有利，将对企业融资效率和企业融资成本造成不利影响。

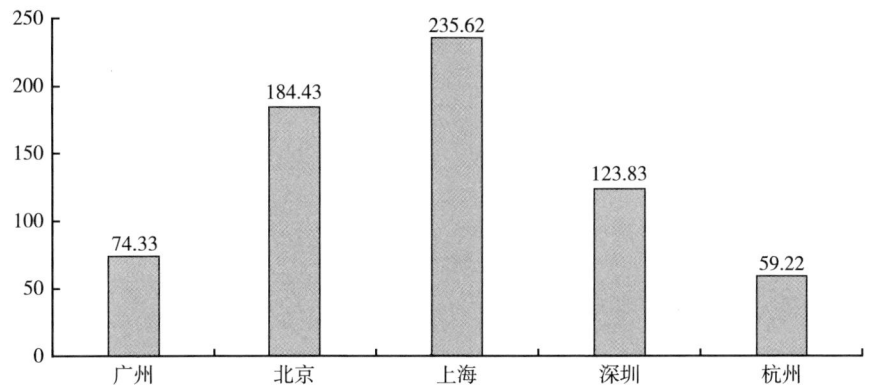

图 3　五大城市金融中心综合竞争力指数比较（2019）

资料来源：《中国金融中心指数（CDI CFCI）报告》（第十期）。

对表 2 列出的 8 大指标进行分析，广州的金融业增加值规模与北京、上海和深圳三市差距明显，但高于杭州，处于相对劣势。广州金融业从业人员数量仅为北京的 21.3%、上海的 34.1%，差距相对较大，但高于深圳和杭州，处于中等水平。在存款余额占 GDP 比重和境内股票市场累计融资量占GDP 比重方面，广州排在五个城市末位。在本地法人证券公司资产总规模、本地法人基金管理公司资产管理规模、本地法人商业银行总规模方面均弱于北京、上海和深圳，仅略高于杭州。2017 年，广州本地法人基金管理公司资产管理规模为 474.96 亿元，规模总量仅为北京的 2.78%、上海的1.27%、深圳的 1.7%，这说明本地法人基金管理公司弱势是广州金融发展的突出短板。

表 2   五大城市金融市场实力指标对比

指标＼城市	广州	北京	上海	深圳	杭州
金融业增加值数额（亿元）	2079	5085	5782	3067	1197
金融业从业人员总数（万人）[a]	12.01	56.7	35.54	11.48	11.63
存款余额占 GDP 比重（%）[a]	238.9	514.6	373.2	310.5	290.6
本地证券交易量占 GDP 比重（%）[a]	240.1	364.3	658.6	447.7	467.9
境内股票市场累计融资量占 GDP 比重（%）[a]	12.2	60.7	35.2	26.1	17.3
本地法人证券公司资产总规模（亿元）[a]	4251	11320	18571	16075	1107
本地法人基金管理公司资产管理规模（亿元）[a]	474.96	17078	37443	27975	465
本地法人商业银行总规模（万亿元）[b]	3.15	125.38	18.73	9.55	2.51

说明：a 表示 2017 年数据；b 表示 2016 年数据；其他的默认为 2018 年数据。

《中国金融中心指数报告》显示，与城市金融综合实力相对应的，广州金融中介机构服务能力也较弱。从城市拥有的金融中介机构数量上看，广州的专业保险中介机构数量仅少于北京，排在五大城市第二位，具有一定的比较优势；广州在商业银行支行数量、融资租赁机构数量、外资银行在本地的分行数量、区域股权市场挂牌公司数量四个方面在五大城市中排在第三位，处于中等水平；其他方面则排名靠后（见表3）。

表3　五大城市金融中介机构服务能力比较

指标＼城市	广州	北京	上海	深圳	杭州
本地法人商业银行数量(个)	3	21	26	9	9
商业银行支行数量(家)	2355	3409	3331	1802	1544
本地法人信托公司数量(家)	3	13	7	2	4
本地法人财务公司数量(家)	8	72	23	10	6
本地法人证券公司数量(个)	3	18	18	18	3
证券营业部数量(个)	281	520	748	438	273
本地法人基金管理公司数量(个)	2	20	60	30	3
私募基金管理人数量(家)	816	4302	4750	4593	1534
融资租赁机构数量(家)	286	185	2034	2408	175
融资担保机构数量(家)	92	126	70	131	159
外资银行在本地的分行数量(个)	33	48	79	28	12
区域股权市场挂牌公司数量(家)	5500	4006	9720	13518	5373
专业保险中介机构数量(家)	735	1147	521	391	384

　　虽然在北上广深四大城市中，广州的金融业一直处于较为劣势地位，这与广州没有全国性的金融产业战略平台有直接关系，表现出广州金融中心地位相对偏弱。但是2008～2018年，广州金融业增加值的年均增长率高达16.85%，高于北京（13.18%）、上海（15.05%）和深圳（11.86%），也高于杭州（12.24%）。这与广州近年来高度重视金融业发展紧密相关，也说明广州多年来致力于"现代产业金融体系建设，将金融产业与国际科技

创新枢纽、国际航运枢纽以及国际航空枢纽等重大战略捆绑发展"的方向
和策略是有效的，并以此为基础进一步大力发展金融和绿色金融产业，广州
的金融产业整体实力将进一步增强，金融产业保持高速发展，广州的金融地
位完全可望不断提升。

（三）法治保障环境

法律作为规则之治的重要载体，对加快科技发展、提升创新效率、降低
企业风险成本等方面具有不可或缺的重要意义。在法治保障环境建设方面，
广州一直走在全国前列。《中国司法透明度指数报告（2018）》显示，广州
市中院在全国法院中排名第一。广东省 2015 年度《珠江三角洲地区改革发
展规划纲要（2008 - 2020 年)》工作评估考核中，广州位居珠三角九市
之首。

根据《中国法治政府评估报告（2018）》和《中国法治报告（2019）》，
设立法治政府建设的组织领导、依法行政制度体系、行政执法、监督与问
责、司法透明度、检务透明度和警务透明度等 8 个指标来全面反映一个城市
的法治保障环境，五大城市具体指标得分情况见表 4。

表 4　五大城市法治保障情况比较

指标＼城市	广州	北京	上海	深圳	杭州
法治政府建设的组织领导	64	67.5	70	71	67.5
依法行政制度体系	70	30	55	70	55
行政执法	64.7	63.97	72.21	58.38	72.61
监督与问责	90.06	81.81	78.84	90.3	85.28
社会矛盾化解与行政争议解决	82.29	83.63	77.88	89.3	81.24
司法透明度	91.7	67.3	67.32	63.5	66
检务透明度	57.5	61.9	59.2	55.2	61.1
警务透明度	78.34	68.4	68.5	87.86	73.53

资料来源：《中国法治政府评估报告（2018）》。

"法治政府建设的组织领导"包含两个方面，一是法治政府建设的组织保障，广州在这项指标上得满分；二是法治政府建设的落实机制，广州在这项指标上得分居五大城市末位。这说明广州需要在法治政府建设的落实机制方面加强。"依法行政制度体系"主要考核一个城市行政规范性文件的建章立制及其实施情况，广州在这一指标上与深圳并列第一，表明广州政府能够紧密结合地区实际情况和现实需求深入推进行政规范性文件的法治化建设。"行政执法"指标反映城市行政执法体制、制度及程序建设、信息化程度、人员管理以及执法状况方面的情况，广州在这一指标上得分居中，低于上海和杭州，高于北京和深圳，表明广州在行政执法体制和信息化方面具有优势，但在行政执法公示制度、执法全过程记录方面还需加强。"监督与问责"包括来自人大、政协、群众及媒体的外部监督，本级政府和下级政府的内部监督以及政府问责及对违法问题的查处情况，在这一指标中，广州表现较好，得分略低于深圳，高于其他三座城市，具有一定的比较优势。"社会矛盾化解与行政争议解决"指标反映城市社会矛盾化解的制度建设情况和制度实施情况，广州得分居中，高于上海和杭州，低于北京和深圳。在"司法透明度"指标上，广州中院得分位居全国第一，在审务公开、审判公开、执行公开、数据公开和司法改革公开方面都走在全国前列。广州"检务透明度"排名较为靠后，在检务网站基本信息、检务指南、检查活动以及检查报告、财政信息公开上还有待加强。广州"警务透明度"得分略低于深圳，但高于北京、上海和杭州，在网站基本信息公开、便民服务和执法公开方面均较为领先，但在数据公开方面与其他城市差距较大。

知识产权保护是城市法治环境建设的重要领域，也是优化营商环境的重要部分，完善的知识产权服务体系有利于降低企业经营的风险成本。近年来，广州以"知识产权枢纽城市"为定位，在知识产权服务领域力度不断加大，吸引了一系列重大知识产权项目落户广州，形成五条途径相融互补、有机衔接的知识产权服务体系。广州知识产权创造能力不断增强，先后获得"国家知识产权示范城市""全国商标示范城市""全国版权示范城市"等荣誉称号。2018 年《深圳市人民政府印发关于加大营商环境改革力度若干措施的通知》也提出要实施最严格的知识产权保护制度，率先实施惩罚性赔偿制度，加快知识产权保护立法，实施知识产权重大工程项目，打造知识产权强国建设高地。

（四）社会成本水平

科斯在其《社会成本问题》一书中提出了企业的社会成本概念，他认为追求利润最大化是企业经营的主要目的，在收入固定的前提下，想要获取更多的利润，必然要最大限度降低企业生产经营过程中承担的总成本量。总成本不仅包括对企业生产活动产生直接影响的生产经营成本，也包括企业因所处地区社会环境不同而必须承担的一些具有地方社会发展特性的非生产性成本，这类成本是地区企业共同面临的成本，与企业自身无关，主要取决于城市发展状况。社会成本虽然不具有经济功能，但过高的社会成本依旧会通过工资、房价、租金等途径间接影响企业总成本，增加企业负担，降低企业的利润。

在岗职工平均工资、平均房价、房价收入比和房屋每月租赁价格四个指标不仅是吸引劳动力的主要因素，也反映企业在劳动力方面承担的成本。广州的在岗职工平均工资居五大城市第三位，低于北京和深圳，高于上海和杭州。在平均房价方面，广州平均房价为 3.21 万元/平方米，远低于北京、上海和深圳，略高于杭州，具有较强的比较优势。从房价收入比和房屋每月租赁价格来看，广州的房价收入比最小，仅为 17.5，远低于北京、上海和深圳，略低于杭州；房屋每月租赁价格也远低于北京、上海、深圳，稍高于杭州，在对人才的吸引和降低企业成本方面具有绝对优势。从写字楼平均每月租金来看，广州写字楼平均租金为 195.9 元/平方米/月，不到北京的 1/2，约为上海的 2/3，深圳的 70.4%，但高出杭州 23.8%，在降低企业租金方面具有较强的比较优势（见表 5）。

表5　五大城市主要生产要素成本价格比较

指标＼城市	广州	北京	上海	深圳	杭州
在岗职工平均工资（万元）	9.86	13.5	8.56	10.02	9.67
平均房价（万元/平方米）	3.21	5.99	4.945	5.32	2.87
房价收入比	17.5	25.4	26.1	34.2	18.1
房屋每月租赁价格（元/平方米）	44.47	71.24	66.34	66.35	41.39
写字楼平均每月租金（元/平方米）	195.9	442.4	318.2	278.2	158.2

说明：在岗职工平均工资根据各城市统计年鉴（2018）整理；平均房价数据来自安居客官网；房价收入比为同等面积一般住房总价与家庭收入之比，数据来自易居研究院；写字楼平均每月租金数据来自戴德梁行。

综合来看，广州拥有较强的社会成本优势，拥有吸引人力资源的低房价优势，以及吸引企业入驻发展的办公场所租赁成本优势，广州完全可以运用强大的社会成本优势吸引更多的高端人才和全国各类优质企业前来落户。

（五）人力资源环境

人力资源在如今知识经济社会中对城市经济发展显得愈来愈重要，但单纯的人力资源积累还远远不够，必须通过有效地配置人力资源，把知识、技术等转化成企业的收益和财富，形成企业的人力资本，才能为企业的发展提供有效的动力，促进企业利润的增长。

劳动就业人数反映了企业在城市中获取劳动力的难易程度，广州在这个指标上仅优于杭州，劳动就业人数比北京少384.47万，比上海少510.32万，比深圳也少近81万。流动人口占比反映了城市对外来劳动人口吸引力度以及劳动就业市场的稳定性，表6数值反映出深圳对劳动人口的吸引力度最强，广州在这一指标上居于中位，表明广州对劳动人口的吸引力度还需加强，而劳动就业市场的稳定性尚可，反映企业的劳动力流失风险成本较小。新增城镇就业岗位量则反映了城市为劳动市场提供就业的能力，广州在这一指标排在第四位，高于深圳，但低于北京、上海、杭州，并不具备比较优势。

表6 五大城市人力资源比较

指标 \ 城市	广州	北京	上海	深圳	杭州
劳动就业人数(万人)	862.33	1246.8	1372.65	943.29	681.06
流动人口占比(%)	37.76	35.49	40.28	65.09	21.06
新增城镇就业岗位量(万人)	33.7	42.3	58.17	12.91	39.9
普通高等学校(所)	82	92	64	13	40
普通高校在校人数(万人)	108.64	59.29	51.49	10.38	49.6
中等职业学生数(万人)	18.41	9.23	8.86	3.89	5.89
人口受教育程度(年)	25.08	42.33	27.32	22.67	—
求职竞争指数(%)	25.1	75	37.4	38.8	22.3

说明:人口受教育程度根据《2015年全国1%人口抽样调查数据》整理,人口受教育程度为抽样人口中本专科及以上人口占比;求职竞争指数为收到的简历投递量/发布的职位数量,数据来自智联招聘发布的《2018年秋季中国雇主需求与白领人才供给报告》;其他数据根据各城市统计年鉴(2018)以及统计公报整理。

广州是一个教育资源相对丰富的城市,集聚了省内2/3的普通高校、97%的国家重点学科、全部国家重点实验室。在围绕国家创新中心城市建设过程中,聚集了一批高层次人才。此外,广州还拥有丰富的人力资源,大专以上学历人才303万人,专业技术人才149万人,技能人才226万人,高技能人才70万人。因此,在反映教育、人才资源方面的指标上,如普通高等院校数量、普通高校在校人数和中等职业学生数上表现较好。广州的普通高等院校数量众多,在五大城市中仅低于北京。但从普通高校在校人数上看,2017年广州普通高校在校学生规模为108.64万人,是北京的1.83倍、上海的2.11倍、深圳的10.47倍,杭州的2.19倍,说明在人力资源储备方面广州具有绝对优势。此外,广州的中等职业学生规模位居五大城市之首,说明广州拥有强大的潜在技术人才市场。

人口受教育程度反映了城市人力资源的整体素质,较高的人口受教育水平使得企业能更容易获取高素质劳动资源,也更利于企业转型,提升回报率。在这一指标上,北京遥遥领先,广州略低于上海,略高于深圳,比较优势不明显。

求职竞争指数直接反映城市的发展活力和发展前景,求职竞争力越活跃说明城市的经济活力越强。2018 年，广州的求职竞争指数为 25.1，与北京（75）、上海（37.4）和深圳（38.8）相比依然有着一定的差距。究其原因，在于广州对高端人才的吸引力不足，高端人才洼地效应尚未形成，能够突破关键技术、发展高新产业、带动新兴学科的战略科学家和领军人才还较缺乏。根据网络招聘数据，在计算机行业，北京每天在线职位数有 4684 个，上海有 2076 个，深圳有 751 个，广州只有 628 个。虽然网络招聘只是招聘渠道的一种，但它反映的是所在城市行业中高端人才的供需关系。

综合来看，广州拥有丰富的人力资源，但广州的求职竞争指数与北京、上海和深圳有着不小的差距，如何留住本地庞大的高端人力资源并吸引外地中高端人才将成为未来广州提升营商环境的重要课题。制定切合实际的人才引进政策，培育良好的人才集聚环境，争取海内外中高端人才资源，是当前广州建设具有竞争力营商环境的重要内容。

（六）技术创新环境

企业的创新和发展离不开其在区域内结成的关系网络，企业是环境的产物，创新型企业的培育离不开创新的环境。良好的创新环境有利于增强经济的活力，提升经济产出率，降低企业单位产出成本。

课题组选取了 4 个指标反映城市创新市场规模（见表 7）。R&D 经费投入规模和强度反映城市科技创新技术的研发规模和支持程度，创新科技投入规模能够反映城市科技创新的实力。从 R&D 投入规模上看，2018 年广州市 R&D 支出总额为 617.2 亿元，约为北京的 33.9%、上海的 47.2%、深圳的 60.7%，排在第四位。广州的 R&D 投入强度仅为 2.7%，处于末位水平。技术市场规模反映城市科技创新产业的发展程度，表示企业在城市获取技术资源以及发展的难易程度。2018 年，广州市技术市场输出规模为 353.9 亿元，约为北京的 7.9%、上海的 43.7%，差距巨大。北京是我国的文化中心、政治中心，集中了为数众多的顶尖著名高校、科研机构、大型企业研发部门、高科技企业和科研人才。近年基础研究经费年度都保持在全国占比的 25% 上下，2012 年至今，北京单位主持完成的国家科学技术奖总计达 500

多项,占全国 1/3 左右;企业的科技创新地位正在逐步增强,企业依靠科技创新提升竞争力,2018 年北京日均增加科技型企业约 200 家,已创建了 3 家国家级制造业创新中心、11 家市级产业创新中心、28 家国家技术创新示范企业、92 家国家级企业技术中心。这都让北京表现出十分强大的技术输出和吸纳能力。上海是我国的经济中心,也是企业首选之地,庞大的市场规模为技术市场发展提供了强大保障。深圳是我国的科技之都,其强大的金融市场能力、庞大的民营经济基础和以电子信息制造为主导的城市产业结构等多种因素共同造就了深圳强大的技术市场规模。从技术市场交易规模上看,广州市对科技的输出规模和吸纳规模与北京、上海和深圳仍有较大差距。

表 7   五大城市创新环境市场规模比较

指标＼城市	广州	北京	上海	深圳	杭州
R&D 投入规模(亿元)	617.2	1819.2	1307.2	1017.3	445.5
R&D 投入强度(%)	2.7	6.0	4.0	4.2	3.3
技术市场输出规模(亿元)	353.9	4486.9	810.6	554.4	121.6
技术市场吸纳规模(亿元)	192.7	1887.5	712.1	865.0	134.1

说明:技术市场输出规模和吸纳规模数据来自《2018 年全国技术市场统计年度报告》。

高新技术企业数、孵化器面积、专利授权量等指标反映城市科技创新主体发展情况,科技创新主体越多的城市更容易实现技术市场的规模效应,降低企业的技术获取和实用成本。从具体指标看,广州拥有 11746 家高新技术企业,仅低于北京和深圳,高于上海和杭州,说明广州具有孵化高新技术企业的良好环境。在孵化器面积方面,广州有 535 万平方米的孵化器,高于其他城市,具有绝对领先优势;但广州的高新技术企业数量少于北京和深圳,说明广州在孵化高新技术企业方面的创新效率有待提升。从技术成果上看,广州的专利授权量少于北京、上海和深圳,说明广州对本地科研资源开发、利用、转化能力都有待加强(见表 8)。

表8　五大城市创新主体比较

指标＼城市	广州	北京	上海	深圳	杭州
高新技术企业数(家)	11746	25000	9206	14416	2844
孵化器面积(万平方米)	535	515	286	484	—
专利授权量(件)	8.98	12.30	9.25	14.02	0.99

资料来源：根据各城市相关政府官方报道信息整合。

　　从实际工作来看，近年来，广州为加快建设创新环境，实现以创新驱动城市发展，进行了诸多尝试和探索。广州先后出台了《广州市工业转型升级攻坚战三年行动实施方案（2015－2017年)》《关于加快先进装备制造业发展和推动新一轮技术改造实现产业转型升级的工作方案》《广州市科技创新小巨人企业及高新技术企业培育行动方案》等政策措施加快推进技术创新与业态创新，逐步构建以企业成长为主线的"科技创新小微企业—科技创新小巨人企业—高新技术企业"全链条政策体系。从现有指标来看，广州拥有良好的科技创新资源，但在创新投入的力度、技术市场交易规模方面与北京、上海和深圳相比还存在极大的提升空间，如何利用好现有的创新资源着力提升广州科技创新能力，是现阶段广州提升创新环境的关键性挑战。

（七）市场需求环境

　　强大的市场需求能力是企业提升产品销售量、获取更多收益的重要保障，也是地方营商环境建设的重要领域。企业家是对市场变化最敏感的群体，他们权衡去留的主要标准就是能否有效降低企业经营成本，增大市场规模和占有率，实现资本增值。因此，城市发展应尊重资本逻辑，有效发挥市场的决定性作用。

表9　五大城市市场规模比较

指标＼城市	广州	北京	上海	深圳	杭州
经济总量(万亿元)	2.30	3.03	3.27	2.40	1.35
人口规模(万人)	1490.40	2154.20	2423.80	1302.70	980.60
人均可支配收入(万元)	5.51	6.24	6.42	5.75	5.43

续表

指标　　　　城市	广州	北京	上海	深圳	杭州
人均消费支出（万元）	4.22	4.29	4.60	4.05	4.16
客运总量（亿人次）	4.80	6.80	2.10	2.00	2.00
货运总量（亿吨）	12.80	2.50	10.70	3.30	3.50
中国企业500强（家）	19	100	29	26	24
本地上市公司数量（家）	97	308	274	274	126

说明：中国企业500强数据根据《2018年中国企业500强》整理，其余数据来自各城市国民经济和社会发展统计公报（2018）。

　　经济总量、人口规模、人均可支配收入和人均消费支出四个指标反映城市的市场规模，市场规模越大，表明企业越容易实现规模收益。对比五大城市，广州在经济总量和人均可支配收入方面排名第四，低于北京、上海、深圳，高于杭州。在人口规模和人均消费支出方面，低于北京和上海，高于深圳和杭州，居中等水平，说明广州具有强大的市场消费能力。消费支出反映了人们对产品的需求能力，对企业来说，人均消费支出越高，市场对产品的需求越大，企业越容易实现规模效益。

　　客运量和货运量是城市市场规模、资源配置能力的直接体现，强大的客运、货运能力不仅能够为企业产品提供强大的本地市场需求，也有利于企业产品更快地向外部扩散，有利于提升企业市场收益，降低企业产品市场拓展成本。作为国家中心城市、国际大都市和国际综合交通枢纽，广州交通运输优势明显，在货运量方面有绝对优势，广州的货物运输能力是北京的5.1倍、上海的1.2倍、深圳的3.9倍、杭州的3.7倍；在客运总量方面，广州也具有非常强的比较优势，除了略低于北京外，远远高于其余三个城市。

　　市场主体规模能够反映企业所处的市场竞争环境，市场主体规模越大，市场环境越透明，企业的寻租成本越小。但从中国企业500强、本地上市公司数量来看，广州本地规模较大的市场主体偏少，中国企业500强数量不到北京的1/5，也低于上海、深圳和杭州；北京的本地上市公司数量是广州的

3 倍多，而上海、深圳的本地上市公司数量是广州的 2.8 倍多，杭州的本地上市公司数量也略高于广州。

为创建更加良好的市场化环境，加快实体经济发展，近年来广州市政府实施了注册资本认缴制度、"一址多照、一照多址"的放开、商事主体经营场所限制条件放宽等诸多商事制度改革，市场准入条件进一步放宽，极大地激发了企业创业热情和活力，市场主体规模迅速扩大。2018 年，广州市新登记各类市场主体 41.11 万户，同比增长 25.47%。实施商事制度改革以来，全市新登记市场主体持续快速增长，2014～2017 年分别增长 95292 户、156338 户、185952 户和 261843 户，年均增长约 17.4 万户（见图 4）。尤其值得注意的是，从 2018 年以来，广州市 IAB 产业中新一代信息技术市场主体新登记 2.74 万户，同比增长 113.32%，占新一代信息技术产业实有市场总量的 40%，涨势抢眼。

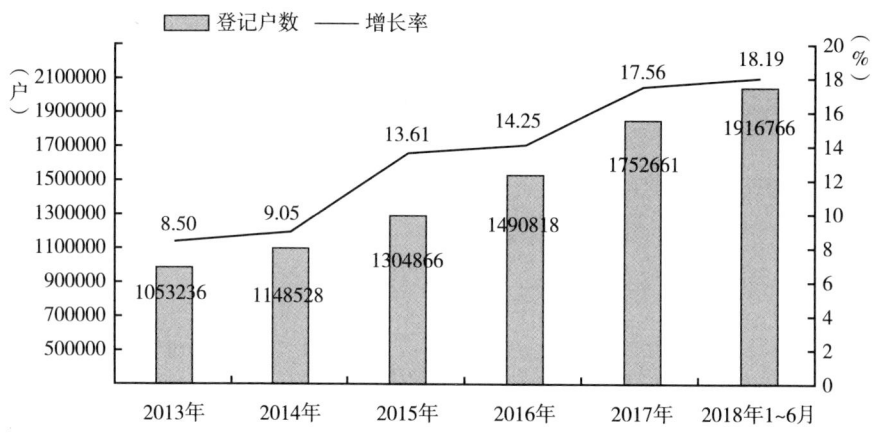

图 4　广州市场主体登记规模及增长率

总体来看，广州市具有强劲的消费实力和潜力，有着巨大的市场规模和强大的交通运输能力，但与北京、上海、深圳和杭州相比，具有龙头带动效应的中国企业 500 强、本地上市公司数量不多，这必将导致广州在形成长链条的产业集聚、开展高附加值的技术创新方面处于不利的竞争地位。

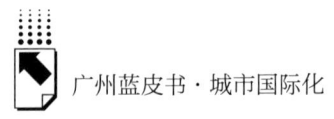

（八）国际连通水平

国际连通水平决定了城市的国际化水平，而更高水平的国际化城市更容易为企业产品走向国际市场创造有利条件，降低企业产品国际化布局成本，提升企业产品国际市场拓展程度和扩大产品国际化受众范围，提升企业未来发展潜力，增强企业对未来市场收益的预期，加速企业国际化步伐。

实际利用外资总额反映城市对国际资本的吸引力和吸纳程度，能够解释企业开辟国际化市场的难易程度。广州的实际利用外资总额和外资占当地GDP比重均处于五大城市最末位，实际利用外资总额不足北京和上海的40%，与深圳和杭州相比也有一定的差距，对国际资本的吸引能力和吸纳能力相对较弱。进出口总额反映城市与国际市场的经济交流程度，对企业产业走向国际化有直接影响作用。在这方面，广州与北京、上海和深圳相比依旧存在着较大的差距，进出口总额仅为北京的36.1%、上海的28.8%、深圳的32.7%。主要原因在于，广州的外贸发展源于"广交会"，但随着我国对外开放的持续深化，"广交会"在我国对外贸易中的地位也相对弱化，在我国外贸中的占比不断降低。近年来，随着电子商务的快速崛起，广州的传统商贸优势受到一定程度的挑战，电子商务对传统贸易的分流，也可能对广州"千年商都"地位形成挑战。在拥有世界500强企业方面，广州也处于劣势，与北京、上海和深圳相比仍有较大差距，与杭州在同等水平（见表10）。

表10 五大城市市场国际化指标比较

指标＼城市	广州	北京	上海	深圳	杭州
实际利用外资总额（亿美元）	66.11	173.1	173	82.03	68.3
实际利用外资占GDP比重（%）	1.91	3.77	3.50	2.24	3.34
进出口总额（亿元）	9810	27183	34010	29984	5245
进出口总额占GDP比重（%）	42.92	89.65	104.07	123.79	38.83
拥有世界500强企业（家）	3	53	7	7	3

说明：拥有世界500强企业数据根据《2018年世界企业500强》整理，其余数据来自各城市国民经济和社会发展统计公报（2018）。

在外国驻华大使馆和总领事馆数、国际友好城市数等方面，广州均排在五大城市的中间位置，与北京和上海有一定的差距，但与深圳和杭州相比具有一定的比较优势。入境游客规模反映城市的国际化知名度，是城市国际化影响力的直接体现。2018年，广州的入境游客规模为900万人次，低于深圳，但高于其他三个城市。从旅游外汇收入上看，2018年广州的旅游外汇收入为64.82亿美元，仅排在上海之后，高于其他三个城市，从一定层面上可以说明，以广州为实际旅游目的地的入境游客规模要高于深圳，而深圳入境游客规模较大的原因在于国外游客经深圳通往香港或者由香港经深圳进入内地旅游的现象较为普遍，其本身对境外游客的吸引力方面却不如广州（见表11）。

表11　五大城市社会交流的国际化比较

指标　　　　城市	广州	北京	上海	深圳	杭州
全球会议次数（次）	20	93	82	12	28
入境游客规模（万人次）	900	400	893	1220	420.5
接待入境旅游外汇收入（亿美元）	64.82	55.2	73.71	51.18	38.3
外国驻华大使馆和总领事馆数（个）	57	—	75	0	0
国际友好城市数（座）	38	56	85	23	29

说明：全球会议次数根据国际大会与会议协会（ICCA）最新发布的2018年度全球会议目的地城市排行榜；入境游客规模和旅游外汇收入数据来自各城市国民经济与社会发展报告（2018）；外国驻华大使馆和总领事馆数、国际友好城市数根据各城市官方网站以及政府工作报告整理。

城市的国际化程度反映城市在全球城市体系中的知名度和辐射范围，更高的国际化程度有利于企业产品向国际化市场拓展。综合来看，广州的市场国际化程度不如北京、上海和深圳，与杭州大致持平，但在国际化交流方面广州具有一定的比较优势，广州应借助国际交往交流方面的优势，将广州的企业、市场推向国际化。

（九）评估小结

广州通过各个层级不同层面的尝试和探索，取得的诸多成绩值得肯定，在以下指标方面具有一定优势：（1）政务服务环境方面，在制定重大决策事项目录、重大决策合法性审查和政府透明度方面优势明显，降低了企业的政务服务成本。（2）法治保障环境方面，广州在法治政府建设的组织保障、行政规范性文件的建章立制及其实施情况、行政执法体制和信息化程度、监督与问责、司法透明度、警务透明度方面均走在全国的前面，法治政府建设不断加强，有效降低了企业的法治风险。（3）在社会成本水平方面，在北上广深四大城市中，广州在工资水平、房价、租金等地区差异性较强的非生产性的社会成本方面有绝对优势，有效降低了企业生产经营活动过程中承担的成本总量。（4）在人力资源环境方面，广州拥有庞大的人力资源储备，高等院校数量和在校大学生人数、中等职业学生数都极具竞争力，有利于企业在成本一定的条件下，获取更多更高素质就业资源，有效提升劳动生产率。（5）在创新环境方面，广州近年来实施了多种鼓励企业创新创业的政策，创新环境不断优化，高新技术企业数量和孵化器面积都有一定的比较优势，良好的企业创新环境使得企业更容易获取先进的生产管理技术，提升企业生产经营效率。（6）在市场需求环境方面，广州拥有庞大的市场规模、竞争力较强的消费能力和发达的综合交通体系，有利于企业产品市场的拓展，提升产品收益规模。（7）在国际连通水平方面，广州拥有较大的境外游客规模以及较好的国际交往交流，国际连通水平具有较强比较优势，能够为企业提供便利的海外市场拓展服务，加速企业产品国际化布局，提升未来预期收益规模。

但不可否认的是，在与北京、上海、深圳和杭州的指标比较中，广州在营商环境建设方面还存在着不少短板，需要重视和解决：（1）政务服务环境建设方面，在市场准入的便捷程度、政务诚信建设状况和行政审批制度改革方面还需进一步加强，在政府决策公开和管理服务公开方面也需要进一步提升。（2）在金融市场环境建设中，广州在金融产业规模、机构数量以及市场规模方面与北京、上海、深圳之间的差距依旧较大，金融环境建设依旧任重道远。（3）法治保障环境建设中，广州在法治政府建设情况报告、政府依法行政考核工作以及政府法律顾问开展工作情况、行政执法公示制度、执法全过程记录以及检务网站基本信息、检务指南、检查活动以及检查报告、财政信息公开等方面的工作还有待加强。（4）广州有着较有优势的人力资源成本和租金成本，也有着雄厚的教育资源和人力资源，但广州对人才的吸引力度并不具有较大的优势，求职竞争指数与北京、上海和深圳相比依旧存在着不小的差距。如何利用庞大的人力资源和绝对竞争优势（房价、租金）扩大本地人力资源存量，是广州下一步要解决的问题。（5）在创新环境建设方面，R&D 规模和强度、技术市场交易规模是广州创新环境建设的短板，广州应加大在技术创新方面的投入力度，提高高端科技人才资源的利用效率，为营造良好的创新环境做出更大贡献。（6）在市场需求环境方面，缺乏具有强带动效应的龙头企业，大规模市场主体数量偏少是阻碍广州形成产业聚集和创新集聚的主要问题。（7）在国际连通水平方面，广州在外资利用规模、外贸占比等方面与北京和上海之间依然存在着较大差距，广州还需要想方设法进一步加大引资力度，扩大引资规模，提高利用外资的质量和综合效益，瞄准全球高端要素聚集，使广州在新一轮以服务业为主导的国际城市竞争中脱颖而出。

参考文献

钟飞腾、凡帅帅：《投资环境评估、东亚发展与新自由主义的大衰退——以世界银行营商环境报告为例》，《当代亚太》2016 年第 6 期。

娄成武、张国勇：《基于市场主体主观感知的营商环境评估框架构建——兼评世界银行营商环境评估模式》，《当代经济管理》2018 年第 6 期。

吴祖强：《世行营商环境报告的启示》，《上海人大月刊》2018 年第 7 期。

金里伦：《推动"放管服"改革取得更大突破——做好优化营商环境的事》，《经济日报》2019 年 8 月 14 日。

金里伦：《优化营商环境 推动"放管服"改革取得更大突破》，《经济日报》2019 年 8 月 14 日。

中国政法大学法治政府研究：《中国法治政府评估报告（2018）》，社会科学文献出版社，2017。

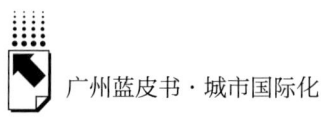

何一鸣、罗必良、高少慧：《科斯范式与经济思想史革命》，《理论学刊》2014 年第 8 期。

张光明、赵锡斌：《企业环境创新：企业的视角》，《技术与创新管理》2012 年第 1 期。

Word Bank：Doing Business ，http：//chinese. doingbusiness. org/2020.

B.9
广州推进金融开放建设粤港澳大湾区
国际金融枢纽研究

张展维　陈婉清*

摘　要： 近年来广州市金融系统围绕服务实体经济、防控金融风险、深化金融改革三大任务，着力完善现代金融服务体系，取得较好成效，也存在一定问题。面对粤港澳大湾区国际金融枢纽建设的新趋势，结合北上深扩大金融业对外开放的经验启示，广州要完善现代金融服务体系，有序推进金融市场互联互通，共建粤港澳合作发展平台，推动粤港澳大湾区国际金融枢纽建设。

关键词： 广州　金融业　对外开放　粤港澳大湾区　国际金融枢纽

一　粤港澳大湾区国际金融枢纽的建设趋势

粤港澳大湾区内现有四个各有差异的金融中心城市。其中，香港是新兴的国际金融中心、全球主要的外汇交易中心和全球最大的离岸人民币业务中心，香港交易所是国际性资本市场。深圳是具有全国影响力的区域性金融中心，有深圳证券交易所等全国性金融市场交易平台和平安集团、招商银行等全国性金融机构。广州是重要的区域性金融管理中心，金融市场规模、存贷

---

* 张展维，广州市地方金融监督管理局政策法规处主任科员，研究方向为金融业发展；陈婉清，南沙经济技术开发区金融工作局副局长，研究方向为国际金融。

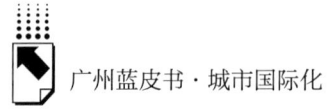

款规模以及金融机构数量和类型均在全国名列前茅。澳门是中葡经贸合作的重要平台。为此,粤港澳大湾区将要形成的必然是由各有侧重的多核多中心所构成的一体化国际金融枢纽。由此可以预判,粤港澳大湾区国际金融枢纽的建设,势必呈现以下发展趋势。

(一)增强实力,提高国际竞争力

虽然香港跻身国际金融中心三甲行列,澳门是中葡贸易合作重要的金融服务平台,但总体而言,与纽约、伦敦等老牌国际金融中心相比差距依旧存在且不容忽视。广州、深圳作为金融中心的影响力虽有所提升,但还局限在中国境内。因此,香港、澳门、广州、深圳均需进一步提升金融实力和国际金融竞争力,增强对粤港澳大湾区建设国际金融枢纽的支撑作用。

(二)错位发展,发展特色金融产业

香港作为国际金融中心,应充分发挥对周边地区的引领辐射带动作用,同时港、澳、广、深四大核心城市各自结合自身发展阶段,明确自身优势资源,找准各自定位,错位发展,进一步丰富金融业务的种类,提供更完善、更综合的金融服务;同时增强业务互补性,构建完善、有序的金融中心体系。

(三)加强衔接,有序推进金融市场互联互通

只有粤港澳大湾区内四个金融中心相互联结、实现互联互通,才能建设成为真正的金融枢纽。因此不仅要促进建立金融机构、金融产品、金融人才、金融基础设施和金融信息互联互通机制,还要推动粤港澳大湾区三地金融规则联通、贯通、融通,真正实现四个金融中心功能高效衔接、一体化发展,使大湾区各类金融要素实现便捷流动。

二 广州推进金融开放发展现状

2018年以来,以粤港澳大湾区、自贸区和绿色金融改革创新试验区建

设为重要契机，广州大力推动新一轮金融改革开放，巩固和提升金融业国际竞争力，为共同构筑粤港澳大湾区国际金融枢纽打下良好基础。

（一）高起点谋划粤港澳大湾区建设

广州市组建推进粤港澳大湾区建设领导金融专项小组，组长由分管金融的常务副市长担任，各部门参与，统筹部署推进，为构建大湾区金融全产业链谋篇布局。降低港澳银行准入门槛，澳资、港资银行营业性机构分别有1家（全国4家）和6家（全国38家）。香港富卫人寿拟通过设立合资寿险公司落户广州，筹建申请工作稳步推进。广州还在推动创兴银行和澳门国际银行在穗设立境内法人总部。

（二）外资银行业稳步发展

截至2018年底，广州地区共有79家外资银行机构，包括34家外资银行分行、39家外资银行支行、6家代表处，全年新增1家外资银行分行、1家外资银行代表处和1家同城支行，关闭5家同城支行，另有1家外资银行分行正在筹备建设中。广州地区外资银行资产总额2224.33亿元，同比增长12.4%；各项贷款余额1199.71亿元，同比增长14.8%；各项存款余额1534.78亿元，同比增长18.4%。外资银行发挥境内外联动优势，通过全口径跨境融资、跨境直贷等特色业务模式，帮助境内中资企业以较低成本从境外融资。

（三）外资保险业规范发展

截至2018年底，广州共有33家外资保险公司经营主体，包括13家财产险主体、20家人身险主体，有1家外资保险法人机构（安联财险）。2018年广州外资保险机构实现原保险保费收入达到239.25亿元，同比增长12%。外资保险公司长期以来坚持规范化、专业化、集约化经营管理模式，为广州保险业带来了国外先进的理念、技术和产品。外资财产险公司坚持围绕实体经济发展需要，大力发展责任险、货运险、企财险等与实体经济密切相关的险种，业务发展较有特色。

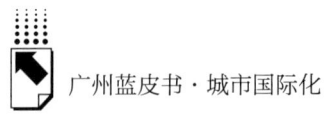

（四）南沙自贸区金融改革开放成效显现

南沙自贸区金融创新 83 项政策中已有 58 项落地实施，熊猫债、粤港电子支票业务、跨境人民币直贷、跨境资产转让、跨境人民币缴税服务等多项跨境金融创新业务高效开展，四个案例入选广东自贸区三周年"金融开放创新十大最佳案例"，分别是国内首只支持再生纸项目运营的绿色债券——广纸绿债、首单美元结算的跨境船舶租赁资产交易、合格境外有限合伙人（QFLP）和合格境外普通合伙人（QFGP）试点率先在 CEPA 框架下开展外资金融合作试点。截至 2019 年 1 月，南沙自贸区办理 24 家企业共 31 笔跨境人民币贷款备案，累计备案金额达到 61.69 亿元；累计办理 3221.98 亿元跨境人民币结算业务；具有离岸金融牌照的浦发、交通、招商、平安四家银行离岸账户存款余额 474 万美元，其中浦发银行和平安银行均在南沙设立了离岸业务中心，开业以来累计业务量为 60.34 亿美元。成立了粤港合资的广证恒生证券研究所，香港创兴银行在南沙自贸片区设立港资银行。广州市第一家外商股权投资企业（QFLP）——广州赛富兆星股权投资基金合伙企业（有限合伙），广州第一家外资期货——摩根大通期货，南沙区第一家及第二家中外合资股权投资管理企业——南网建鑫基金管理有限公司、广俊粤港澳产业投资基金管理（广州）有限公司等均已落户南沙。全国第一个商事服务"香港通"在香港启动，即可为境外企业在南沙自贸片区设立外资企业提供证照代办等"一站式"商事服务，该项服务已实现在广州全市范围内复制推广。

（五）广州绿色金融改革创新试验区加快建设

广州市已经制定了绿色企业和绿色项目认定标准和规范，征求了香港品质保证局、澳门银行公会等港澳机构的专业意见，并共同起草了两大方案，分别是《广东省广州市绿色金融改革创新试验区碳排放权抵质押融资实施方案》《广东省广州市绿色金融改革创新试验区构建基于林业碳汇的生态补偿机制实施方案》，方案提出大湾区共同参与碳排放权抵质押融资实施标准和林业碳汇生态补偿机制；建立绿色项目产融对接机制，设立绿色金融专业化服务机构，探索开展特色保险产品创新。截至 2018 年底，广州市银行业金融机构绿色贷款余额为 2621.7 亿元。全省首单绿色企业债券、绿色金融债券、绿色中期票据和绿色资产证券化产品，以及近年来全国规模最大的绿色债券均由广州企业发行；广州地区金融机构和企业累计获批发行各类绿色债券金额达 638 亿元，绿色债券的发行有效支持了城市规划与交通、天然气利用、造纸环保改造、污水处理等重点领域和广州地区绿色产业的建设；建立股权交易中心绿色环保板，首批挂牌企业达 50 家、注册资本金约为 6.3 亿元；广州碳排放权交易中心累计成交配额达 9377.11 万吨，排名保持在全国第一。

（六）推动金融创新服务区集聚发展

广州凯得金融控股股份有限公司与韩投伙伴（上海）创业投资管理有限责任公司签署合作备忘录，双方合作设立规模 10 亿元的医疗健康产业基金，成为黄埔区第一家外资风投机构。广州开发区、俄罗斯联邦储蓄银行公共股份公司和北京鑫诺投资有限公司签署合作备忘录，共同在广州建设中俄金融中心项目。广州市人民政府、广州开发区管委会与亚洲金融合作协会签署合作协议，将亚洲金融合作协会金融智库及年会永久落户广州开发区，推动广州深入参与"一带一路"建设。

三　先进城市扩大金融业对外开放的经验启示

（一）北京

一是加强顶层设计，各个区域对自身金融产业的发展定位有不同的侧重点。打造北京金融街加强了国家金融管理中心的职能，侧重于人民币国际化、金融科技、金融监管和风险管理四个方面的完善和提升，积极承接国家重大金融改革发展任务。金融街集聚了国家金融管理部门"一行两会"、全国四大资产管理公司等，共有外资金融机构 143 家，其中包括国际银行类金融机构、金融集团、支付组织在中国的总部等。海淀中关村加强了国家科技金融创新中心的职能，将重点放在发展天使投资、创业投资和股权投资方面。朝阳和东城 CBD 继续强化国际金融功能，作为金融业开放成果率先落地区域，旨在建立世界一流的商务服务环境和配套设施。丰台丽泽金融商务区重点放在发展专业性金融机构和服务上，将打造新型金融功能区作为首要目标。通州运河商务区致力于建设金融开放的改革创新试验区，鼓励在财富管理等领域进行试点示范。顺义和大兴临空经济区将离岸金融和贸易金融作为发展的重点。

二是依托区位优势，打造国际金融组织落户首选地。北京集聚了世界银行（WB）、国际货币基金组织（IMF）、亚洲开发银行（ADB）、国际金融公司（IFC）、联合国开发计划署（UNDP）的驻华机构，蒙特利尔银行、德意志银行等外资法人银行，中德证券、中金公司等合资券商，中英人寿、中意人寿、中信保诚人寿等合资保险机构，宝马汽车金融、大众汽车金融、奔驰汽车金融等汽车金融机构，法国再保险、瑞士再保险、慕尼黑再保险等外资再保险机构，德意志交易所、纽约泛欧交易所等外资证券交易所，道琼斯、标准普尔、纳斯达克等美国股指机构等国际知名金融组织。

三是发起设立首家外资控股合资银行。北京银行宣布与荷兰安智银行股份有限公司（ING Bank N. V.）共同出资 30 亿元人民币发起设立中外合资银行，其中 ING Bank N. V. 持有新设立银行 51% 股权，北京银行持股 49%，这表明我国或将迎来首家外资控股的合资银行。

（二）上海

一是具备发展要素齐全的金融市场，外资金融机构集聚度最高。位于中国金融对外开放最前沿的上海，已成为全球金融要素市场最完善、金融机构最密集的城市之一，集聚了各类全国性的金融市场，包括期货、股票、债券、票据、货币、黄金、外汇、信托、保险等，拥有超过 1603 家持牌金融机构，外资金融机构占比 30% 以上，其中，228 家外资银行营业性机构；21

家外资法人银行，占全国总数（41 家）50% 以上；27 家外资保险总公司。金融市场实现超过 1400 万亿元的年交易额，多种产品的交易量位居世界前列，原油期货上市半年，交易量已位居全球第三。

二是扩大开放措施成效明显。在"上海扩大开放 100 条""外滩 12 条"等政策带动下，成立外资 100% 持股的中国首家外资保险控股公司安联（中国）保险控股有限公司；韦莱保险经纪公司、怡和保险经纪有限公司分别成为全国首家、第二家获准扩大经营范围的外资保险经纪机构；工银安盛资产管理公司成为保险业扩大对外开放后首家获批的合资保险资产管理公司；摩根大通证券（中国）公司、野村东方国际证券有限公司成为首批新设立的合资券商；国泰世华银行（中国）由国泰世华银行上海分行升格为法人银行。还有许多外资保险公司和外资再保险公司计划在上海落地发展。

三是进一步扩大自贸区开放举措。2018 年 6 月，上海自由贸易试验区出台了 25 项扩大金融开放的措施，包括：支持投资理念先进、投资经验丰富、管理规模靠前的跨国资管机构在上海自贸试验区设立外资资管区域总部。支持外资资管公司和机构投资方参与建立陆家嘴资管联合会，并为上海自贸试验区资管行业搭建综合发展平台。建立专业团队，为上海自贸试验区的外资金融机构提供专业的服务，提供全程服务支持外资金融机构落户，提供高效、便捷服务等措施支持外资金融项目办理工商注册和税务登记。

四是大力建设全球资产管理中心。近年来上海资管行业蓬勃发展得益于金融市场、金融机构、金融开放与创新和金融发展环境等方面的优势，证券资管业务的总规模达到 16.6 万亿元人民币，占全国的 1/3；保险资管公司受托资产的总规模约 6 万亿元人民币，占全国的 1/2 以上。为合格的境内有限合伙人进行 QDLP 试点。外资资管机构在上海集聚发展，上海迎来近 40 家国际知名的资管机构签约落户，其中包含 9 家在全球规模排名前十的国际知名资管机构，如意大利最大的独立资产管理公司（安中）、全球最大对冲基金（桥水）、全球最大期货基金（元胜）等。未来上海将为建立全国资管行业转型发展的先行区、积极打造全球资产管理中心而做出不懈的努力。

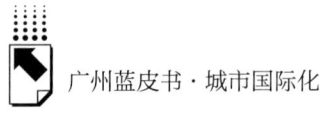

（三）深圳

一是大力引进外资银行。2018 年，在全国获批开业的 6 家外资银行中有 4 家在深圳注册：中国信托商业银行股份有限公司深圳分行、集友银行有限公司深圳分行、浦发硅谷银行有限公司深圳分行、东亚银行（中国）有限公司前海支行升格为分行。截至 2018 年底，深圳共有 38 家外资银行营业性机构，1 家代表处，外资银行资产总额 3811.76 亿元人民币。

二是大力推动深港金融合作。依托香港人民币离岸金融中心建设，前海跨境贸易人民币结算业务试点范围将进一步扩大。逐步扩大前海跨境人民币债券、跨境人民币贷款、跨境双向人民币资金池、跨境证券私募投资、跨境资产转让、跨境双向股权投资等跨境业务的整体规模，先行先试初见成效。招联消费金融公司于 2015 年开业，是第一家基于 CEPA 框架的国内消费金融公司。恒生前海基金管理有限公司于 2016 年成立，是经中国证监会核准设立的第一家外资控股公募基金管理公司。2017 年在深圳前海，由汇丰银行、东亚银行控股的全牌照合资证券公司正式开业运营，深圳与香港金融机构的合作取得新进展。

此外，自 2019 年以来，银保监会还批准了 8 项外资银行和保险机构筹建省级分支机构申请，其中包括台湾永丰银行（中国）有限公司筹建上海分行、新加坡大华银行（中国）有限公司筹建中山分行、中美合资华泰人寿保险股份有限公司筹建重庆分公司、中法合资中航安盟财产保险有限公司筹建山东分公司等。3 月 27 日，恒安标准人寿获批筹资建设并入驻天津，中国第一家外资养老保险机构由此诞生。

四　共建粤港澳大湾区国际金融枢纽面临的主要问题

粤港澳大湾区国际金融枢纽的多核多中心特征，对城市间协同度提出较高要求，其中金融规则的对接是发展中面临的主要问题。

（一）三套金融监管体系下监管标准存在差异

粤港澳大湾区珠三角九市与香港、澳门在金融监管体系的实施方面各有不同。其中，珠三角九市金融机构由国家金融监管部门"一行两会"监管，香港金融机构由香港金融管理局、香港证监会和香港保监局监管，澳门金融机构由澳门金融监管局监管。三地监管部门、适用法律法规及监管标准之间存在一定差异。

一是在金融机构设立和准入门槛方面，三地互设金融机构和开展业务仍不够便利。虽然内地在法律法规、CEPA 补充协议或金融先行先试政策方面对港澳地区金融机构做了一定倾斜，但总体将港澳地区金融机构作为外资金融机构管理，港澳地区保险机构、保险中介机构等行业进入内地门槛仍相对较高，三地金融机构互设机构和开展业务的便利度受到一定程度的影响。如外资设立保险公司受"532 条款"限制（即资产达 50 亿美元、有 30 年保险经营历史、在中国设代表处 2 年），《中国（广东）自由贸易试验区总体方案》的"降低港澳保险公司进入自贸试验区的门槛"尚未能真正落地实施，影响了部分有意在广州设立保险公司的港澳保险公司。2018 年底的《外资保险公司管理条例实施细则（征求意见稿）》中"全面取消外资保险公司设立前需开设 2 年代表处要求""减少对外资、合资保险公司设立分支机构的要求"等举措仍有待正式落地。

二是在金融监管要求方面，监管要求、监管法律法规解读、监管指标等不一致。部分金融机构表示：其一，三地监管部门对同一业务有不同监管要求，导致个别分支机构当地金融监管部门认可的合规业务，但母行所在地金融监管部门认为不合规；其二，三地金融监管部门对对方监管法律法规解读存在不一致，如对于个别业务证明材料，监管法律法规出台地的监管部门从法律意思上认可其他同类材料，但母行所在地监管部门认为需严格按照字面要求执行，否则存在违规风险，因而叫停相关业务或需补充律师出具的法律意见；其三，监管指标或业务风险系数设置不一致，如内地金融机构购买基金公司发行的国债产品可享受较低的风险权重和免税政策，但港澳地区金融监管部门对内地国债设定了较高的风险权重，导致港澳金融机构在内地分支机构无法采用相关产品增强流动性管理。

三是在创新型机构和业务监管方面，有待衔接和明确。近期香港审批发放了一批虚拟银行牌照，还有一批申请机构正在审批中。已有拟设虚拟银行表示希望到大湾区内地城市展业，但由于虚拟银行主要通过互联网开展业务，内地监管部门如何认定和审批此类创新型机构，仍有待双方衔接和明确。

四是金融业务资格认定不一致。对金融从业资格的认定标准在粤港澳三地各有不同。香港和澳门 16 个工作种类的职业资格在广州获得认可，6 项建筑领域职业资格与香港互认，包括注册建筑师、房地产估价师等，在金融从业资格互认方面仍有待推进。香港私募基金在内地发行私募基金产品的便利性有待提高。香港私募基金管理机构尚不能在内地直接办理私募基金管理人登记，也不能在内地直接发行私募基金产品，需要满足在内地设立管理机构并备案的条件以后方可开展私募基金业务。

（二）内地与港澳资金跨境流动仍存在障碍

粤港澳大湾区珠三角九市与香港、澳门地区实行不同的货币系统、利率制度和汇率制度。其中，广东省实行有管理的浮动汇率，即以市场供求为基础、参考一揽子汇率进行调节，货币政策的独立性和汇率的稳定性得到了保证，但放弃了资本的自由流动，资本项目开放仍在稳妥有序推进。香港实行与美元挂钩的联系汇率制度，资本自由流动和汇率的稳定性得到了保证，但放弃了货币政策的独立性。同时，香港已经成为全球最大的离岸人民币业务中心。澳门与港元挂钩，实行港澳联系汇率制度。因此，港澳之间资本可实现自由流动，但内地与港澳之间的资金跨境流动特别是资本项目跨境资金流动仍存在一定障碍，对充分利用跨境人民币资金支持大湾区建设以及内地和港澳企业经营和居民生活造成了一定的不便。

一是内地机构和居民赴港澳投资不便。大湾区珠三角九市中仅有深圳具备 QDIE（合格境内投资者开展境外投资）试点和 QDII2（合格自然人投资者投资境外资本市场）试点，广州已通过省政府正式向国家申请 QDIE 试点，此外正积极争取国家支持广州开展 QDII2 试点。

二是离岸人民币回流境内渠道较少。在企业融资方面，离岸人民币可通过境外发债回流，南沙、前海及横琴跨境人民币贷款试点等方式有序回流境内使用，但渠道等仍较少，且受外债额度管理影响较大。在居民生活方面，香港居民在内地购买房产时，可以港元、美元等外币结汇付款，但无法直接使用香港的离岸人民币进行支付。

三是内地及港澳居民合理投资生活需求不够便利。以港澳居民回内地生活、投资为例，2005 年人民银行发布公告规定，香港居民人民币每日汇款限额为 8 万元，部分金融机构反映上述限额较低，前期内地人民币存款利率较高时或有大额消费需求时，有的香港居民需要数月时间才能将资金汇入内地银行专户。同时，该专户只接受资金从香港汇入、进行定期存款、资金原路返回，不能转账至其他账户，无法购买理财产品获得较高收益，资金在内地一旦取现离开账户后不能再存入等，存在较多不便。此外，由于香港保险产品具有较强吸引力，大湾区珠三角九市居民存在赴港购买保险产品或续保的需求，内地保单也占了香港新增保险市场的较大份额，但受到内地外汇管制限制及银联暂停缴纳香港保费的支付渠道影响，存在不便。

（三）企业账户功能受限，居民账户开立便利化有待提高

一是港澳地区企业在内地金融机构开立账户方面，账户功能和便利度不足。大湾区珠三角九市未能适用上海自贸区 FT 账户（自由贸易账户），内地港澳资企业在珠三角九市金融机构可开立 NRA（境外企业的境内账户）账户，可以办理结售汇、存款等基础性业务，但外汇衍生交易、理财投资等尚未开放。人民币 NRA 账户收取境外非同名账户的资金需要进行贸易背景、反洗钱等审核，收款时效性无法满足客户需求；外币 NRA 账户不能开立网银转账功能，结汇资金必须有贸易背景且须支付给境内机构，不能享受在岸结汇价格的自由兑换。此外，港澳地区投资者可通过广东省和广州市市场监管部门实施的"粤港商事登记银政通""穗港通""穗澳通"等业务，通过

业务合作金融机构在港澳地区当地直接办理内地工商登记、开立企业基本账户等工作，为港澳地区投资者提供了便利。

二是港澳居民在内地金融机构开户已较为方便，但代理见证开户试点有待推广。港澳地区居民在内地可凭有效证件在金融机构网点直接办理开户。近期，经中国人民银行批准，中国银行试点开展代理见证开户业务，香港居民可通过中国银行在港网点通过该业务开立境内Ⅱ、Ⅲ类账户，以满足香港居民使用移动支付时需绑定境内银行账户的需求。但此项试点仅有中国银行一家，大湾区内金融机构普遍表达了希望获得试点的意向。

三是在内地企业和居民赴港澳地区开立账户方面存在门槛。金融机构表示可通过代理见证开户的方式办理，但普遍反映由于香港作为国际金融中心，业务国际化水平较高，因而金融机构受到反洗钱的监管压力较大，对内地企业和居民赴港澳地区开立账户审查较为严格，普遍还设置了一定门槛，因而内地企业和居民赴港澳地区金融机构开户较为不便。

（四）金融服务互联互通方面部分业务存在不便

内地及港澳居民往来频繁，特别是许多港澳居民居住生活在大湾区珠三角九市，具有较强的金融服务需求，但在部分金融业务办理过程中，粤港澳三地金融机构产品标准和服务方式不一致，金融机构开展业务存在不便。

一是港澳居民在内地办理个人信用卡方面需提供较多证明材料。内地金融机构主要要求港澳居民提供内地工作证明、内地收入流水或内地房产证明等资料，但个别优质港澳居民客户从事个体经营或商贸活动、未有内地房产等，导致无法提供上述资料，因此无法完成相关信用卡业务的办理。

二是港澳居民在内地购买一手房办理房贷业务方面境外汇入资金存在不便。当前境外居民购买境内商品房从境外汇入资金时，外汇管理部门需审核交易背景，交易背景资料涉及"房地产主管部门出具的商品房预售合同登记备案证明"。在当前房地产交易环节中，购房者只有支付了全部房款或支付部分房款并办理了剩余房款的按揭手续后，开发商才会与购房者签订正式的房屋买卖合同，有了房屋买卖合同，房地产主管部门才能出具备案登记证明。购房者如果没有资金支付首期款，将无法与开发商签订正式的购房合同，无法提交资料用于从境外汇款。

三是居民和企业采取跨境抵押办理贷款方面尚无明确规定。金融机构反映内地与港澳居民和企业存在希望将内地房产甚至不动产抵押至港澳地区金融机构开展跨境直贷的需求，但由于内地法律法规对开展跨境抵质押登记尚无明确规定，以及港澳金融机构对跨境处置资产、不良资产跨境交易及处置资金出境等存在难度，部分金融机构已在开展探索尝试。

四是粤港澳三地保险产品标准及服务方式不一致。粤港澳三地保险机构监管要求、保险产品和服务标准不统一，影响了三地投保人购买对方保险产品的便利度。

五是粤港澳三地绿色金融业务标准不统一，业务开展不便。粤港澳三地均在大力发展绿色金融业务，但三地绿色金融业务标准不统一，银行同业合作和绿色企业享受绿色金融服务不便。前期，广州市积极引导广州碳排放权交易中心与香港品质保证局、澳门银行公会合作，共同制定《广东省广州市绿色金融改革创新试验区碳排放权抵质押融资实施方案》《广东省广州市绿色金融改革创新试验区构建基于林业碳汇的生态补偿机制实施方案》，研究并提出了大湾区共同参与的碳排放权抵质押融资实施标准和林业碳汇生态补偿机制。

（五）金融基础设施互联互通已有一定基础，但征信和公共服务信息系统尚未联通

前期，广东与香港已合作建立"粤港电子支票联合结算业务""粤港跨境电子直接缴费业务"等系统和机制，为两地开展支票跨境托收、香港居民缴纳内地生活费用等搭建了平台，三地金融基础设施互联互通具有一定基础。但金融机构普遍反映，粤港澳三地征信和公共服务信息系统尚未联通，内地金融机构无法直接查询港澳居民个人及企业征信情况，无法根据其征信报告办理业务。港澳地区金融机构也无法直接查询内地居民和企业的征信记录。此外，三地金融机构查询对方工商登记、不动产抵质押登记情况、税务

情况等公共服务信息也存在一定不便。三地金融机构主要依靠同一体系的机构代为查询，例如东亚银行境内机构可委托东亚银行香港机构进行查询等，但无法保证查询时间和办理效率。

五 广州推进粤港澳大湾区国际金融枢纽建设的对策

广州作为国家中心城市、大湾区四大中心城市与核心引擎之一及综合性门户城市，金融业必须发挥与自身城市地位相匹配的功能和作用。《粤港澳大湾区发展规划纲要》明确指出，在建设国际金融枢纽方面，广州的任务是要发展区域性私募股权交易市场，建设产权、大宗商品区域交易中心，建立绿色金融改革创新试验区，在南沙探索打造国际航运保险等创新型保险要素交易平台。

（一）推动扩大金融业对外开放

一是认真贯彻落实国家进一步放开外资金融机构准入的工作部署，在放宽准入政策的情况下，积极引入外资金融机构包括银行、证券、保险、基金管理、期货、金融资产管理公司等，并积极寻求对外金融合作机会。

二是大力发展金融总部经济，争取粤港澳大湾区国际商业银行、创新型期货交易所、富卫人寿保险（中国）公司、创兴银行境内法人总部、澳门国际银行境内法人总部等尽快获批筹建，争取上海保交所、中保投设立南方总部或子公司。

三是根据金融对外开放新政，重点支持有条件、有意愿的金融机构引进外资，支持存量外资金融机构适时扩大外资持股比例或扩大经营范围。

四是吸引和培育优质的资产管理机构。聚集发展一批全球知名、有影响力的资管机构，积极吸引一批银行资管、理财子公司落户广州，进一步扩大外商投资、股权投资企业、合格境外有限合伙人（QFLP）的试点范围，深化合格境内有限合伙人（QDLP）的试点，促进私募证券投资基金、私募股权投资基金、创业投资基金等健康发展。

（二）加快构建现代金融服务体系

一是建设五大金融服务中心。建设大湾区资产管理中心，进一步增强广州域内银行、信托、证券、基金、期货、保险等金融机构的金融服务功能。建设大湾区绿色金融创新中心，与《粤港澳大湾区发展规划纲要》所定的香港"大湾区绿色金融中心"、澳门"绿色金融平台"形成有效互补。建设大湾区科技金融创新中心，为广州推动科技创新发展和科技成果转化提供重要支撑。建设大湾区跨境投融资服务中心，完成与香港的充分对接，释放和发挥香港作为国际金融中心的优势地位和重要作用。建设大湾区金融要素交易中心，着力打造私募股权、产权、大宗商品、碳排放权、国际航运保险等创新金融要素交易中心，形成特色鲜明的金融要素交易业务，探索实现错位发展和布局。

二是加快形成创新型期货交易、定价和清算中心，以高品质金融服务支撑实体经济高质量发展。发挥上海交易所南方中心、深圳交易所广州基地、中证报价系统南方总部等平台作用以及广州市与香港联合交易所的合作机制，通过促进广州地区充分利用境内外多层次资本市场进行融资发展，来实现直接融资比重的提高。

三是深化金融业务创新发展。在理财及保险产品跨境销售、跨境人民币业务、跨境车险、跨境医疗保险、离岸业务等方面积极创新，探索设立大湾区保险产品创新中心，为粤港澳大湾区提供创新型保险服务；在 CEPA 框架下探索降低港澳银行保险机构准入门槛的方式，并努力发展税延养老保险等创新业务。

（三）有序推进金融市场互联互通，提升一体化水平

一是加强与港澳地区金融规则对接。按照联通、贯通、融通的原则，充分梳理和研究三地金融规划对接项目，加强三地金融监管部门关于规则对接的协调研究，在符合各自法律框架的前提下通过采用法律解释权、补充规定等方式明确同一业务的同一监管要求；适时推动三地立法机关通过立法、修法和调整实施有关法律等方式，推动三地监管法律法规协调一致，为大湾区

内金融机构开展业务提供清晰的指引，提升内地金融监管法律法规国际化水平和国际认可度，并防范监管套利。

二是加速共建粤港澳合作发展平台，打造国际金融枢纽建设载体。按照既定部署，加快推进设立粤港澳大湾区国际商业银行、创新型期货交易所，加速推进广州南沙粤港澳全面合作示范区、广州绿色金融改革创新试验区、广州中新知识城、广州国际金融城以及发展特色金融功能区建设。

三是加快推进金融基础设施互联互通。金融基础设施包括支付系统、结算系统、账户系统和信用信息系统等。建立与粤港澳大湾区发展相适应的账户管理体系是必要的。推动三地个人和企业征信系统的互联互通。率先落实先行先试政策，例如在大湾区范围内试点跨境资金管理、人民币跨境使用、资本项目可兑换等，推动实现跨境贸易、投融资结算便利化。探索利用区块链等先进技术提高金融基础设施的安全性和有效性。

四是推进金融机构互设。加快推进港澳地区金融机构在内地设立法人总部、合资证券等审批工作，支持内地金融机构在港澳地区设立分支机构或代表处，进一步实现港澳地区金融机构准入门槛的降低，对港澳地区各类金融机构在大湾区内设立法人机构、分支机构和参股金融机构等进行支持，发挥大湾区金融机构熟悉三地市场、开展业务协同的优势，提高大湾区金融服务水平。为香港机构投资者参与投资境内私募股权投资基金和创业投资基金提供支持。争取中国证监会在广州开展试点，允许香港私募基金管理机构在广州直接发起设立公司式合伙制的私募股权基金并能够备案。

五是建立资金和产品互通机制。国家金融监管部门应指导大湾区内金融机构优化对港澳居民的金融服务，制定适合港澳居民在内地生活、商务需求的金融服务产品和标准，为港澳居民办理内地信用卡及其他贷款业务提供便利。广东省、广州市相关部门应加强配套领域的规则对接研究，如制定出台不动产、动产跨境抵质押登记及处置的指引，拓宽内地及港澳居民融资渠道。积极争取中国银保监会、香港保监局支持，在南沙建立香港保险业内地服务中心，为粤港澳居民提供保单服务和便捷的处理续保、保全和理赔等业务。探索在南沙设立大湾区保险产品创新研发中心，研究设计三地互认的保险产品。

六是加强金融常态化交流。建立常态化机制，通过金融人才任职交流、金融文化交流、金融智库和金融协会的智力交流和行业交流、金融高端论坛和会议交流等方式，加强大湾区三地金融业交流合作和信息、知识及经验共享。

七是携手扩大金融对外开放。建设国际金融枢纽的重要前提是推动国际金融要素在大湾区内有序、便捷流动。因此大湾区三地需加强金融对外开放方面的合作，共同参与国际金融事务，提升大湾区在国际金融领域的影响力。

（四）加强保障机制建设，为金融枢纽建设保驾护航

一是加强组织领导。切实发挥广州市粤港澳大湾区建设金融专项小组工作机制和作用，定期召开会议研究部署推动广州市推进大湾区国际金融枢纽建设各项任务，加强工作落实督办。加强与大湾区建设金融专项小组、粤港金融合作专责小组等机制的对接，将广州市有关工作任务纳入上述机制进行研究部署，加大对接层级和力度。

二是加强政策支持。加快出台《广州市推进粤港澳大湾区国际金融枢纽建设的实施意见》及其与之相对应的三年行动计划。协调国家金融监管部门驻粤机构发布关于支持大湾区国家金融枢纽的政策措施。争取国家扩大金融对外开放政策在广州率先实施。落实国家关于大湾区金融人才税收减免政策，结合大湾区国际金融枢纽建设需要，修订高层次金融人才奖励政策，切实有效地提升广州对金融人才的吸引力。

三是加强金融风险防控协调。促进国家金融监管部门驻粤机构和香港、澳门金融管理局建立大湾区金融信息查询互换机制和金融监管协调沟通机制，加强粤港澳金融监管信息互换，为三地金融机构查询三地居民和企业征信、社会公共服务信息等提供方便。进一步提升广州地方金融风险监测平台功能，加快跨境金融机构监管和资金流动监测分析合作。进一步完善三地反洗钱、反恐怖融资、反逃税监管合作和信息交流机制，共同维护大湾区金融系统安全。

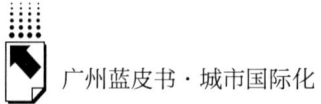

参考文献

广州市人民政府：《广州市关于推进共建粤港澳大湾区国际金融枢纽的实施意见》，2019 年 12 月 26 日。

广州市人民政府：《广州市推进共建粤港澳大湾区国际金融枢纽三年行动计划》，2019 年 12 月 26 日。

刘伟中：《发展广州开放型金融产业助力粤港澳大湾区国际金融枢纽建设》，《广东经济》2019 年第 5 期。

王景武：《在新的起点上全面推进广东金融强省建设》，《南方金融》2017 年第 9 期。

B.10
广州市利用外交外事资源服务民营企业
"走出去"的思考与对策

广州市委外办课题组*

摘　要： 广州经济建设持续取得巨大成果，其中广州民营企业功不可
没，民营经济成为广州经济总量的"半壁江山"，充分彰显
了民营经济在广州经济社会发展中的地位与作用。在全球化
程度不断加深、地缘政治矛盾升级与国际形势日渐复杂的挑
战下，"一带一路"倡议与粤港澳大湾区建设的提出给予广
州民营企业新的发展机遇。通过对广州民营企业"走出去"
基本情况进行分析，总结广州市利用外交外事资源服务民营
企业"走出去"主要做法，提出服务民营企业"走出去"存
在的问题与困难，探究服务民营企业"走出去"的对策与建
议，助推广州市民营企业"走出去"。

关键词： 广州　民营企业　走出去　外交外事资源

2018年10月，习近平总书记在广东视察广州开发区时强调，"民营经
济对我国经济发展贡献很大，前途不可限量，各级党委和政府要贯彻党中央
关于支持民营企业发展的政策措施，在政策、融资、营商环境等方面帮它们

---

* 课题组组长：刘保春，广州市委外办主任，研究方向为城市对外交往；课题组成员：刘放明
（执笔），广州市委外办审批处副处长，研究方向为城市对外交往；黄穗雯、邓昌雄、郭蕾、
周德利、韩捷，广州市委外办干部。

解决实际困难"。11月1日，习近平总书记主持召开民营企业座谈会，重申了"两个毫不动摇"和"三个没有变"，强调"民营企业和民营企业家是我们自己人。民营经济只能壮大、不能弱化，不仅不能'离场'，而且要走向更加广阔的舞台"。广州认真贯彻落实习近平总书记关于促进民营经济发展系列重要讲话精神，狠抓促进民营企业和中小企业发展的各项工作落实，提升民营企业竞争力，提振民营企业发展信心，推动民营经济高质量发展，民营经济呈现出增长稳、质量好、活力强的良好态势，成为广州市经济发展的重要力量。

一 广州民营企业"走出去"基本情况

近年来，广州加大工作力度助力企业加快"走出去"的步伐，出台实施了一系列相关政策文件，如《关于进一步加快发展民营经济的实施意见》《关于促进民营经济发展的若干措施》（简称"民营经济20条"）等，市委外办与市工商联全力支持企业对外投资合作，并联合出台了支持企业"走出去"在5个方面的14项举措。截至2018年底，全市累计在境外设立581家企业（机构）（不含港澳台）、中方协议投资额高达97.75亿美元，仅2018年广州市民营企业对外投资共有138家企业（机构）、中方协议投资额13.85亿美元。在政府一系列"走出去"的政策支持推动下，一些民营企业根据自身发展需要走出国门、跨国经营、在国际市场上开展业务，逐渐发展成为对外投资合作团队中最活跃的一部分群体，在整个"走出去"企业的数量中，民营企业占据了92.62%。为更好地为广州民营企业"走出去"服务，2019年广州市委外办开展"广州市民营企业境外业务发展状况抽样调查"，从具有境外业务的民营企业中随机抽取200多家作为调查对象，回收有效问卷100多份，结合宏观数据分析，广州民营企业"走出去"呈现以下特征。

（一）"走出去"领域逐步拓宽，技术、资金密集型行业崭露头角

抽样调查结果表明，对外经营投资呈现出由单一向多元化发展的态势，

从一般贸易出口、简单加工拓展到资源开发、营销网络、航运物流、餐饮、生产制造、设计研发和新能源等多个领域，但一般贸易出口仍占据较大的比重，占比高达48%，技术、资金密集型行业快速在境外投资中崭露头角（见图1）。

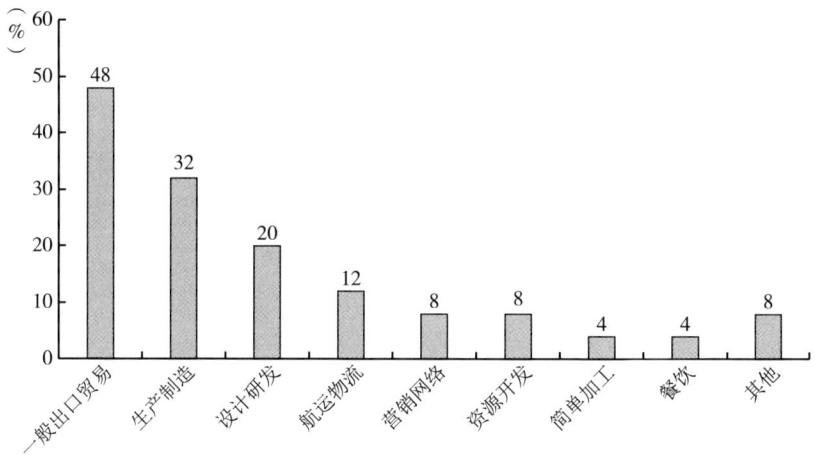

图1 民营企业境外投资领域统计

资料来源：课题组问卷调查。

（二）"走出去"区域日益扩大，"一带一路"成为主要方向

广州市民营企业"走出去"业务不断扩大，足迹遍布六大洲、72个国家和地区。民营企业在参与"一带一路"投资上表现得尤为积极，截至2019年3月，广州市民营企业对共建"一带一路"国家投资设立的企业（机构）达162家，中方协议投资额达18.85亿美元。主要投资国分布在新加坡、印度尼西亚、柬埔寨、泰国、越南等亚洲国家（见图2），主要投资行业有农林牧渔业、制造业、科学研究和技术服务业、批发和零售业、采矿业等。

（三）"走出去"方式不断优化，政府搭桥的方式效率最高

抽样调查显示，广州市民营企业"走出去"投资以独资和合资为主，同时境外并购和股权交易活动日趋活跃（见图3）。企业普遍认为，"走出

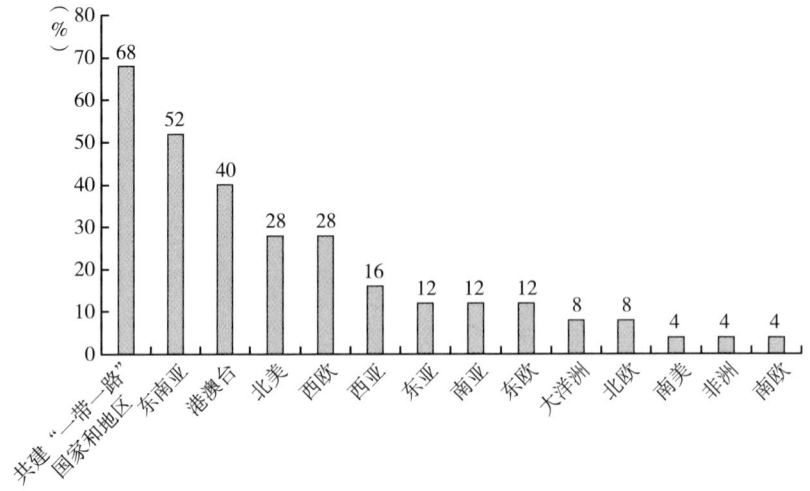

图2 民营企业投资国家和地区统计

资料来源：广州市委外办。

去"最快的途径是依靠政府为企业牵线搭桥。例如，化工项目是高危项目，一般来说前期准备就要5年。广州泛亚聚酯石化一期项目在沙特吉赞经济城总投资高达32亿美元，从前期规划、立项，到政府各种评估和各项审批，到2019年1月建成投产只用了26个月，这是中国"一带一路"倡议与沙特"2030愿景"深度对接而取得的重要成果之一。

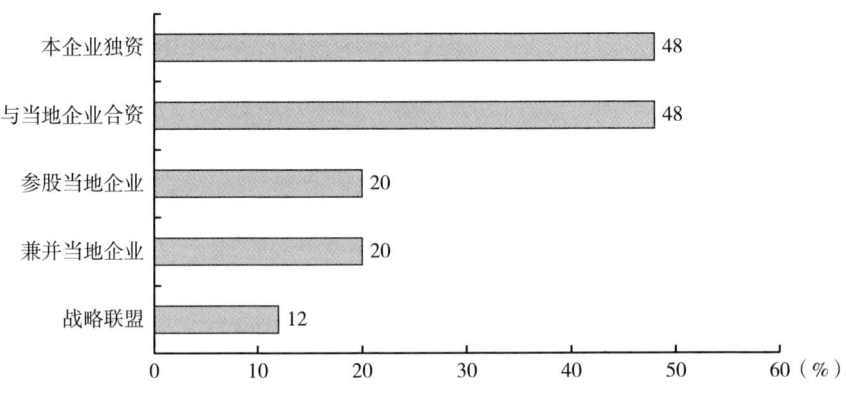

图3 民营企业在境外采取的投资方式统计

资料来源：课题组问卷调查。

（四）"走出去"层次持续提高，开始抢占高端品牌市场

成熟的品牌、技术和营销渠道是广州市企业"走出去"投资关注的重中之重，大多数抽样企业表示开拓国际市场、品牌国际化为"走出去"主要动因（见图4）。并通过采用境外并购、股权交易等方式，获得高端品牌市场资源，在提高自身的技术水平、产品结构和管理能力的同时，延伸产业链，提升价值链，加快提高在国际市场中的竞争力。

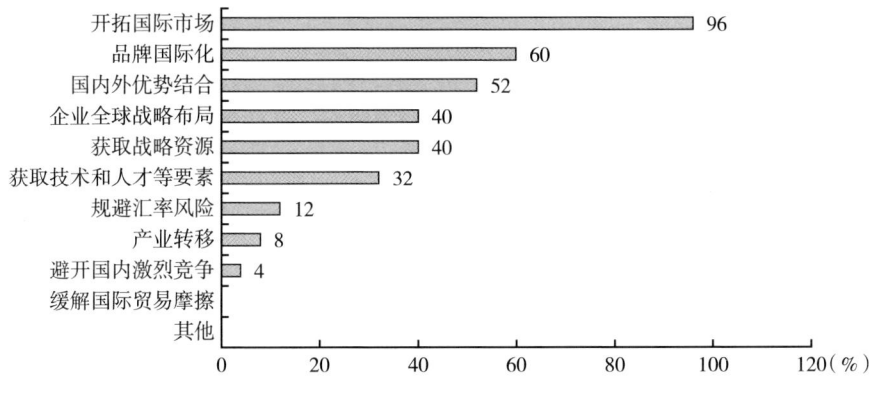

图4　民营企业"走出去"主要动因统计

资料来源：课题组问卷调查。

二　外交外事资源服务民营企业"走出去"主要做法

随着民营企业"走出去"步伐的不断加快，广州市积极主动工作，认真贯彻落实中央对外方针政策，充分发挥外事渠道和资源优势作用，努力创新实践和积极探索为服务民营企业"走出去"提供支持，取得了阶段性的成果。

（一）利用友城平台促进企业开展经贸合作交流

国际友城是服务民营企业"走出去"的重要平台之一，近年来，雪松控股、亿航、科大讯飞等企业在对外交流活动中频繁亮相。2014年，广州

市创设奥克兰—广州—洛杉矶三城联盟，每年都组织民营企业参加峰会。2018年"选择洛杉矶"投资峰会暨三城经贸合作活动在广州成功举办，恒信东方儿童（广州）文化产业发展有限公司、新西兰紫水鸟影视有限公司、美国虚拟现实公司等在三城经贸交流会上签约，广州车丽士汽车配件公司等4家公司达成投资意向。2019年新西兰科技周暨奥克兰—广州—洛杉矶三城联盟经贸合作和纪念广州奥克兰结好30周年等系列活动在奥克兰圆满举行，共有27家民企"走出去"参加相关经贸合作活动，达成广泛合作共识，其中包括唯品会、时间网络科技、佳都新太科技、广州民营投资、广州奥咨达医疗器械、广州创显科教等。

（二）借助高层团组互访机会推动民营企业"走出去"

充分利用高层互访是有效促进民营企业"走出去"的重要渠道之一。如2018年8月，陈志英常务副市长在广州会见法国里昂大都会副主席阿兰·加里阿诺一行，促成里昂大都会与亿航签署了《关于在里昂设立亿航研发中心发展智慧城市合作备忘录》，推动亿航"走出去"在法国里昂建立亿航全业务海外总部，拓展国际市场。2019年1月，广州市长温国辉参加达沃斯论坛期间，推动雪松控股与乌克兰工业商业商会签署战略合作协议。2019年5月，广州市委书记张硕辅率团访问新西兰和斐济期间，促成了包括广州宏乐乳业、广东牧邻国际、广东高捷航运物流、科大讯飞在内的6家企业，在奥克兰—广州—洛杉矶三城圆桌会议上签订合作项目。

（三）利用高端国际会议或论坛助力民营（中小）企业对外推介

高端国际会议平台是广州民营企业全球推介的重要途径之一。广州积极支持民企跻身世界舞台，雪松控股于2018年成为世界经济论坛会员企业，参与全球经济对话，并在夏季达沃斯论坛主办以"活力广州 绽放世界"为主题的"广州之夜"活动。2018年，广州举办全球市长论坛，期间集中展示亿航智能、科大讯飞、玖的数码、创显国际等民营企业的创新产品和服务，对广州民营企业国际业务的发展起到促进作用。广州组织16家民营企业参加在北京召开的中国商业圆桌会议系列研讨会,进一步推动人工智能、物联网及智慧城市、精准医疗、自动驾驶车辆和交通四个领域相关国际交流与合作。充分利用国内国外、主场客场重大外宣平台,着力打造"广州故事会"品牌项目,如2019年6月分别在韩国首尔、日本大阪举办了"中韩友好交流故事会""中日友好交流故事会",邀请民营企业领军人、创业精英等,讲述他们在广州这座城市的探索与奋斗的历程,全方位推介企业。

(四)搭建企业参与"一带一路"建设服务平台扶持帮助民营企业走向国际舞台

广州推动成立了广州市第一家"走出去"行业协会——广州市"一带一路"投资企业联合会,创始会员包括55家知名国企、民企和外企,涵盖近10个行业,并同步发布会刊、网站和微信公众号,举办多场"走出去"投资推介活动,为民营企业提供了投资目的国政策和广州资金扶持政策宣讲服务。同时,联合会还与香港"一带一路"总商会、澳门工商联会签订了穗港澳"一带一路"企业合作联盟协议,成功搭建了穗港澳企业合作参与"一带一路"建设和粤港澳大湾区建设的联盟。为帮助企业解决沟通障碍问题,先行先试支持共建"一带一路"国家开启汉语人才培训计划。组织商协会和企业赴南非、肯尼亚、阿联酋开展多场项目对接交流,推进"一带一路"贸易畅通,形成更广泛的贸易伙伴网络。

(五)优化国际市场布局从帮助企业"走出去"变为帮助整个产业"走出去"

广州充分发挥驻境外代表处、境外商协会、区域性投资联盟等优势,与境外对口国家机构签署合作协议156个,海外联络处总数达27个,积极筹划举办各种投资信息对接活动和投资环境考察活动,为民营企业境外投资当好"探路者"。协调在瑞士、韩国、澳大利亚等自贸区优惠原产地证的开通。充分发挥"广东21世纪海上丝绸之路国际博览会主题论坛""广州国际食品食材展""广州经贸周""广州名品世界巡展"等平台优势,助力企业优化国际市场布局，推动产业整体"走出去"。2018 年，广州市贸促会组织或协办境内外各类经贸活动 11 场、开展"广州经贸周"活动 4 次，组织企业参加境外展 9 场，共计带领超过 104 家企业、242 名参展代表开拓国际市场，解决部分行业企业遇到的"出海难"问题。

（六）通过穗港澳交流促进会推动民营（中小）企业与港澳企业合作

2017 年，广州成立穗港澳交流促进会，充分盘活政府、民间、商协会等各类资源，服务穗港澳各领域合作，推动民营（中小）企业与港澳企业的合作。2018 年举办"粤港澳大湾区·广州论坛（2018）——合作·发展·创新"，丽丰控股有限公司、普华永道中天会计师事务所（特殊普通合伙）广州分所、无限极（广州）公司等民营企业代表出席论坛。

（七）利用多边交流资源扩大广州民营（中小）企业交流发展平台

充分发挥广州市人民对外友好协会平台和载体作用，主动吸纳和鼓励更多民营企业加入友协理事会，参与民间对外交往。第七届理事会显著增加民营经济力量，17 名新当选理事中有 11 名为民营企业负责人，占理事总人数的 65%；团体会员中的民营企业多达 21 家，民间对外交往资源向民营经济领域倾斜。2018 年，广州举办低碳社区（正气候）研讨会，安排参会代表实地考察民营企业在低碳发展领域的项目成果，南方物流集团做了低碳领域发展项目的案例介绍，提升了广州民营企业在低碳发展领域与国际接轨的能力。

（八）大力推广 APEC 卡服务企业"走出去"

从服务民营经济发展、助力"走出去"战略和"一带一路"建设高度，认真做好 APEC 旅行卡申办推广工作，完善政务公开，强化窗口服务，极大便利了广州民企海外业务拓展，有效提升了广州民营企业对外经贸交往的活跃度。2018 年，广州共受理 APEC 商务旅行卡申请 265 人次，申领企业和人数逐年增加，全市累计办理 APEC 卡 1731 张，其中民营企业占比 70%以上。

此外，广州积极开展海外领事保护宣传和培训，专门委托广东国际战略研究院组织宣讲队伍走入民营企业、社区、旅行社、高校开展宣讲，2018 年共举办 5 场宣讲，以增强民营企业"走出去"的安全意识和提高民营企业"走出去"的自我保护意识，更好地维护企业在海外利益。

三　服务民营企业"走出去"存在的问题与困难

通过对民营企业"走出去"的大趋势和实际需求进行分析，外交外事在服务民营企业"走出去"的道路上仍然存在着许多困难和问题，需要对服务方法、手段和内容做出进一步的创新和丰富。

（一）相关政策调整滞后

与支持和保障企业"走出去"相配套的政策措施尚不完善，不少民营企业反映存在政策不平等对待的问题，例如，在参加会展、商务洽谈、出国培训等外事活动方面，国有企业与民营企业受到政策上的区别对待。相对于国有企业人员可以走因公渠道、享受补贴政策，民营企业人员只能办理因私护照，且很少获得补贴的机会。

（二）缺乏工作联系机制

尽管广州建立外事、商务、工商联、贸促会等多部门跨平台协调机制，但是常态化的实质性互动与协作不畅，与企业暂未形成密切的合作和良性的互动，缺乏有效的工作载体和途径来应对民营企业集群式"走出去"的需求。驻国外办事处、联络处等机构尚未建立有效联系机制，还处于起步阶段。

（三）缺少品牌活动

广州虽然每年都参与世界经济论坛、中国发展高层论坛、博鳌论坛等多边经济交往活动，打造了"广州之夜"品牌，但是我们也应看到，还没有市内民营企业参与到 G20、APEC、金砖国家峰会等政府双边及多边经济合

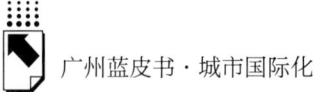

作中，友城对外交流的平台和载体作用还没有得到充分的发挥，服务民营企业"走出去"品牌活动较少。

（四）缺乏深入的思考和研究

在瞬息万变的市场环境下，对全市民营企业发展、产业优势等信息了解不够全面，对民营企业"走出去"的投资重点区域分布、产业布局、遇到的诸多问题和障碍以及国家在相关方面的扶持政策等缺乏关注和研究，对民营企业"走出去"的方向、路径以及如何更好地提供服务和支持等缺乏全面的思考和理性的分析。

（五）外事服务便利化仍显不足

抽样调查显示，大部分民营企业对 APEC 卡在出入境方面的便利作用给予充分肯定，但反映 APEC 卡存在覆盖面小、部分国家的签证通道仍不够畅通等问题，办理过程也存在程序复杂、周期过长、签证时效短等现象（见图 5、图 6）。

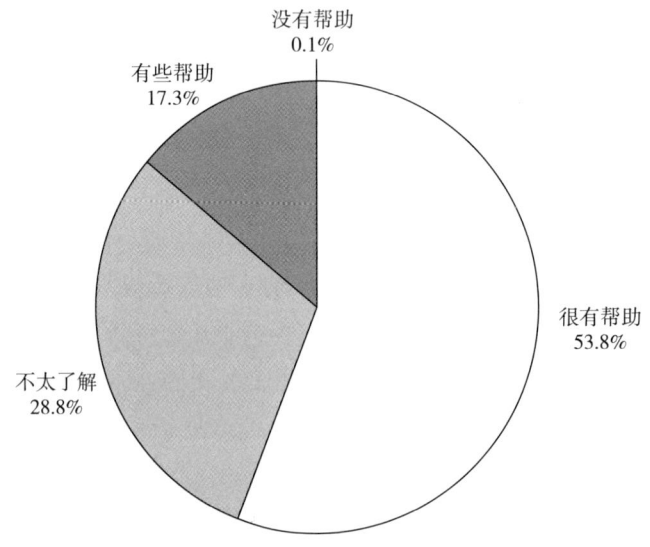

图 5　APEC 卡使用情况统计

资料来源：课题组问卷调查。

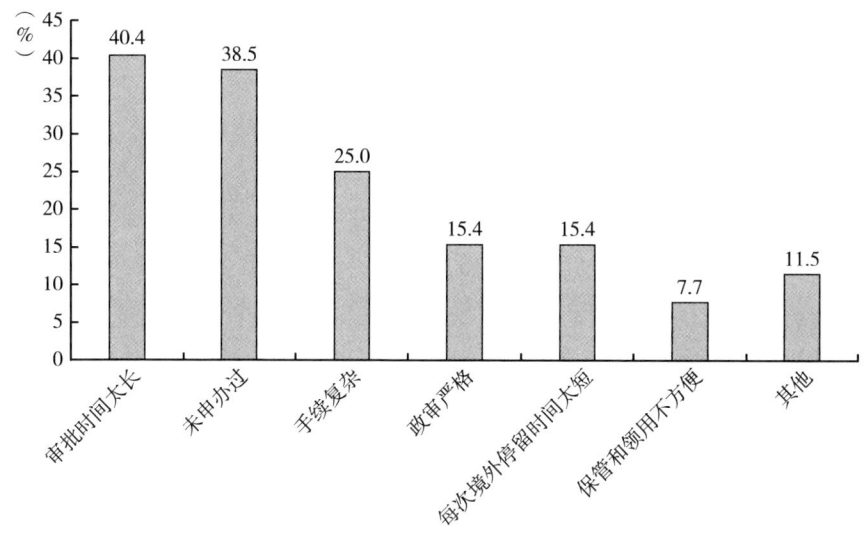

图6 APEC 卡申办问题统计

资料来源：课题组问卷调查。

（六）外事部门还需在信息获取渠道、涉外人员培训方面给予民营企业更多关注

抽样调查显示，能够掌握境外政策或法律法规的民营企业仅占56%。对海外环境缺乏深入的考察和对境外市场缺乏足够的调研力，导致多数民营企业缺少对信息的搜集途径，例如，东道国法律法规、文化习俗、经济发展、市场运作模式等，外交部编印的《经济外交信息》《外交信息通报》发放范围不包含民营企业，还有待探讨如何有效服务民营企业。此外，对企业海外领保、安全风险防范等方面的培训也有待进一步加强。

四 服务民营企业"走出去"的对策与建议

为充分发挥外交外事资源优势和作用，应进一步对促进民营企业"走出去"工作进行整体的规划和全面的指导，整合资源，优势互补，形

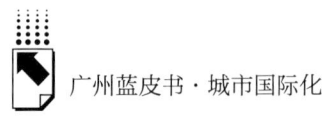

成合力，统筹规划，为更多民营企业能够积极稳妥地"走出去"起到促进作用。

（一）建立和完善"走出去"服务机制

进一步完善外事、商务、工商联、贸促会等多部门跨平台协调机制，并加强与外交部、省外事部门的工作联系机制，积极协调各方资源，形成合力共同解决困难和问题，推动工作继续开展和落实。为更好地对企业"走出去"提供指导、服务和保障，建立广州市首批 100 家企业"走出去"外事联络员机制，完善信息共享。对国内外各种信息资源进行全面的整合和合理的利用，实现资源在各部门间的无障碍共享，搭建"走出去"企业数据库、项目信息库和服务平台体系。建立健全"走出去"境外风险防控和保障机制，对高风险国家和地区的投资加强指导和鉴定，做好及时对企业警示和通报的准备。

（二）争取上级部门加大对"走出去"企业的政策支持力度

积极向外交部、省委外办反映情况，争取上级部门在充分调研的基础上，探索研究制定出台外交外事资源服务民营企业"走出去"具体措施和专项行动计划。特殊政策向政府相关部门牵头组织民营企业代表团出境考察、对接项目方面倾斜，重点放在赴共建"一带一路"国家和地区以及非洲、南美、东南亚等地的"走出去"民营企业，参照执行国有企业相应政策支持和优惠待遇。建议加大与外国商签针对持因私护照人员的互免签证或简化签证手续协议力度，更加方便企业"走出去"。

（三）提升对"走出去"企业的服务水平

加强对民企海外安全风险自我防范工作的指导和服务，妥善处置民营企业涉外突发事件，为企业走出去"保驾护航"。加强与外国驻华使领馆特别是 65 家外国驻穗总领事馆的联系与沟通，为广州民营企业人员出国开展业务提供签证便利。充分利用双边领事磋商机制及 APEC 商务旅行卡等方式，对民企人员出国签证渠道进行疏通。进一步加大 APEC 卡宣传，为更多符合条件的民企管理人员办卡、用卡提供更优质服务。

（四）加强对"走出去"企业的培训

为多渠道、多方位助力民营企业引进、推荐、培养国际化人才，开放对民营企业在政府与境外机构的培训名额，把民营企业人员纳入到境外培训计划中。定期组织活动对"走出去"企业海外安全风险防范与应对进行宣传教育，举办"走出去"企业专业培训班，举行海外投资政策宣讲会等，引导和帮助"走出去"民营企业熟悉当地法律法规、投资政策及贸易规则。

（五）注重发挥各类外事资源平台作用

牢牢把握"一带一路"倡议与粤港澳大湾区建设带来的双重机遇，多重利好因素助力提升民营企业在境外工业园区建设中的参与度与积极性，切实帮助、引导和鼓励中小企业抱团"走出去"，最大限度地发挥强强联手、集群发展的优势作用。充分用好友城、驻外使领馆、境外办事处、商会等外交外事资源，用好广交会、海丝博览会、全球市长论坛、《财富》全球科技论坛、国际金融论坛等对外交流合作平台，积极为民营企业牵线搭桥。主动借力国际高端平台，例如世界经济论坛、博鳌亚洲论坛、中国发展高层论坛、夏季达沃斯论坛等，举办"广州之夜"主题活动，组织民营企业家参加推介会、对接会、研讨会。继续办好"广州故事会"，对外宣传推介广州民营企业创新创业发展的良好营商环境。把握党政代表团出访或接待国外政商高层的时机，通过挑选在相关行业领域具有代表性的民营企业参加会见会谈的方式，来增进沟通交流，加深彼此理解。加快推进广州国际交流合作中心、国际交流合作基金会建设，为民营企业提供境外政策、法律、文化和投资环境等海外发展咨询、工作指导服务。

（六）加强调查研究

把外事服务民营企业"走出去"调研工作视作一项长期工作任务，抓

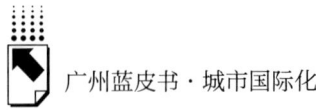

实抓好抓牢。通过调研全面深入了解民营企业"走出去"的总体情况,掌握民营企业重点投资国家及其在不同区域的不同需求;了解企业投资所在国在投资环境、投资政策等方面存在的制约障碍,及时反映和有效解决民营企业"走出去"遇到的问题;系统研究和重点推介投资环境与优越条件,与中国产业结合度、关联度较高的国家和地区,为外事服务民营企业"走出去"工作制定科学的发展规划,为民营经济高质量发展创造更加有利的条件。

参考文献

国务院:《关于营造更好发展环境支持民营企业改革发展的意见》,2019 年 12 月 4 日。

徐继峰、冯立果、丁阳:《中国民营企业参与"一带一路"建设情况、面临问题及政策建议》,《民银智库研究》2019 年第 8 期。

练文俊、尹莉莉:《论"一带一路"战略下广东民营企业"走出去"对策》,《价值工程》2018 年第 15 期。

《中国科技产业》编辑部:《产学研深度融合襄盛举 民营经济高质量再发展》,《中国科技产业》2018 年第 12 期。

蒋晶:《"一带一路"背景下广东民营企业"走出去"战略分析》,《价值工程》2017 年第 32 期。

交往与借鉴篇

International Exchanges and Experience

B.11

广州发挥国际组织作用推进城市国际交往研究

鲍 雨*

摘　要： 随着全球化深入发展，世界范围内的城市正在国际组织舞台
上扮演着日益活跃的角色，参与国际组织的水平也成为衡量
一个城市对外交往能力与国际影响力的重要标准。国际组织
为城市间开展对外交流合作、共享城市治理经验等提供了有
效平台，能够对城市的经济社会发展带来重大影响，越来越
多的中国城市也开始走上国际组织的多边交往平台，充分发
挥自身特色优势，积极拓展对外交往渠道。广州拥有悠久的
对外交往历史和丰富的国际组织参与经验，下一步应及时把
握城市参与国际组织的新形势、新机遇，采取更加精准和可

* 鲍雨，广州市社会科学院国际问题研究所助理研究员，研究方向为公共外交。

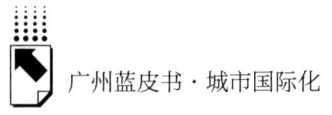
操作的措施提升国际组织的工作能力、参与能力、传播能力、专业能力和吸引能力，充分发挥国际组织在推进城市国际交往中的重要作用。

关键词： 国际组织　中国特色大国外交　广州　城市国际交往

国际组织是由两个以上国家或其政府、人民、民间团体基于特定目的，以一定协议形式而建立的各种机构，是国际关系发展到一定阶段的产物，已经成为现代国际生活的重要组成部分。传统意义上的国际组织可以分成有主权国家参加的政府间国际组织和民间团体成立的非政府国际组织，也可分为全球性和地区性的国际组织等。根据国际协会联盟（UIA）的分类标准，国际组织还包括定期召开跨国会议、没有常设秘书处的论坛性国际组织（如 20 国集团）、协定性国际组织的辅助机构和内部机构（如联合国开发计划署）和国际多边条约执行机构（如国际海洋法法庭）等不具备独立法人地位的组织。

随着全球化不断推进，城市和地方政府作为一种基本的次国家行为体，也逐渐注意到参与国际组织对城市发展的重要作用，开始与国际组织构建一种积极的新互动关系。城市参与国际组织的方式和渠道主要表现为加入国际组织，参与国际组织活动与事务，与国际组织合作举办会议、论坛、展览等国际性活动，吸引国际组织总部或代表处落户，发起成立国际组织等。关注城市参与国际组织的新动向、新机遇，为广州进一步参与国际组织提出对策建议，有助于构建广州城市国际交往的新抓手，深入把握城市国际化的新趋势，以中国城市案例丰富拓展国际治理的新实践。

一　城市发挥国际组织作用推进城市
国际交往的重要意义

积极引入、参与和发起国际组织对于城市经济社会发展、人文友好交流、提升城市形象和国际化水平、增强国际话语权等均具有重要意义，参与国际组织的水平也逐渐成为评价一个城市国际交往能力的必要因素。

（一）为推进国际交流活动铺设外部网络

当城市发展到一定程度时，必然要寻求外向功能与空间的拓展。纵观当前聚集国际组织机构数量名列前位的城市，如布鲁塞尔、巴黎、伦敦、华盛顿、日内瓦、纽约等，这些城市未必拥有最强的政治经济文化综合实力或最高的现代化水平，但都集聚了大量国际交流活动和其他国际性资源要素，包括强大的国际人员流动、完善的国际化服务环境与频繁的国际交流活动等，而国际组织正为此打造了城市的外部网络。如巴黎每年举办的大型国际会议在300场左右，稳居世界首位；布鲁塞尔也是平均一两天就有一场国际会议，外事交流活动更加密集。对于一般性城市而言，参与国际组织能为城市带来更多包含活动、人员等在内的国际资源流动，为城市搭建与地区乃至全球城市往来沟通的桥梁与网络，让城市以此为平台获得与外部世界的更多连接，在更高层次上发挥开放连通的交往功能。伴随着"全球地方化、地方国际化"的变化趋势和国际组织发展的日臻成熟，越来越多的城市有机会利用国际组织搭建的多边平台促进广泛合作，为自身走向世界舞台搭桥联网。

（二）为建设国际化大都市提供有力支撑

从全球范围来看，城市的发展已经迈入了一个全新阶段。城市的吸引力、辐射力和城市体系的空间尺度都已由国家范围、地区范围延展到世界范围，一批具有全球影响力和重要国际化功能的全球城市正在迅速崛起。许多学者都注意到国际组织机构与城市国际地位紧密关联，也将国际组织列为全球城市的重要评价指标：如弗里德曼（1986）将"国际性机构的集中度"纳入世界城市的7项评价标准之一，其中最主要的就是拥有国际组织总部的数量；霍尔（1996）将是否为"重要的政府间和非政府间国际组织所在地"作为评判世界城市的基础性指标；以泰勒（2000）为代表的全球化及世界城市网络研究组（GaWC）学者指出，世界城市应该是最重要的国际政府组织和非政府组织聚集地；等等。拥有一个或几个全球城市对于整个国家的全球竞争力来说至关重要，而拥有国际组织的数量和参与国际事务的水平是作为国际大都市必不可少的评判指标，而这正是我国城市的普遍短板。吸引和加入国际组织不仅能够提升城市主导国际事务的能力，更能通过吸引外资流入、引进国际项目与人才、拉动当地就业等创造可观的经济效益，从而实现国际组织与城市之间的"双赢"。

（三）为中国特色大国外交贡献鲜明案例

党的十八大以来，我国全方位外交布局深入展开。中国特色大国外交全面推进，形成全方位、多层次、立体化的外交布局，为我国发展营造了良好的外部环境。党的十九大报告明确提出，新时代中国特色大国外交的主要目标是要推动构建新型国际关系，推动构建人类命运共同体。作为实践中国特色大国外交的有机主体，城市有责任和义务为改善国家外部发展环境提供具体推力，更应从世情、国情、市情出发，走出符合实际、独具特色的城市国际交往道路，为丰富中国特色大国外交的内容与内涵提供基本支撑。城市是国家形象在国际社会上的直观呈现，积极参与国际组织有利于城市在立足自身特色优势开展国际交往的同时，通过展示中国各地的多元魅力和发展成果，在国际组织的多边交往平台上多渠道、多角度对外阐释中国理念，发出中国倡议，传递中国经验，展示中国成就。这不仅能为新时代中国特色大国外交提供生动鲜活的城市案例，还能向世界彰显当代中国城市的精神风貌，进而为提高我国软实力、增强我国国际影响力奠定扎实根基。

（四）为引领全球治理创新提出城市方案

随着世界多极化、经济全球化、社会信息化、文化多样化深入发展，各国相互联系和依存日益加深，推动全球治理体系改革成为必由之路。现行全球治理体系中存在的问题不仅是各个国家面临的燃眉之急，也要求跨越国家框架的各层次的行为主体携手应对。作为最为重要的次国家行为体之一，城市和地方政府可以在一些国家难以触及的领域发挥作用，依靠地方自治体的非对立关系与灵活的非对抗性手段解决问题，例如共同建立城市联盟，签署合作宣言，设置驻外联络代表处，或直接向对方政府表明针对某议题的态度等，而国际组织为城市话语的自我表达提供了不可替代的超国界平台。当前，国际组织涉及的议题已经涉及环境与气候变化、经贸合作、人文交流、减贫就业、社会平等多维度治理问题，这些问题无不需要各国政府和公众广泛关注、共同参与，摆脱"孤岛"心态。在落实联合国 2030 年可持续发展议程的过程中，国际组织能够通过推动城市参与重塑全球治理体系中的关系格局、经验制度和精神内涵，为推动构建人类命运共同体、推动构建新型国际关系做出城市贡献，最终促进世界各国城市和人民普惠共赢、长远发展。

二 国内重点城市发挥国际组织作用
推进国际交往的经验借鉴

自 20 世纪 80 年代以来，中国城市逐渐开始寻求机会参与和融入各类国际组织。以北京、上海为代表的先进城市大力吸引各类国际组织，杭州、成都、扬州等城市也结合各自优势，走出了具有不同特征且辨识度高的国际组织交往道路，为国内其他城市提供了重要参考价值。

（一）北京：集聚国际组织总部凸显首都优势

传统的国际组织尤其是政府间国际组织大多将政治考量视为总部落户的首位因素，北京作为我国首都在这一方面具有得天独厚的优势。根据不完全统计，总部落户北京的政府间国际组织包括国际竹藤组织、亚太空间合作组织、亚太农业工程与机械中心、上海合作组织、国际马铃薯中心亚太中心、世界旅游城市联合会、国际海事卫星组织、亚投行等，以及联合国开发计划署驻华代表处、联合国世界粮食计划署中国办公室、世界知识产权组织中国办事处等 20 多家国际组织的分支机构，数量居全国首位。其中，国际竹藤组织是第一个把总部设在中国的独立性、非营利性政府间国际组织，亚太农业工程与机械中心是第一个将总部设在中国的联合国官方机构。这种选址不仅是出于对政策法律等环境的考虑，也是对北京的综合实力、人文资源以及其他基本设施条件等的充分认可。由于国际组织交往起步早、范围广，北京制定了较为成熟的国际组织管理政策，形成了以重点高校为依托的国际性复合型人才储备。北京市民间组织交流协会自 2010 年开始连续举办三届在京国际组织联谊系列活动，吸引逾百家国际组织参与，为在京国际组织和国际友好人士搭建起交流联系的桥梁。此外，由北京市牵头、国内外知名旅游城市共同发起的世界旅游城市联合会于 2012 年 9 月 15 日正式成立，成为首个总部落户中国的国际性旅游组织，也是全球首个以城市为主体的国际性旅游组织。旅游城市联合会已成功举办 8 届"香山旅游峰会"这一品牌性活动，并从 2018 年起评选"香山奖"，推广先进旅游城市经验，有效增进会员之间的资源交流和共享。

（二）上海：高端行业国际组织走在全国前列

上海参与国际组织起步较早，在 2004 年世界城市和地方政府联合组织（以下简称"城地组织"）创始时就成为会员，还加入了世界大都市协会、亚太地区城市间组织、亚太城市首脑会议、亚太城市观光振兴机构等若干全球性和区域性国际组织。上海尤其重视利用自身优势，引入高端行业性国际组织机构。2015 年 7 月，金砖国家新开发银行在上海成立，成为落户上海的首家政府间国际组织总部。2017 年 1 月，全球中央对手方协会（CCP12）成为首个将总部设在上海的金融类国际行业协会，上海对于金融类组织机构的突出吸引力得到彰显。2017 年 11 月，联合国教科文组织决议在上海设立联合国教科文组织教师教育中心，成为落户上海的首家联合国二类机构。此外，国际戏剧协会（ITI）、国际游乐园及景点协会（IAAPA）等行业性国际组织也先后在沪设立总部或代表处，大大提升上海在相关领域的国际影响力。近年来，上海通过与国际组织合作举办大型国际性会议活动，积极搭建城市跨国协作平台，推动国际组织与其他组织、城市政府和商业机构等多种主体进行交流合作。例如 2010 年与联合国开发计划署、联合国经济社会事务部等共同发起"全球城市信息化论坛",已成功举办十次全体大会,为全球城市在信息化领域合作、促进创新发展提供重要平台。自 2011 年开始承办由联合国工业发展组织主办的"全球 CEO 发展大会",为发展中国家、发达国家和联合国机构共同参与探讨经济技术合作提供对话渠道。上海在世博会高峰论坛上倡议发起"世界城市日",于 2013 年 12 月通过联合国决议,成为第一个由中国政府申请,在联合国推动设立的国际日。上海作为"世界城市日"发源地和承办地城市,通过每年举办相关活动引领各国城市关注全球城市发展问题、分享城市发展经验,成功打造推动全球城市治理的高端平台。

(三)杭州:城市软环境对国际组织构成强吸引力

杭州拥有着深厚的历史文化资源和良好的自然人文环境,对国际组织构成了强大吸引力。1999 年,联合国国际小水电中心(ICSHP)落户杭州,这是总部设在中国的第一家国际组织。2011 年 7 月,联合国教科文组织与杭州签订了成立世界遗产保护中国研究中心的合作备忘录。2013 年 5 月,联合国教科文组织"国际文化大会"在中国杭州举行,成为探讨文化与可持续发展关系的首届全球论坛。2014 年 5 月,联合国教科文组织项目事务处在杭州揭牌成立,成为教科文组织在中国范围内的第一个办事处,并成为该组织在中国开展宣传和交流申遗工作的重要驻点。杭州还是全球首批、中国首个加入联合国全球学习型城市网络的城市。2016 年 11 月,杭州市政府与中国联合国教科文组织全国委员会、联合国教科文组织终身学习研究所联合主办"联合国教科文组织全球学习型城市网络第一届成员大会",会上发布《杭州宣言》,推动全球范围内的学习型城市建设。2017 年 9 月,在爱尔兰举办的第三届"国际学习型城市大会"上,杭州获得"联合国教科文组织学习型城市奖章",成为全球第二批、继北京之后第二个获奖的中国城市。基于优秀的发展质量和城市吸引力,国际标准化组织城市可持续发展标准化技术委员会于 2016 年正式宣布杭州为全球首个城市可持续发展国际标准的试点城市,为全球城市可持续发展提供"杭州样本"。此外,2017 年,

"一带一路"地方合作委员会（BRLC）秘书处、丝路国际联盟（SRIA）总部先后落户杭州，推动杭州在"一带一路"建设中发挥先导作用。杭州的活跃表现正在使其获得越来越多的国际组织青睐，为杭州自身发展注入新动力，也以参与国际组织的"杭州经验"惠及更多城市。

（四）成都：以国际组织带动西部交往中心建设

"十二五"以来，成都高度重视城市国际化建设，以此为抓手带动经济社会发展。成都制定出台了《成都市国际化城市建设2025规划》等政策文件，明确提出"建设西部国际交往中心"的目标，强调"加强与国际组织和外国地方政府的交流合作，邀请更多国家元首、政府首脑、国际组织要员、国际名人来蓉考察访问"等任务。预计到2025年，成都要引进或创办3~5个有重要影响力的国际性组织常设机构，建设国际友好往来城市。以规划为引领，成都加快参与国际组织步伐，加大吸引国际组织力度，取得了明显成效。2013年9月3日，成都正式成为世界城市和区域电子政府协议组织（WeGO）亚洲地区办事处。WeGO于2010年9月由韩国首尔市政府发起，是世界电子政务领域最重要的国际组织，也是成都《国际化城市建设行动纲要》颁布后引进的第一个重要的地方政府间国际组织办事机构。2019年12月27日，亚洲体育舞蹈联合会落户成都，这是亚洲唯一的体育舞蹈项目管理机构，也是落户成都的首个国际组织总部，助推成都打造"世界赛事名城"。自2017年以来，成都市政府还和联合国人居署、中国城市和小城镇改革发展中心联合主办两届国际城市可持续发展高层论坛，并成为首批5个国际可持续发展试点城市之一，签署《国际可持续发展试点城市导则》《城市可持续发展框架》等文件及联合国人居署成都项目办公室合作备忘录，凸显成都在可持续发展方面与国际组织合作的强大决心。

（五）扬州："以河为媒"主动创立世界运河组织

与其他城市相比，扬州的城市综合实力相对弱，但拥有大运河这一历史悠久、特色鲜明的城市名片，因而将运河打造成为开展一系列国际组织交往实践的重要抓手。2006 年，大运河被列入第六批全国重点文物保护单位和世界文化遗产预备名单，扬州成功争取大运河联合申报世界文化遗产办公室落户，奠定自身在大运河文化遗产保护中的牵头地位。2014 年 6 月，大运河在第 38 届世界遗产大会上申遗成功，引起全世界范围的广泛关注。自 2007 年起，扬州市政府与中国太平洋经济合作全国委员会合作举办世界运河城市论坛暨世界运河大会系列活动，吸引国内外运河城市专家代表在扬州相聚研讨，成为扬州重要的公共外交品牌，也使"运河文化"成为扬州的金字名片。在 2009 年第三届运博会上，世界运河历史文化城市合作组织（以下简称"世界运河组织"，WCCO）正式成立，成为中国首个由地方政府倡导的国际组织。2012 年，扬州凭借多年成功举办运博会的经验，获得了 2012 年第 25 届世界运河大会的承办权，这也是世界运河大会首次在亚洲举办。2016 年 8 月，世界运河历史文化城市合作组织秘书处正式在扬州揭牌，标志着这一由扬州牵头设立的国际性组织在专业化、国际化运作方面更加规范。自世界运河组织成立以来，扬州以"河"为媒不断扩展国际交往朋友圈，迄今已与内河航道组织（IWI）等 10 多个国际组织进行交流合作，为推动扬州城市国际化注入重要动力。扬州还成立了大运河遗产保护办公室、扬州大学中国大运河研究院等机构开展运河相关研究，推出大运河文化旅游博览会、世界运河城市文化旅游合作大会、中国大运河文化品牌传播国际论坛等品牌活动，力争将扬州打造成为世界运河文化之都。

三 广州发挥国际组织作用推进城市 国际交往的优势分析

与国内其他城市相比，广州城市对外交往历史悠久、特色鲜明、成绩显著，为发挥国际组织作用推进国际交往打下了良好的基础。进入新时代，城市对外交往在中国特色大国外交中的地位上升，"一带一路"和粤港澳大湾区建设等国家重大战略也赋予广州参与国际组织新的优势和时代机遇。

（一）参与国际组织类型多、覆盖议题广

广州参与的国际组织类型多样，涉及领域广泛，既包括城地组织、世界大都会协会这样的综合性城市国际组织，也积极与聚焦某一特定议题或行业领域的国际组织及跨国机构建立联系，如探讨地方可持续发展的宜可城、聚焦气候议题的C40城市气候领导联盟、旅游议题的亚太城市旅游振兴机构和世界旅游城市联合会、文化议题的世界城市文化论坛，以及照明行业的国际灯光城市协会等，无不是所属领域具有顶级权威的国际组织机构（见表1）。广州还充分结合自身优势资源与加入的国际组织合作创设各类活动，如与国际灯光城市协会联合主办的广州国际灯光节，已成功打造成为与法国里昂灯光节、澳大利亚悉尼灯光节相并列的世界三大灯光节之一，活动影响力在世界范围内持续扩大。

表1 广州参与的主要城市国际组织情况

组织名称	现总部所在地	会员资格	成立时间	广州参与情况
世界大都市协会（METROPOLIS）	西班牙巴塞罗那	人口超过100万的全球大型城市	1985年	1993年9月正式加入，1996年被推选为董事会成员城市，2014年起连任两届联合主席城市并成功争取亚太地区秘书处落户
世界城市和地方政府联合组织（UCLG）	西班牙巴塞罗那	全球城市和各级地方政府	2004年	2007~2019年连任四届联合主席城市；与UCLG、METROPOLIS联合创办广州国际城市创新奖
宜可城-地方可持续发展协会（ICLEI）	德国波恩	全球城市和各级地方政府	1990年	会员城市
C40城市气候领导联盟	英国伦敦	94个全球最大城市	2005年	2018年9月以"大城市会员"身份加入
亚太城市旅游振兴机构（TPO）	韩国釜山	城市政府、非营利及非政府团体和企业	2002年	2004年成为创始会员，2009年9月以来连任四届会长城市

组织名称	现总部所在地	会员资格	成立时间	广州参与情况
世界旅游城市联合会（WTCF）	中国北京	世界著名旅游城市及旅游相关机构	2012 年	2012 年成为首批会员，2016 年当选为 WTCF 第二届理事会成员单位
国际灯光城市协会（LUCI）	法国里昂	城市会员和联合会员（协会、公司、高校及照明行业人士等）	2002 年	从 2011 年起举办广州国际灯光节；2013 年 11 月 13～16 日举办 LUCI 年会
世界城市文化论坛（WCCF）	英国伦敦	世界主要城市	2012 年	2019 年 10 月加入

此外，广州还拥有多个国际性行业协会或学会，包括国际矿床成因协会（IAGOD）、国际植物园协会（IABG）、亚洲冷冻治疗学会（ASC）、亚洲化感作用学会（AAS）等。通过这些协会建立的国际专业研究网络，广州有机会与各细分行业的国内外专家学者建立广泛联系，举办跨国研讨活动，合作研究科学议题，扩大城市学术国际影响力。

（二）城市国际组织多边交往领跑全国

比起国家政府间的国际组织，广州最大的特点和优势是在参与世界主要的城市间国际组织实践上走在全国前列。广州于 1993 年加入世界大都会协会，成为我国最早加入该组织的城市，并于 1996 年被推选为董事会成员城市。2014 年，广州当选为世界大都市协会首任联合主席城市，随后连任两届。2007～2019 年，广州还连任四届城地组织联合主席城市，这是世界最大的地方政府国际组织，成员总数超过 1000 个，被誉为"地方政府联合国"。广州还成为世界大都市协会亚太地区联络办公室（秘书处）所在地，负责统筹亚太城市之间的国际交往网络，以及协会关于社会治理、城市创新、妇女、青年和国际培训等项目的运营与推广。据预测，到 2025 年世界大都市协会将有 65% 的会员是亚洲城市。近年来广州除出席世界大都市协会世界大会、年会等常规性会议及各类工作会议，还积极参与或举办学术研讨、人员培训等多种形式的活动。自 2015 年以来，连续举办三期国际城市创新领导力研讨班，吸纳百余名城市创新领域知名人士、官员与规划师参与，旨在促进全球城市管理者在城市创新方面的学习分享和能力建设。较早的起步为广州参与国际组织注入了明显的先发优势，而在各类以城市和地方政府为主体的国际组织中的活跃角色和重要影响，也为广州开展城市多边外交提供了十分有利的平台，使广州成为我国城市参与国际组织的"排头兵"。

（三）设立广州奖引领全球城市治理创新

自 2011 年 6 月开始，广州与城地组织和世界大都市协会联合创设"广州国际城市创新奖"（以下简称"广州奖"），成为促进城市多边交往和改善全球城市治理的一项首创性突破。广州奖旨在秉承公开、公正、独立和非营利性的原则，由国际专家组成评审团并独立运作，每两年举办一次评选活动，表彰全球城市和地方政府在公共服务、组织管理、社会参与、智慧城市和可持续发展等领域的杰出实践（见表2），获得了国际城市创新领域"诺贝尔奖"的美誉。

表 2　历届广州奖获奖城市及项目

第一届（2012 年）				
城市	土耳其科咯艾里	加拿大温哥华	韩国首尔	马拉维利隆圭	奥地利维也纳
项目名称	地震监测和地震教育中心项目	理想温哥华：打造全民的宜居可持续空间	健康首尔：儿童和青少年网瘾预防项目	城市导师计划	融入新移民项目
第二届（2014 年）				
城市	哥伦比亚安蒂奥基亚	新西兰基督城	英国布里斯托尔	中国杭州	塞内加尔达喀尔
项目名称	教育园区	过渡性城市规划：我们永远前进的城市	智慧城市	公共自行车系统	达喀尔市财政计划
第三届（2016 年）				
城市	韩国松坡	埃及卡柳比亚	玻利维亚拉巴斯	丹麦哥本哈根	
项目名称	太阳能共享发电厂	基于社区的综合固体废物管理项目	斑马：市民文化项目	气候适应性社区	

续表

第四届（2018 年）				
城市	美国纽约	土耳其梅茨特里	墨西哥瓜达拉哈拉	意大利米兰	中国武汉
项目名称	全球愿景，城市行动	女性生产者市场	市民主导型大都市协调机制	米兰粮食政策：促进城市粮食体系可持续性与包容性的创新架构	城市废弃垃圾场的"重生"——生态修复弥合社会鸿沟

自 2012 年首届广州奖举办以来，每届参评城市均覆盖超过 50 个国家和地区，迄今已经积累了创新城市管理、推动可持续发展的 1000 多个优秀案例，为全球城市发展带来重要借鉴。为鼓励全球范围内更多民众关注城市创新这一议题，2014 年第二届广州奖增设"网络人气城市""媒体关注城市"和"公众推荐城市" 3 个奖项，成功提升广州奖的知名度和参与度。第三届广州奖创新推出"一奖一会一节"模式，同期举办广州国际城市创新大会与广州国际创新节，打造国内外创新领军人物智慧交流盛会。2018 年第四届广州奖共有来自 66 个国家 193 个城市的 273 个项目参与角逐，参评国家和城市数量均创历史新高，且同步举行全球市长论坛，成为地方治理层面首个由中国主导的全球性高端论坛。广州奖的设立是广州在国际组织参与中最有成效的一项创新实践，是广州巩固提升组织内地位、拓展对外合作网络、增强城市层级国际话语权的有力抓手，为推动国际城市治理创新贡献了重要力量。

（四）城市参与国际组织面临时代新机遇

随着全球化向纵深发展，国家和国家之间、地区和地区之间、城市和城市之间的相互影响、相互依赖不断增强。作为中国特色大国外交的有机构成，以城市为代表的地方外事工作成为我国发展对外合作的重要组成部分，也将以更加多维的角度、更加多元的途径、更加灵活的方式构建与国际组织的合作关系，在为地方经济社会发展整合国际资源的同时，推动全球治理体系不断发展完善，推动构建新型国际关系、构建人类命运共同体。作为落实可持续发展议程的重要力量，中国提出的"一带一路"重大倡议与以联合国为代表的各类国际组织提出的发展目标不谋而合，成为各国际组织与中国合作的时代切入点。随着《粤港澳大湾区发展规划纲要》正式出台，国际组织的连通性和辐射性也将在促进湾区迈向国际一流湾区和世界级城市群中发挥重要作用。广州作为"一带一路"重要枢纽城市、粤港澳大湾区中心城市和综合性门户城市，通过发挥国际组织的外部网络作用，能够与国内外其他城市以共同参与、举办活动和缔结合作关系等为切入口，在提高自身国际交往能力的同时，激活不同城市间理念创新、资本流动、人才培养、区域治理等方面的联动效应。

四　广州发挥国际组织作用推进城市国际交往的对策建议

发挥国际组织作用是广州提升国际交往能力、促进城市国际化发展的必然要求和应有之义，下一步应着眼顶层设计、链接网络、话语建构、外事人才、涉外环境等几大方面，采取更加精准和可操作性的措施，努力提升国际组织参与水平。

（一）加强顶层设计，提升统筹国际组织工作能力

广州应学习借鉴国内外先进城市经验，建立高效规范的国际组织管理服务统筹协调机制。坚持"大外事"理念，整合全市对外交往资源，构建由市委外事工作领导小组牵头，各涉外部门和组织机构共同参与的国际组织工作机制，定期召开联席会议，跟踪督导实施效果。将强化国际组织参与纳入全市国际交往相关发展规划，出台相应政策对表现突出的机构与个人进行奖励。完善参与国际组织和吸引国际组织入驻等方面的法律法规和组织框架，规范各类主体与国际组织的合法良性互动。盘活现有在穗国际组织机构资源，举办团拜、联谊、考察调研等活动，搭建国际组织间沟通往来的多元化平台。科学规划城市参与国际组织的双轨制，整合、激发民间公共外交资源与活力，凸显民间团体和个人在国际交往中的立体形象和责任担当。依托广

州市人民对外友好协会、市海外交流协会等平台作用，利用民间友好团体、企业、高校与学术机构等多元力量，引导社会各界形成参与国际组织合力。打造广州国际交流合作基金会，坚持专业化、社会化、市场化运作，培育推进广州国际交流合作的新生社会力量。

（二）夯实链接网络，提升各类国际组织参与能力

广州应进一步发挥好自身在城地组织、世界大都市协会等主要城市国际组织中的引领能力，与 C40 城市气候领导联盟、宜可城、国际灯光城市协会、城市与区域规划师协会等知名国际组织深化合作，借助跨国平台扩大城市国际联系度。强化与联合国人居署、联合国教科文组织、国际劳工组织、世界卫生组织等的联系，与人居署合作开展全球试点城市规划设计实践，以广州智慧惠及世界。以运作世界大都市协会亚太区办公室为契机，提高对亚太城市国际交往网络的统筹功能，激发亚太地区尤其是国内其他会员城市参与国际组织的积极性，共同提升国际话语权。鼓励全市各行业协会、文化组织、学术机构等主体发挥各自资源优势，借助国际高校联盟、图书馆联盟、博物馆联盟、体育联盟等联盟加强行业合作，为城市国际交往注入多元动力。努力完善城市国际化人文氛围与基础设施条件，优化城市多语言环境，加大公共服务投入力度，以宜居宜业为目标增强广州对国际组织的吸引力。在时机成熟、软硬件条件完备的情况下，争取引入国际组织总部以及更多行业性、专业性国际机构落户广州，不断提升城市的外向型程度。

（三）擦亮会议品牌，强化重要国际活动谋划能力

广州应争取在世界城市论坛等政府间国际组织搭建的高层次交流平台上策划组织以中国城市为主题的论坛活动，介绍中国城市的发展模式和经验，为全球城市发展提供有益借鉴。办好 2020 年世界大都市协会第 13 届世界大会，吸引更多城市来穗参会，打造世界城市决策者盛会。对标打造国际知名会议目的地的战略目标，持续扩大广州国际城市创新奖品牌影响力，结合国

家重大战略积极谋划主题会议，实现宣传效应和影响范围倍增。以"广州奖＋"为引领，重点聚焦妇女权益、青年发展、智库建设等方向举办小型配套活动，促进国际组织与民间组织及公众联动，加强活动专业深度与影响目标精准度。把广州奖国际城市创新数据库与世界大都市协会城市可持续性交流平台（urban sustainability exchange）加强对接，主动上传广州革新发展案例，收集借鉴其他城市创新经验，打造地方政府落实可持续发展目标的实验室、知识库。借助定期举办国际城市创新领导力研讨班的契机，探索建立国际城市创新观察员制度，邀请国内外更多在城市治理领域有影响力的政府官员、专家学者参与当中，为各项议题提供多元视角与专业意见。继续深化在其他已有国际组织中的参与协作，根据不同国际组织性质特点研究差异化交往策略，提升会、展、奖、节和培训研修等活动参与效果，推动国际组织会员城市全方位交流合作。

（四）重视话语建构，增强城市国际形象传播能力

广州应紧密围绕联合国可持续发展目标与《新城市议程》，熟悉与掌握国际法规及国际组织规则，以维护自身利益为核心，采取积极的话语策略，不断增强在世界舞台上的话语分量。更加注重对城市群协同发展、城市改造、环境保护、智慧治理等城市发展关键性议题的关注与把握，探讨可持续发展目标与各国城市发展的交汇点，构建互利共赢的城市合作伙伴关系。高站位把握国家外宣格局，借助元首外交活动、国际重大会议及广州主场会议活动等资源，开展全球综合性路演推介，提升广州故事和城市形象国际显示度、美誉度。巩固与国内外主流媒体、海外华文媒体和新媒体等合作，加强与世界各国政要、国际组织成员、海外智库和研究机构及国际友好人士等的联系，从立体化多角度讲述好广州故事。加强编发世界大都市协会中文版会刊、培训资料、会议汇编和电子通讯等宣传物，以多语种形式定期发布《广州全球城市发展报告》、广州城市治理评价榜等成果，尝试开展城市国际化评价标准体系、国际交往中心形象指数等研究，为全球城市创新知识增长与实践更新提供有益借鉴。

（五）培养专门人才，提升参与国际组织专业能力

健全全市外事干部培养机制，通过教育培训、挂职锻炼、短期交流等方式，推荐涉外领导干部、业务骨干、翻译人才、涉外人员等赴国际组织机构学习及工作，提升国际视野、专业能力和综合素质。对于具有国际组织锻炼经历的人才，以授课、交流等形式向全市各领域各部门专业人员传授所学所得，实现先进经验价值最大化。借力中央部委和其他城市优秀国际人才资源，建立涉外人才共享机制和资源库，加强涉外人才对外交往，为人才队伍注入更多活力。鼓励外事部门加强与国际组织、领馆、高校、智库、企业等主体合作，举办各种形式的学习班、研修班等，联合培养高水平国际交往人才。从知识传授、素质培养、视野提升、理想教育等方面出发，在多语种培训、对外交往技能、国际事务管理、实际情境实践等方面设计系统的人才培养方案，全方位推进国际组织人才培养工作。依托在穗重点高校的外语学科或国际关系学科等资源，开设国际治理类专业、复合型人才班或学院，通过举办国际组织夏令营、组织国际问题征文研讨会、选派学生赴国际组织参加志愿服务或实习等渠道，打通国际组织人才培养和就业路径。设立海外人才工作站，通过定期开展人才交流活动、座谈会等形式向高端国际人才介绍广州发展情况，形成人才流动来穗的良性机制。建立广州国际交往工作专家咨询机制，对参与国际组织的思路对策提供专业意见，加强战略研判的科学性、前瞻性。

参考文献

杨洁篪：《在习近平外交思想指引下奋力推进中国特色大国外交》，《求是》2019 年第 17 期。

王毅：《以习近平外交思想为引领　不断开创中国特色大国外交新局面》，《求是》2019 年第 1 期。

陈志敏：《全球多层治理中地方政府与国际组织的相互关系研究》，《国际观察》

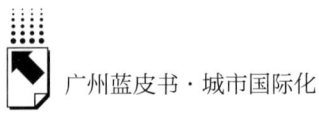

2008 年第 6 期。

赵可金：《中国城市外交的若干理论问题》，《国际展望》2016 年第 1 期。

薛晓芃：《网络、城市与东亚区域环境治理：以北九州清洁环境倡议为例》，《现代国际关系》2017 年第 6 期。

朱新光、苏萍：《上海国际化大都市公共外交发展报告》，上海三联书店，2016。

李小林主编《城市外交：理论与实践》，社会科学文献出版社，2016。

刘波等：《"一带一路"背景下的北京国际交往中心建设》，中国经济出版社，2017。

广州市社会科学院课题组：《全面开放新格局背景下广州建设国际交往中心研究》，《广州城市国际化发展报告（2019）》，社会科学文献出版社，2019。

M. Betsill and H. Bulkeley, *Cities and the Multilevel Governance of Global Climate Change*, Global Governance, 2006, 12 (2), 141 – 159.

S. Niederhafner, *Comparing functions of transnational city networks in Europe and Asia*, Asia Europe Journal, 2013, 11 (4), 377 – 396.

B.12
莫斯科的城市战略规划发展演变
及对我国超大城市发展的启示

汤　伟*

摘　要： 俄罗斯首都莫斯科建城以来的单中心的空间结构对国际化建设影响巨大。冷战结束后的莫斯科发展规划要求从莫斯科地区、莫斯科市和莫斯科市中心三个层次进行全面规划，建立统一的市政工程体系、交通体系、自然生态保护体系和历史文化保护体系，以维护莫斯科地区的整合。随着莫斯科经济和人口规模的进一步扩大，莫斯科空间结构、土地利用与产业功能不匹配的情况日益突出，2010年莫斯科市再一次通过规划以推动空间结构从单中心向多中心转化，以构建有利于人类生命活动的城市环境。多中心空间结构有微观、中观、宏观三层含义。为推进多中心建设，莫斯科付出艰辛努力，积极推动轨道交通建设，2011年又在西南部确立新莫斯科片区。总的来说，莫斯科城市建设在取得明显成效的同时也存在严重缺陷，主要包括：产业结构过度高端化，发展道路有着内在缺陷；多中心建设缺乏实质性进展；莫斯科市与郊区、莫斯科州的区域关系缺乏协调。对于中国超大城市如何发展具有若干重要启示。

关键词： 莫斯科　全球城市　战略规划　国际化　俄罗斯

---

* 汤伟，上海社会科学院国际问题研究所副研究员，博士，研究方向为全球化与世界城市、全球治理等。

城市国际化源于经济全球化，全球化的深入不仅使纽约、伦敦等城市成为发挥指挥和控制作用的全球城市，俄罗斯首都莫斯科也随着国家向市场经济转型完成和社会秩序的重建，全方位卷入全球经济，试图成为和纽约、伦敦、东京、香港等并肩的全球城市。莫斯科具备成为全球城市的物质基础，人口1320万，名义GDP 2700亿美元，占整个俄罗斯GDP的1/5，人均GDP 22000美元，人均月收入约2500美元，是东欧最大的政治经济文化金融和科学中心、俄罗斯的发展引擎。此外，莫斯科土地的40%是森林和植被，是全球最绿超大城市之一。各大全球城市排名榜单显示，莫斯科在GaWC世界城市分级中大约是Alpha + 级城市，其他类排名也是前20左右，大致处于全球城市第三阵列（第一阵列纽约、伦敦、东京，第二阵列香港、上海等）。莫斯科市由此拥有"第三罗马"的称呼。根据全球城市理论，城市功能和产业结构的高级化必然给城市治理带来诸多挑战，包括就业岗位高度竞争、交通条件的恶化，以及日益显现的财富分化和社会隔离。针对这些问题，俄罗斯联邦政府和莫斯科市政府着手疏解过度集中的功能、治理相应的城市病，效果不彰。这说明城市有其内在发展规律，和其历史传承、空间结构锁定以及本身集聚效应息息相关。与伦敦、纽约、巴黎等世界名城相比，莫斯科显然走了一条极为不寻常的发展道路。苏联时期有着预先设定、政府强力主导的鲜明特征，后又经历休克疗法计划迅速向市场急剧转换，更有成为国际金融中心的雄伟抱负，这都对莫斯科城市空间结构和功能提出了顶尖要求。莫斯科正从多维度入手，积极塑造高质量的城市环境，然而苏联时期的城市规划遗产、接近崩溃的交通以及日益显现的财富分化给莫斯科的发展战略制定和实施带来巨大影响。由此莫斯科经历了怎样的历史发展进程，又有哪些战略规划经验和深刻教训值得深入讨论，这也是给国内城市和相应而来的大都市圈发展在空间设计和政策引导提供借鉴的重要方式。

一 莫斯科历史发展过程

莫斯科地处俄罗斯平原中部、奥卡河和伏尔加河两河中间俄罗斯高地，西北接斯摩棱斯克—莫斯科高地（地势较为平坦，海拔 175～185 米），南接莫斯克沃列茨科—奥卡河平原（海拔 200～250 米的乔普雷斯坦高地，沟壑众多），东面是梅晓拉低地，有坚硬沙丘，海拔约 160 米。莫斯科最早建城于 1147 年，至今已有 800 多年历史。作为俄罗斯核心城市——莫斯科与国家一起经历了兴衰荣辱的历程。

（一）第一阶段：莫斯科城市形成

1147 年建城时，莫斯科只是莫斯科河和内戈里纳河交汇处的一个小镇。1156 年，克里姆林宫土制建筑已建在山丘上。1276 年，莫斯科第一任大公丹妮尔确立莫斯科为首府，1328 年正式成为公国首都。1394 年在克里姆林城堡外建造防御要塞古城墙。15 世纪中叶伊万三世率军与鞑靼人周旋，战绩卓越，莫斯科获得蓬勃发展，伊万三世被尊称为"沙皇"。为突出新地位，伊万三世招纳意大利建筑师来修建新的克里姆林宫。他们设计建造的许多教堂和城墙至今仍耸立在红场所在地，还有以木建筑为主的平民居住区及繁华的商业区。当时的莫斯科是一个典型的中世纪城镇，规模很小，人口 20 多万，红场周围遍布着拥挤杂乱的小巷和狭窄的街道。十六七世纪，莫斯科仍是由分散独立的几个区块构成，区块间由城墙隔离，包括"克里姆林"（Kremlin）、"中国城"（Kitaigorod）、"白城"（Bielyigorod）、"泽姆诺伊区"（Zemlianoigorod）、"梅灿涅区"（Miestchanskygorod）等。这其间，莫斯科一直是俄罗斯首都。1712 年彼得大帝为了争夺俄罗斯出海口，将首都迁往圣彼得堡，对莫斯科重视程度降低。当 1762 年叶卡捷琳娜在圣彼得堡当政时，莫斯科城镇内部充斥着污秽、肮脏，街道也非常不规则，人们普遍将其视为俄罗斯国民贫穷、落后、生活混乱的象征。为此，精英群体强烈呼吁要改善莫斯科的公共卫生状况，而这种改善也最终成为叶卡捷琳娜控制公共生活的一部分。1775 年她启动了莫斯科的总体规划却最终遭遇失败，仅有的成绩在于安装了水管和街灯等基础设施，市中心变得安全。

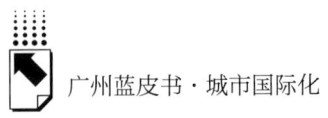

（二）第二阶段：现代莫斯科城市空间结构逐步形成

1812年，拿破仑大举进攻俄罗斯，为抵挡法军进攻，莫斯科人用火烧掉了大部分木制建筑。这就为莫斯科重建提供了前所未有的机遇。莫斯科也就从一个中世纪城镇变成一个拥有主干道、时髦的欧式大厦和优雅高大建筑的城市，由此开启环状空间结构的塑造进程。城市原先的街区白城和泽姆诺伊区缓慢地被象征资产阶级权力的花园环路取代。19世纪初期，克里姆林宫周边4~5公里范围逐步形成了莫斯科的第一条环路——林荫环形路。这条环形路将克里姆林宫周边的街区有机联系起来，形成了最初的城市环形放射规划结构。放射线道路主要指向圣彼得堡、基辅、苏兹达里等重要城市。伴随1812~1855年苏联在政治和军事上的异常成功，莫斯科也形成了较为稳定的社会结构，当然底层民众生活艰难和不卫生事实依然存在。然而1855~1856年国际局势又变，克里米亚战争失败动摇了公众对国家维持基本的社会秩序的信心。1861年沙皇亚历山大二世不得不推动农奴制改革。这期间莫斯科逐渐成为全国铁路网络的核心，莫斯科逐渐在工业化的进程中寻找出路，由此莫斯科人口快速增长并当之无愧地成为国家现代化引擎。距林荫环路3~4公里，莫斯科逐渐建成了第二条环路——花园环形路，在林荫环路与花园环路之间建成了当时典型的工厂、火车站等现代建筑。这个区域的城市街区尺度不同于林荫环路与克里姆林宫间的空间形态，主要满足了工业革命带来的城市膨胀与急剧发展需要，与当时西欧城市建设有更多的共同性。遗憾的是，由于没有总体规划，没有公共交通和住房的概念，工厂常常建立在靠近克里姆林宫的莫斯科河的河岸，导致大量污染。随着工业革命的推进，莫斯科城市人口也逐渐从25万上升到19世纪末的100万，这种人口规模一直持续到1920年。莫斯科与西欧等城市相比较，仍然是相对落后的传统城市，工业基础十分薄弱。

（三）第三阶段：苏联时期莫斯科的扩张和成长

1917年十月革命之后，为了躲避世界大战以及内战，保护新生政权，布尔什维克将首都从彼得格勒迁移到莫斯科。这时候的莫斯科因其繁荣的纺织业而享有"花边城市"美称，这里也是当时苏联人口最多、经济实力最强的城市。1922 年 12 月莫斯科顺理成章地成为苏联首都。随着苏联政权稳固，党和政府迫切希望更快更好地建设社会主义。随着 1928～1932 年第一个五年计划实施和工业化的推进，莫斯科成为轻工业和重工业的中心，农民持续大规模流入。1935 年，在当时的莫斯科市市委书记拉扎尔·卡冈诺维奇和斯大林的联合签署下，莫斯科通过"建设社会主义和世界上第一个无产阶级的首都"的战略规划，这是当时世界上唯一的社会主义国家对如何合理发展和建设大城市做的一次重要尝试。核心主张是：在否定了保留近 800 年历史老城、另建新城和彻底拆毁老城、重建新城的两种极端主张的基础上，确定了保留同心放射式的空间规划，确立了整顿、改善街道和广场作为城市得以提升的根本原则。具体包括：计划修建 16 条高速公路，建造一系列的纪念性建筑和摩天大楼，包括"七姐妹"和苏维埃宫，以及 20 万劳工修建的莫斯科—伏尔加河；一些模仿巴黎豪斯曼的街道开始被建造，其中最突出的便是高尔基路；将人口规模控制在 500 万，同时要求为 500 万居民建造 1500 万平方米的住房，发展地下铁道；在市区周边建立 10 公里宽的森林公园带（绿带环路）；用地规模 600 平方公里，这意味着需要将列宁山（麻雀山）南部和西部的很多农地转换为城市区域面积。随着全新的莫斯科浮出水面，其人口也进入快速上升期，1959 年达到 504.6 万，原先规划的 600 平方公里已远远不能满足需要，1960 年不得不全面扩大市区范围，一系列的村庄、村社被整合到城区，昆次伏（Kuntsevo）、图什诺（Tushino）、彼罗沃（Perovo）等成为大都市的一部分，此时莫斯科城区总面积达到 878.7 平方公里。1971 年，莫斯科再次通过了总体规划，战略目标更高，意图将莫斯科建成共产主义样板城市。在国家资源大量投入和有计划的强有力推动下，莫斯科取得一系列重大成绩。首先，城市经济持续扩张，工业化持续升级，莫斯科成为苏联独一无二的工业中心和发展引擎；其次，城市空间环状以红场和克里姆林宫为中心，从内向外为林荫环路、花园环路、环城铁路和环城公路，七条放射道路从市中心穿过环线向外延伸，使城市呈现出扇形与环形相间的空间结构，逐步将偏远郊区融入中心。这种空间结构一段时间和限度内在各个方向都实现均衡发展，道路密度大致均等。这预示着政府可以以强有力的集中管理方式迅速直接地传递各种政治信息，与劳动人民取得联系，同时劳动人民相互之间也通过环状进行相互交流和沟通。该规划同样重视绿地布局，试图把莫斯科郊区绿地和市区绿地联结起来。有两条绿轴，第一条绿轴经过莫斯科的西南区，包括莫斯科大学新校区、列宁山绿地、高尔基公园、莫斯科河沿岸以及亚乌扎河沿岸的新建绿地，直到鸵鹿岛国家自然公园；第二条绿轴从银松林开始，包括克雷拉斯特基、菲力地区的莫斯科河部分昆采夫，经克拉斯诺普列斯涅斯基公园直到列宁公园结束①。由此，莫斯科河与亚乌扎河沿岸绿地系统的发展，以及森林公园和公园所构成的大型楔形绿地对莫斯科的空间格局有重大影响。这期间莫斯科的人口增长也很快，1971 年规划提出市区人口不应超过800 万，结果 1984 年达到了 858 万，城市边界也再次发生类似变化，成为轻工业和重工业兼具的名副其实的全俄罗斯最重要的工业中心。

二 20世纪90年代的莫斯科总体规划

1991 年苏联解体是对莫斯科有着全方位冲击的地缘政治事件，莫斯科经济结构、社会基础、空间规划经历了快速重组。

（一）去工业化迅猛

莫斯科是苏联时期的工业中心，早在 20 世纪 70 年代起莫斯科政府就意识到需要安置一些过时、污染严重以及劳动密集型工业到其他地区，由此启动了一定程度的去工业化进程，然而 1991 年之前这一进程始终缓慢。苏联崩溃之后莫斯科经历休克疗法的冲击，选择对欧洲城市体系全面融入的发展战略，日益呈现出西方资本主义城市的特征。首先，银行保险、会计咨询、

---

① 杜安：《从森林保护区到"城市自然综合体"——莫斯科城市郊野空间规划建设研究》，《中外建筑》2018 年第 9 期，第 82～85 页。

研发、电信和城市服务快速成长，西式的零售、建筑和生活方式日益普及，城市功能出现重大革命性变化；其次，莫斯科银行开始跨国运营，不仅在俄罗斯联邦、苏联加盟共和国，还在西方、中东欧、中国和日本主要银行机构建立了稳定的合作关系，加入了环球同业银行金融电讯协会（SWIFT）等机构，成为国际金融体系的组成部分。1998 年金融危机袭击俄罗斯，使莫斯科对欧洲和全球城市体系的融入遭遇重创，然而俄罗斯和莫斯科坚定深化市场化和全球化改革，自身与外部联系更加深入。1999 年莫斯科杜马又通过了《关于莫斯科城市发展总体规划》。该规划仍明确莫斯科的首都和现代服务中心的功能，提出大力发展服务产业的要求，其中以金融、经济、科研和历史文化为主。空间层面明确要求工业企业从市中心迁出，以更多土地安置金融业、信息业、商场、写字楼、宾馆以及饭店等旅游设施或者绿地。

（二）城市基础设施、街道景观、城市服务等与西方城市更加接近

服务城市功能和产业结构战略取向的一系列大型项目得以顺利实施，一是修建从莫斯科到谢列梅捷沃机场的高速公路；二是新修了商业机场图什诺；三是修建从莫斯科到圣彼得堡的铁路；四是将马涅日广场修缮为商业和文化中心；五是规划中央商务区，修建了若干个百层高的楼宇大厦；六是更新了传统社区阿尔巴特和斯雷滕卡；七是重新建设克里姆林宫。此外，第三环路也修建完毕，外环公路（MKAD）从四车道增加到十车道；城郊呈现出快速低密度扩张以适应小家庭居住需求。2005 年，19 世纪铺设的花园环路和苏联时期建设的外环路终于全部完成，一些卫星城市在城郊出现，一些 Dacha 被转化为住宅区。1999 年《关于莫斯科城市发展总体规划》针对莫斯科交通阻塞严重的情况，明确要求增大道路供给，要求街道网密度从每平方公里 5.3 公里提高到不小于 8 公里；主干道公路里程从1245 公里增加到 1900 公里，同时推进立交桥、隧道、高架桥、地下步行街道的建设；地铁网线路长度提高到 420 公里。这些目标的设定基本落实，符合当年的预期。

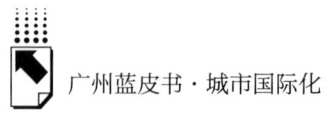

（三）开始从整个莫斯科地区的高度进行统筹规划

1999 年对莫斯科地区、莫斯科市和莫斯科市中心三个层次进行全面规划，承认莫斯科州和莫斯科市两个地区是平等的，莫斯科将保持现有 1081 平方公里的城市面积，保持两者的稳定边界，不再任意扩大。1999 年规划还要求建议莫斯科地区建立统一的市政工程体系、交通体系、自然生态保护体系和历史文化保护体系，以维护莫斯科地区的整合。

总的来说，1990 年的莫斯科迅速实现了与世界的接轨，同时推动了自身经济结构和社会基础的变化，在基础设施方面也有了长足进步。然而，迅捷的经济形态转变让莫斯科在经济形态完全转变的同时也付出了惨痛代价，不但高科技和新兴制造业始终没有获得发展，商业服务和基础设施的配套完善程度也严重不足。一些分析家认为，莫斯科虽然总体上融入了世界尤其欧洲城市体系，但发展程度落后于其他主要欧洲城市 15 ~ 20 年。在这一过程中，莫斯科和其他俄罗斯地区的原本差距不但没有缩小，反而在新的市场机制下再次扩大，超大城市的集聚和虹吸效应仍居于主导地位，由此人口也在持续增加，从 900 万增加到 1100 万。私人汽车扩散，交通变得异常拥堵，土地建设过热，住宅和商业楼建设的增长速度远远超出了规划中的数据。大都市郊区的碎片化以及持续超越边界的扩张并没有得到遏制，总体仍然是一种蔓延的扩张模式。

三　由单中心向多中心的转变

休克疗法迅速推动了莫斯科全局的和整体性的转变，完成了与世界的接轨。经济形态在原来的去工业化基础上实现了升级、围绕经济形态改变对基础设施进行更新，应该说城市能级和居民生活水平都得到了提升。但在这一发展过程中也出现了莫斯科作为超大城市虹吸效应异常放大的情况，人口持续流入，贫富分化日益严峻，对周边地区带动作用不明显。更重要的是，莫斯科经济和人口规模持续扩大，金融贸易、国际关系、科技创新等高端功能不断强化，在单中心空间结构支配下城市加速扩张，土地利用方式与产业、功能不匹配的情况日益突出，影响了城市居民工作和生活。

（一）莫斯科城市空间格局的单中心模式

2010年莫斯科市再一次通过《莫斯科市城市总体规划（2010—2025年）》，该规划以构建有利于人类生命活动的城市环境为主题，着眼于发展城市规模、完善城市功能，希望整个社会和全体居民成为切实受益者，推动莫斯科逐步从城市格局、社会基础设施、住宅建设、道路与公共交通、历史文物建筑、生态环境等方面进行全面调整。其中一个核心抓手就是城市空间格局的演变。

可以看出，20世纪80年代以来，莫斯科围绕空间格局演变主要有三个可供选择的方案。

一是密集油滴方案：油滴状地向外连续密集渗透，从市区向周边扩张来保持历史性的发展趋势，项目主要分布在市区到公路环线之间的地域空间及森林公园保护带内。优点是：只需延长原有交通干线而不需要投入巨资建设高速干线；缺点是：随着人口增多，放射形交通线上的流量迅速扩大，然而城市固有的道路等级低、路网密度小等问题也会逐步暴露，加上管理不善，莫斯科拥挤程度会进一步上升，给生态和社会生活也造成了巨大压力，恶化居住环境。

二是定向轴线方案：东线（高尔基干线交通走廊）、西北线（列宁格勒干线交通走廊）、南线（库尔茨克干线交通走廊），沿着这几条走廊布局建设项目。优点是可与大都市原来的放射状聚落系统有机地协调，然而需要投巨资建设高速公路和轨道交通，且不同方位的人受益程度是不一致的，主干线附近人群受益更多。

三是卫星城方案：莫斯科主城区邻近地区发展一系列人口在15万~30万的小城镇，安排新的建设项目并吸收部分属于莫斯科的功能。优点是：卫星城可使市区具有良好的生态环境条件，但要求建设交通干线以保持其与莫斯科市有较为便捷的联系；缺点是：卫星城规模不大，对提供社会多样性的就业岗位十分困难，由此发展地域相邻、相互补充的专业化卫星城有较为理想的效果。然而，主城和卫星城、卫星城之间呈现何种关系也不是计划和规划可以实现的，通常是市场、社会和自然条件综合作用的结果。

以上三个方案本质上都是单核心模式，工作机会高度集聚在以红场为核心的单核心区域，城市居民随着各类产业项目逐步向城市外围扩张。静态单中心城市模型，单中心城市都是中心密度最高，与中心距离越远人口密度逐步下降。莫斯科则刚好相反，中心密度低，原因就在于苏联土地资源配置并不市场化，价值最高的中心区土地利用强度反而低。在政府主导下，莫斯科从 20 世纪 30 年代起就在城市外围修建卫星城和小城镇，加强住宅区建设，这样大量莫斯科居民居住在城市边缘地带甚至莫斯科州，形成了盆地结构的人口分布，离中心越远人口密度反而高。根据 2010 年统计数据，莫斯科有 1150 万永久居民，此外还有 180 万的短暂居民，其中来自中亚的非法移民大概 100 万，2016 年官方估计人口 1300 万，然而俄罗斯统计数据并不精确，总人口应在 1300 万 ~ 1800 万之间，人口密度在 11000 ~ 13000 人/平方米。[1] 1991 年之后，莫斯科政府要求越来越多的工厂搬离市中心，市中心工业用地的比例持续下降，郊区也设置了斯科尔科沃创新中心（Skolkovo Innovation Center）等科创区，然而随着产业结构高端化，工作和就业机会主要还是集聚在传统的市中心，造成异常严峻的职住分离状况。此外汽车机动化也进展迅猛，当前莫斯科汽车拥有水平已基本与伦敦、巴黎等大都市相当，每千人大致 350 辆，但道路用地面积占城市土地面积的比例仅为17% ~ 18%（伦敦和巴黎为 25%），交通基础设施过载日益严重。这种背景下，莫斯科城市病日益严重，房地产价格指数、交通指数、生活品质急剧下降。根据 2017 年能比奥（Numbeo）房地产价格指数，莫斯科排第 15 位，和新加坡、广州不相上下[2]，根据全球数据网站 Statista 2019 年 9 月份的数据[3]，莫

---

① Grigory Ioffe & Zhanna Zayonchkovskaya, "Spatial Shifts in the Population of Moscow Region", *Eurasian Geography and Economics* (52) 2011：543 - 566.
② 能比奥数据库，https：//www.numbeo.com/，2020 年 1 月 29 日。
③ Statista 数据库，https：//www.statista.com/，2020 年 1 月 29 日。

斯科核心区奥斯托珍卡（Ostozhenka）、特维斯科伊（Tverskoy）和亚基曼卡（Yakimanka）是最昂贵区域，其中奥斯托珍卡大约每平方米价格为37万卢布，大约折合人民币4.2万元；交通指数，则按照最差类别划分，处于第19位，和泰国的曼谷、墨西哥的墨西哥城不相上下；根据城市移动性（Urban Mobility）的指数，莫斯科拥堵指数在38个城市中排名第36；从生活质量指数看，处于第170位，和曼谷、波哥大、墨西哥城等不相上下，这意味着莫斯科空间结构严重制约城市品质的提升。

（二）莫斯科空间格局向多中心转型

针对这些难题，莫斯科政府积极汲取主要全球城市的发展经验，将多中心主义作为转型升级的主要原则，要求在莫斯科历史文化中心之外创造出一系列新的发展中心。对普通城市居民而言，单中心和多中心的最大区别就在于职住平衡。根据相关研究，单中心的平均通勤时间要比多中心多1小时，这意味着1年365天将节省365小时或者15天。莫斯科由单中心向多中心转型不仅整体城市空间结构，还有微观、中观、宏观三个维度的含义[1]。

一是微观尺度：1.5公里之内就有生活必需的基础设施，如交通站、超市、医院、娱乐设施等，一般步行不超过10分钟。

二是中观尺度：既适合工作又宜居的城市区域，包括住宅、办公室、健康医疗、教育机构、文化和娱乐设施等，通过汽车和公共交通往返工作地点和居住地大约需要30分钟，即使没有汽车也有内部可达性。

三是宏观尺度：大都市多中心主义要求城市各区域基本自给自足、没有明显的中心，而不同区域之间通过地铁、BRT以及高速公路等高速公共交通实现。

莫斯科2010年新一版规划的核心就是以多中心取代单中心，并将莫斯

---

[1] Robert Argenbright, "The Evolution of New Moscow: from panacea to polycentricity", *Eurasian Geography and Economics* (59) (2018): 408 – 435.

科市区分为传统市中心、西南区列宁大街地区的首都示范区、工业用地改造区、综合住宅体和绿化区，同时疏解传统市中心过多的城市功能，然而该规划并未确定多中心数量。2011 年经过国际规划竞赛，当时梅德韦杰夫政府将莫斯科市西南部莫斯科州的部分土地划入莫斯科市并仿照"新德里"命名为新莫斯科①，这样整个莫斯科市的面积从 1081 平方公里逐步扩展到 2511 平方公里②。新莫斯科吸取了卫星城的诸多合理要素，将承担莫斯科市部分功能，同时通过各种公共交通与莫斯科连接，如地铁、通勤火车、公交巴士、高速电车等。根据俄罗斯公共舆论研究中心数据，新莫斯科和莫斯科交通连接 67.7% 主要依靠私家汽车、14.7% 依靠巴士或者穿梭巴士、8.9%依靠通勤火车、6.6% 依靠地铁。正是道路占比不足以及连接不畅，2010 年谢尔盖·索比亚宁就任莫斯科市长之后开始大力修建公共道路交通。2011 ~ 2019 年共修建了 878 公里的新路，225 个人行交叉口，262 座桥梁、隧道和天桥，仅仅 2018 年就修建了 55 个大型设施以及 127 公里的道路，莫斯科道路总长度达到了 5500 公里，与之比较，北京到莫斯科的直线距离仅 5843 公里。此后未来五年，莫斯科市仍将保持每年 100 公里的新道路建设速度，地铁线路长度增至 2010 年的 1.5 倍，在原有 290 公里的基础上增建 135 公里，到 2025 年总长将达到 600 公里。这将显著改善莫斯科的交通状况。

四　莫斯科战略规划的主要问题

莫斯科施行的四次总体规划分别在 1935 年、1971 年、1999 年、2010 年，这四次规划清晰展示了莫斯科在不同的政治制度、经济环境、社会背景下的发展演变（见表 1），莫斯科空间格局也由此经历了缓慢变化。一方面促进了经济社会发展和能级提升，与周边区域的整合趋势也日益明显，对整个国家起到良好的引领作用；另一方面也需要看到单中心结构的锁定效应持

---

① New Moscow, Material by the Department for the Development of New Territory of Moscow in 2016.
② 何永等：《从北京之路看莫斯科都市圈发展规划》，《2013 年国外城市规划学术委员会及〈国际城市规划〉杂志编委会年会论文集》，第 1 ~ 13 页。

续存在，随着人口持续快速流入，扩张、无序、杂乱的趋势凸显。苏联崩溃之后，莫斯科城市规划关注与欧洲城市体系的接轨，在打造俄罗斯与世界接轨的枢纽的同时也开启了以人为本的转向，聚焦城市居民的生活品质，对环境、交通、住房的关注度日益提升，然而仍有诸多不足之处。

表1　莫斯科的四次总体规划

不同年份 总体规划	核心主题	成就	失误
1935 年	建设社会主义和世界上第一个无产阶级的首都	确定了保留历史形成的城市基础（同心放射式格局），通过整顿、改善街道和广场，使城市得到根本改造的原则	控制城市规模的目标没有达到。1959 年城市人口已达504.6 万。1960 年不得不全面扩大市区范围（总面积达到 878.7 平方公里），拆除了一些历史文物建筑
1971 年	将莫斯科建成共产主义样板城市	从单一中心演变成多中心，整个城市被划分成八个人口和工作地点均等的规划区；制定了莫斯科地区和郊区规划	多中心没有实现
1999 年	创造有利于投资的环境，打造成资本主义示范城市	城市环境、住房建设、公共设施、绿化公园等方面有了显著发展	住宅和商业楼建设增长速度超出总体规划
2010 ~ 2025 年	创造有利于人类生命活动的城市环境	城市土地价格攀升，城市功能转型；推动城市的多中心建设	2011 年又在西南部开辟新莫斯科，和莫斯科州的关系始终没有协调好

资料来源：根据多种资料绘制，作者自制。

（一）产业结构过度高端化，发展道路有着内在缺陷

莫斯科总体目标是将自身打造成与巴黎等相媲美的国际性大都城，也确实有结构优势，集聚了俄罗斯联邦层次的所有国家机构，还有俄罗斯石油公司、军工企业、俄国国家航空公司等垄断性大型企业，所有邦交国的使领馆也都设置于此。然而全球城市理论揭示了城市能级都是在信息、知识、金钱

和文化功能的流动中产生和发展起来，应将生产性服务业作为发展重心①。莫斯科的全球城市战略也确实以此为基础，60%的跨国公司、俄罗斯和国际金融机构的90%都将办公室设置在莫斯科，且俄罗斯国家石油公司总部也在莫斯科；莫斯科资金量交易总量占全国的55%，国内资金交易量占全国的60%，外汇交易量占全国的80%，消费者支出超过1800亿美元，欧洲第三位。为给金融业、信息业、商场等生产服务业腾出更多空间，政府自2000年起就将一些传统工业分批分期拆迁到城郊；计划到2020年迁出工业企业94家，腾出土地300多公顷，市中心区工业用地比例从10.1%减少到5.6%。2008年，莫斯科又提出了要建设莫斯科国际金融中心的构想，计划到2025年打造为第五大国际金融中心，为此专门修建CBD商务区。同年，总统梅德韦杰夫再次宣示了这一计划，并提出要让卢布成为地区主要货币。这样莫斯科逐步从传统工业制造业中心向金融、商务、科学文化中心过渡，第三产业比例超过80%，占绝对主导地位。全球城市理论和经验都证实，现代服务业发展需要相对合理的空间和制度设置，莫斯科在通过生产性服务业提升城市能级方面总体仍有障碍，表现在：一是单中心城市空间结构妨碍了全球城市功能的合理布局，这些功能主要集中在莫斯科的核心区和传统历史文化街区，边缘区域缺乏，而核心区和传统历史文化街区的潜力基本挖掘完毕，边缘的区域即使建设创新中心等新的设施，尚没有形成不可替代的竞争力和要素集散中心。二是从国际金融中心角度看，俄罗斯的金融体系比较封闭，股票市场的规模与交易的活跃程度都非常有限，这是由于内在的产业结构不成熟造成的。俄罗斯经济主要集中在能源、军工、矿藏等少数几个产业，产业内集中于少数几家企业，企业内部又集中于少数几个股东。三是营商环境一般，俄罗斯行政体系效率低，腐败也相对严重，在基础设施、劳动力素质、法治指数方面落后于世界其他主要大城市，尤其是东京、新加坡等城市，且冬季漫长。这些因素不利于开展国际商务和经贸，影响了跨国公司总部在莫斯科

---

① Vladimir Kolossov，Olga Vendina & John O'Loughlin，"Moscow as an Emergent World City：International Links，Business Developments，and the Entrepreneurial City"，*Eurasian Geography and Economics*（43）（2002）：170 - 196.

更有效地开展业务，使得卢布难以超越苏联空间的范围。四是地缘政治博弈。莫斯科的国际化有一部分主要是恢复在苏联时期的经济影响力，属于服务恢复"苏联空间"努力的一部分。然而，俄罗斯与美欧在诸多议题上的地缘政治博弈仍在持续，使得俄罗斯经常遭受经济和金融制裁，对莫斯科国际化的短期冲击也是客观存在的。

（二）多中心建设缺乏实质性进展

随着放射状环形空间结构问题逐步显现，莫斯科响应国际社会的发展大势，推动由单中心向多中心转型。然而遗憾的是，放射状环形空间结构仍在逐步强化，并形成了与之匹配的路网结构。其中一个核心机制就是土地价格，莫斯科被认为是全球最昂贵的城市之一，随着生产性服务业飞速发展，土地和房地产价格持续攀升，中产阶级放弃过于拥堵的核心，向边缘地带逃跑，导致环状结构继续扩大。除了内在的空间结构的惯性，莫斯科空间结构转型还在于缺乏成熟有效的治理机制。苏联崩溃之后，莫斯科总体规划虽完全摒弃了计划经济，然而在制定和实施过程中，仍存在制度和言论的封闭性，过分重视利益集团的倾向，精英思想常常代替了公共讨论，公众缺乏有效的参与渠道，自下而上的市场力量也没有充分发挥。这样发端于苏联时期的城市社会运行机制的锁定效应仍然存在，存在经济结构单一、基础设施落后、营商环境改善不足、官僚主义和贪污腐败严重等问题。要实现以人为本、市场为基础、更加注重内涵发展的全球城市发展目标，莫斯科还需要在总体规划、政策以及诸多治理机制方面实现强有力变革。

（三）莫斯科市与郊区、莫斯科州的区域关系缺乏协调

全球城市的一个总体发展态势就是全球城市日益和周边区域一体化，以城市群、大都市区的方式参与全球竞争合作，东京、洛杉矶、纽约、伦敦、巴黎、上海等无不如此。近几年来，莫斯科和周边区域交通联系和一体化程度加深，每年超100万人口在莫斯科之间通勤，同时也有300万~400万莫

斯科居民在城市外的别墅度过夏季。随着交通联系深化，劳动力和房地产也迅速一体化，这也就能解释为何莫斯科周边地区出现大量新建住房。推进莫斯科与周边区域的一体化并不是现在才有的思路，20世纪30年代莫斯科提出控制城市人口在外围建设小城镇的思路，当时推进的公路、铁路和地铁建设也确实有效地促进了郊区城市化发展。1971年莫斯科市总体规划也要求莫斯科市与周边卫星城逐渐形成一个城市群。

时至今日制度性障碍仍然存在，俄罗斯《城市建设法》明确规定，首都总体规划仅仅适用于莫斯科市①，而莫斯科市也一直强调自治和独立性，强调与周边不存在明显的城市聚合体，由此与莫斯科州缺乏达成共识的动力，各自为政，更没有形成统一的相互协调的区域发展规划方案。莫斯科扩充到西南片成立新莫斯科，为老莫斯科功能疏解提供机遇，却并没有和莫斯科州形成稳定的沟通合作关系。

五 莫斯科城市战略规划对我国超大城市的启示

莫斯科试图通过多方面措施提升城市竞争力、实现城市能级提升，同时建立良好的生活环境。这些都需要重组莫斯科市域用地和完善各类公用设施，改造旧建筑，提高环境质量，然而人口的大量快速增加，职业居住的不匹配、城市汽车机动化的进展使得各类城市病日益突出，这就需要新的城市空间予以释放。新的城市空间如何选取，是周边均衡扩散、集中某条轴线还是选定某块区域，很值得讨论。这其中包括自然地形、生态环境以及土地价格等各方面的因素考量。总体上，莫斯科有着其他全球城市难以匹敌的土地、生态、环境资源优势，以及便利空间扩张的条件，虽然这种条件并不是无成本的、无代价的。全球城市的一个突出发展趋势体现为升级产业结构、推动城市更新、全方位集聚高端生产要素，这对推动和提升城市排名确实有

---

① 韩林飞、韩媛媛：《俄罗斯专家眼中的莫斯科市2010－2025年城市总体规划》，《国际城市规划》2013年第5期，第78~85页。

帮助，但也出现了日益明确的两极分化，一方面是以玻璃大厦为核心的高层建筑，另一方面是城市边缘地带的贫民屋。幸运的是，莫斯科这方面并不显著，但许多中产阶级向郊区移动确实是不争的事实。由此，莫斯科的发展带来值得思考的启示为以下几点。

一是超大城市在经济社会发展中具有一系列虹吸效应和集聚优势，人口常随企业和资金持续流入，推动城市规模扩大和经济密度的持续攀升。然而超大城市过大、人口过度密集也带来拥挤效应，这时候就需要适当的功能疏解，将那些价值比较低、资源消耗大的产业转移到郊区，这样城市区域一体化就日益凸显重要性。我国城市也有类似问题，上海、北京、广州、深圳人口密度高、土地资源异常紧缺，更需要进行适当的功能疏解。功能疏解如何进行，正如莫斯科显示的，一般是先将劳动密集型的制造业迁出核心区，制造业迁出人口也随之移动；其次，劳动密集型附加值低的制造业迁出并不表示与超大城市不再有关联，依然需要和超大城市有着紧密的产业联系，由此不能离开太远，这样才能使超大城市的发展在城市区域一体化基础上日益提升。

二是莫斯科城市功能疏解带来城市地域的扩张，而地域扩张不能无序，需要采用符合自身资源禀赋的地域规划思想，譬如与扇形结合的定向轴线，发展专业化卫星城市，或者二级聚集区和新城等。新莫斯科是否可以承载莫斯科疏解出来的功能和人口并不清晰，这说明要尊重疏解的规律，即不能简单地去工业化或者以疏解名义进行市域面积的扩大，而应是对市场机制的响应。中国城市也面临类似问题，功能疏解采取何种路径并不清晰。如北京更多地与雄安新区合作，上海、广州等则主要采取新城模式。无论新区还是新城都需要长期建设，需要在市场机制下进行统筹规划。统筹规划不但需要集思广益，充分听取各方意见，更需要充分尊重市场规律，发挥新城本来各自的比较优势，将产业与人口、居住与生活相融合。事实上，相比于新莫斯科的发展，我国的新城更能构建高质量的统筹规划框架、进行流程化的管理。

三是多中心主义已成为规划大趋势，然而如何落实多中心主义却异常艰难。莫斯科向多边主义的转型并不成功，单中心甚至出现强化的趋势，这主要是政府机构、跨国公司云集于核心区，难以引导到城市边缘地带。莫斯科政府尽管在城市边缘地带开辟了科创园区试图构建反磁力中心，但并不成功。对我国而言，多中心主义的问题主要是职住平衡问题。我国的新城和新区一开始都是因为居住的需要而大规模兴建的卧城，卧城缺乏产业自然就没有足够的就业机会，由此都需要前往市中心，这样大规模的潮汐流和较长距离的轨道交通成为我国城市多中心建设的核心特征。对我国而言，如何使卧城变成具有产业功能的新城是重中之重，一方面需要提升新城内部公共服务，另一方面产业要引导进来，这就需要土地成本、营商环境、基础设施等方面改善。多中心主义更关键的是，新城和主城应有大容量公共交通，譬如地铁、快速公交系统（BRT）、城际列车等，莫斯科还没有做到，而我国的容量也还没有匹配需求，同时新城与新城之间还需要通过中心，横向连接也远远不够。

四是资金非常关键。为实现2010年莫斯科规划方案，原莫斯科市区面积的60%都需要重建，由于资金缺乏遭到人们普遍反对。2011年的新莫斯科城，同样由于资金而遭到停滞。这说明由规划转化到项目，再到项目出效益是一个漫长的过程，需要在遵循疏解规律的基础上进行持续的引导与投入，由此产生的经验教训值得总结。我国的雄安新区，以及其他超大城市的新城也面临资金短缺问题，尽管我国城市层面建立了土地批租制度，也有利于城市建设经营实体从各种渠道获取建设资金，然而各类数据都显示，各城市都存在规模庞大的城市债务，债务过度扩张则会引发城市运营的无序，由此如何高效获取、利用资金日益关键。总的来说，我国在新区、新城建设方面资金使用效率不高，与国际市场相比杠杆率比较低，如何通过公私合营（PPP）等方式筹集资金并进行良好的产业布局将考验各级市政领导的智慧。

参考文献

韩林飞、韩媛媛：《俄罗斯专家眼中的莫斯科市2010－2025年城市总体规划》，《国际城市规划》2013年第5期，第78～85页。

周长兴:《2020 年莫斯科城市发展总体规划》,《北京规划建设》2002 年第 3 期。

Robert Argenbright, "New Moscow: An Exploratory Assessment", *Eurasian Geography and Economics* (52) 2011: 857 – 875.

Oleg Golubchikov, "Urban planning in Russia: towards the Market", *European Planning Studies* (12) 2004: 229 – 247.

Grigory Ioffe & Zhanna Zayonchkovskaya, "Spatial Shifts in the Population of Moscow Region", *Eurasian Geography and Economics* (52) 2011: 543 – 566.

Abstract

2019 is the 70th anniversary of the founding of the People's Republic of China, and various contributions have laid a solid foundation for the comprehensive establishment of a moderately prosperous society. Cities are the pioneers in building a moderately prosperous society. Accelerating the process of urban modernization is the essential guarantee for China to build a moderately prosperous society. It is the responsibility of Chinese cities to advance the "Chinese rule" and promote the high-quality development of the Chinese economy through urban governance in the new era. Major opportunities in China such as the "Belt and Road Initiative" and the Guangdong-Hong Kong-Macao Greater Bay Area assigned Guangzhou a new historical mission, driving Guangzhou to comprehensively improve the level of international metropolis governance, and write down the answer to the era of "Historic City With New Vitality".

Annual report on city internationalization of guangzhou (*2020*) is a blue book edited and published by the Institute of International Studies of the Guangzhou Academy of Social Sciences to track the development of urban internationalization. It explores the international development of Guangzhou and other Chinese cities from an academic perspective, builds a global convergence of urban research results and exchanges platform. In this year, the researches showed that Guangzhou made progresses in many aspects, such as optimizing foreign trade structure, utilizing foreign direct investment, steady developing investment abroad, improving comprehensive transportation hub construction, enhancing the impact of major international platforms, improving relationship with international friendship cities; strengthening cities' external partner network, influencing city's international image, enriching cultural activities and advancing foreign education cooperation at multi-levels. Take Guangzhou as an example, Chinese cities are making steady progress in enhancing global connections and impact.

This book contains five chapters, including general report, to improve city brand image special reports, city evaluation chapter, international economics and trade chapter and international exchanges and experiences chapter. The "Top Ten Concerns on Internationalization of Chinese Cities" is designed as a preface to sort out and summarize major events of the Chinese cities' internationalization in 2019 and grasp the practice and research trends of Chinese cities' internationalization.

General report analyzes the current situation of the internationalization of Guangzhou in 2019, including Guangzhou's current status and achievements in areas such as foreign trade and economic cooperation, transportation hubs, major international exchanges platforms, friendship cities, city image dissemination, humanities exchanges, education cooperation, etc., and analyzes of Guangzhou's performance in authoritative global city research ranking, forecasts the international development situation in 2020, and proposes suggestions on promoting the internationalization of Guangzhou.

Special reports on improving city brand image puts forward countermeasures and suggestions for Guangzhou to further improve the external city image dissemination work, by mainly exploring the image of Guangzhou in the new era in the perspective of the domestic leading media such as *People's Daily*, global publishing markets such as Amazon Online Bookstore, and research literature.

Based on the international authoritative global city ranking evaluation, city evaluation chapter analyzes the changes of major global cities in the rankings, summarizes the development trend of global cities and the performance of Chinese cities in the global urban system, and provides reference for the overall international development of Chinese cities. It also discusses the construction models of urban development subdivisions such as Guangzhou's global connection and international innovative city operation mechanism and provides targeted work suggestions.

International economics and trade chapter focuses on optimizing the business environment, promoting financial opening up, and serving private enterprises to implement the "Going-out" strategies, etc., and puts forward measures to promote the further development of international trade.

International exchanges and experience chapter mainly studies and reflects on

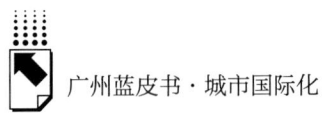

giving play to the role of international organizations, promoting the international exchanges of cities, and strategic planning for the development of foreign cities.

Keywords: City Internationalization; Guangzhou; Global City

Contents

I General Report

Abstract: In 2019, with high-quality economic development and the continuous optimization of the business environment, Guangzhou made progresses in many aspects, such as optimizing foreign trade structure, utilizing foreign direct investment, steady developing investment abroad, improving comprehensive transportation hub construction, enhancing the impact of major international platforms, improving relationship with international friendship cities; strengthening cities' external partner network, influencing city's international image, enriching cultural activities and advancing foreign education cooperation at multi-levels. Stable performance of Guangzhou has been shown in the ranking of authoritative global cities evaluation and advantages on finance and innovation has been strengthened. Looking forward to 2020, under the new situations and circumstances, the international governance is facing severe challenges. The aim to a moderately prosperous society is about to be accomplished and the socialism with Chinese characteristics will continue in the new era. Guangzhou is shouldering a new mission of "New and Brilliant". In the near future, Guangzhou's internationalization should focus on the constructions as follows: Continuously improving opening-up mechanism to promote the modernization of international exchange capabilities; fully promoting the construction of Guangdong-Hong Kong-Macau Great Bay Area and working with Hong Kong and Macau to build an important supporting area for the "Belt and Road"; strengthening the competitive advantages of foreign trade to promote the high-quality development of international economic and trade; improving a diversified international exchange platform, and enhancing the level of international exchange center; expanding and enriching the cultural exchange, enhancing the connection with international population; improving the capabilities of international communication and enhancing the city's international image.

Keywords: Guangzhou; Urban Internationalization; Global City

II Special Report: To Improve City Brand Image

B. 2 The Strategy on Building Guangzhou's City Brand System As a International Metropolis － On the Analyse of the Front Page Reports of *People's Daily* on Guangzhou (1978 −2018)

Research Group of Guangzhou Academy of Social Sciences / 063

Abstract: In the competition of world cities, city branding shows new trends, which has transformed effectively into a force for international competition. Guangzhou is shouldering a strategic mission of building an international metropolis. The city brand image is also an important reflection of the national image. It is of great significance to accelerate the construction of a city brand image system with rich connotations and distinctive characteristics. As China's most important print media, People's Daily has fully demonstrated the brand image of Guangzhou by its reports. By analyzing the content of the front-page reports of the *People's Daily* during the past 40 years of Reform and Opening-up, some distinctive characters of Guangzhou have been showed, such as a business center, an open and inclusive communication portal, a happy and livable civilized flower city, a leading cultural city, enterprising city in scientific and technological innovation, and comprehensive transportation hub. On this basis, Guangzhou should construct an international brand system of "one city, one capital, three hubs". "One city" refers to the "World Flower City" as its core brand, "one capital" refers to international business capital from ancient times to the present, "three hubs" refers to the innovation hub, opening-up hub and cultural hub. With the distinctive city character, rich connotation and high recognition, Guangzhou would highlight the development connotation of the Guangdong-Hong Kong-Macao Greater Bay Area with urban brand dissemination, create a model of high-quality development, and lead the Chinese cities international image branding.

Keywords: City Branding; Global City; *People's Daily*

B. 3 The Countermeasures of International Communication of

Guangzhou's City Image — On the analysis of Guangzhou

Theme Literature Selling on Amazon. com

Wu Qing, Ye Huizhu / 084

Abstract: *The Outline of the Development Plan for the Guangdong-Hong Kong-Macao Greater Bay Area* proposes the strategic goal of Guangzhou's construction of an international metropolis, and Guangzhou needs to strengthen the international dissemination of the city's international image to the world. City-themed foreign book is an important source of knowledge for readers around the world to understand the city, which is also the main information channel for analyzing and examining the international image of the city. Through the analysis of book data on the Amazon. com website, the world's largest online bookstore, there is a certain scale of Guangzhou-themed foreign books, yet, there is still a large gap in quantity and influence compared with other world-famous cities. At the same time, the book contents and types are mainly tourists information-oriented. Most of them focus more on historical topics and less show the achievements of modern city development. The languages, authors, and publishers are not widely distributed. The book cover image designs are still around traditional symbol. Guangzhou's local research results have not been promoted to the world, failing to convey to foreign readers a true three-dimensional and comprehensive modern urban image. In the future, Guangzhou should pay more attention to the role of foreign books in enhancing the city's international image, by strengthening its contact and cooperation with world-renowned publishing institutions, and engaging actively with local and international research forces to launch more international books with rich content, accurate information and stylish design, by which to provide a strong support for telling Guangzhou stories and Chinese stories well.

Keywords: City International Image; Global City Amazon; Foreign Books; Guangzhou

B. 4   Research on Guangzhou City Image Communication in the
       New Era: A Case Study of Guangzhou City Image Research
       Literature in the Past Decade   *Zhao Yupei, Li Ziyuan* / 104

Abstract: Guangzhou, a city representative of "telling good Chinese stories". Through systematic literature and discourse analysis, this research explores the interval imagination and cultural representation of its urban image discourse representation. And this study unpacks the longitudinal development of Guangzhou city in space. It is the communicative and non-isomorphism of Guangzhou that shows the continuous, jumping and sporadic distribution, is positive to beautiful imagination that accumulates city spatial extension power of the good life dream of the Guangzhou people in the "new era", the overseas Chinese media that talks to the world about the Chinese cultural city sign with the internationalization color version of 2.0, which triggered a full picture that helped "move out" along with Chinese Belt and Road Initiatives. And In the international communication of city image in the future, Guangzhou should grasp the image characterization of communication of "communicating, diversified and non isomorphism", promoting to enhance the "continuity" of the overall image of the city, and to provide public opinion environment and good atmosphere for city construction and development.

Keywords：Chinese Story；Guangzhou Image；Harmonious Life；Systematic Review of Literature

Ⅲ　City Evaluation

B. 5　Analysis of the Global City Rankings in 2019

Wu Qing, *Hu Hongyuan and Cen Jinhao* / 119

Abstract：Global Cities Index of A. T. Kearney, Global Power City Index of MMF, Cities in Motion of IESE, Global Financial Centers Index of the Z/Yen Group and Global Innovation City Index of 2thinknow released updated reports in 2019. In general, diverging development trends are appearing among main regions in the world, leading cities are changing, and science & technology, talents and environment are recognized to be key competencies in future city development. The high-quality development mode has brought great potentiality to Chinese cities, making them expected to become new leaders in global cities.
Keywords：Global City；City Rankings；City Evaluation

B. 6　Global Connectivity of Guangzhou and its Improvement Strategy under the Construction of Guangdong-Hong Kong-Macao Greater Bay Area

Zou Xiaohua, *Chen Gang* / 149

Abstract：The development of information technology promotes globalization and intensifies the connectivity among cities. Cities' ability in producing, allocating and agglomerating economic, political, and social resources globally largely determines their potentiality in development. As an important gateway city and national central city in South China, Guangzhou is well-developed on global connection of aero and ocean transportation, international trading, and human capital. In 2019, The Outline Development Plan for the Guangdong-Hong Kong-Macao Greater Bay Area (Greater Bay Area in short) was released, which makes the construction of the Greater Bay Area become national strategy and brings new opportunities for Guangzhou to improve its global connectivity. In the coming future, Guangzhou should proceed from its position in the Greater Bay Area and further strengthen its advantages on global connection by intensifying its infrastructure, trading, and cultural connection with other cities in the area. By cooperating with Hong Kong and Macao, Guangzhou could develop into a key hub in global trading, transportation, international exchange and financial network, and offset its weakness in global political and social connections. Guangzhou's increasing global connection will effectively fuel its strategy of international metropolitan development.

Keywords: Globalization; City Connection; Guangdong-Hong Kong-Macao Greater Bay Area

B. 7　The Operation Mechanism and Countermeasures for Guangzhou in the Construction of International Innovative City

Tang Xuan, Xu Ling, Zhang Yanping and Luo Ping / 167

Abstract: As the ancient commercial hub on the Maritime Silk Road, Guangzhou has been an important international foreign trade centre in China for two thousand years. With the development of innovation globalization, Guangzhou is making efforts to become an international innovative city. Based on Guangzhou's current construction of innovation city, this research analyses advanced experience and practices of mature innovative cities around the world, and builds an Innovative City Evaluation System of three levels, including core elements, supporting elements and the integration with global innovation network in cities' innovation system. Apart from using entropy method to evaluate

Guangzhou's current construction of international innovative city, this research also compares the evaluation results of Guangzhou with Beijing, Shanghai, Shenzhen, Tianjin, Hangzhou, Wuhan, Nanjing and Chongqing. From analyzing defects and deficiencies, Guangzhou should take corresponding countermeasures to promote construction of the international innovative city.

Keywords: International Innovative City; City Innovation System; City Evaluation; Guangzhou

Ⅳ International Economics and Trade

B. 8 Directions and Paths for Deeply Optimizing Guangzhou's Modern and International Business Environment

Liu Lizi, Liu Jia and Chen Gang / 186

Abstract: The "modern and international" business environment is an important guarantee for a region to conduct international exchanges and cooperation and participate in international competition, and it is also an important reflection of urban competitiveness. The World Bank and the National Development and Reform Commission conduct a business environment assessment based on the government's complexity of corporate oversight and corporate expenses. In response to these evaluation indicators, Guangzhou has fully carried out the optimization and improvement work in the previous stage. In the next stage, we must start with improving the sense of gain of enterprises, and the government's goal is to shift from reducing formal processes to truly simplifying administration and decentralization. Based on this, the research team constructs a new evaluation system from the perspective of enterprise production costs and revenue scale. Analyze Guangzhou's strengths and weaknesses in building a business environment and propose corresponding optimization suggestions.

Keywords: Business Environment Assessment; Guangzhou; Production Costs; Revenue Scale

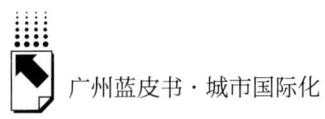

B. 9   Research on Guangzhou's Promotion of Financial Opening and
        Construction of Guangdong-Hong Kong-Macao Greater Bay
        Area International Financial Hub
                                    Zhang Zhanwei, Chen Wanqing / 211

Abstract: In recent years, Guangzhou's financial system has focused on the
three major tasks of serving the real economy, preventing and controlling financial
risks, and deepening financial reforms. It has made great efforts to improve the
modern financial service system and achieved good results. There are also certain
problems. Facing the new trend of the construction of the international financial
hub in the Guangdong-Hong Kong-Macao Greater Bay Area and learning
experience from expanding the financial opening-up in Beijing, Shanghai, and
Shenzhen, Guangzhou should improve the modern financial service system,
orderly promote the interconnection of financial markets, jointly build a platform
for cooperation and development between Guangdong, Hong Kong, and Macao,
and promote the construction of an international financial hub in the Guangdong-
Hong Kong-Macao Greater Bay Area.

Keywords: Financial Industry; Open to the Outside World; Guangdong-
Hong Kong-Macao Greater Bay Area; International Financial Hub

B. 10   Reflections and Measures for Guangzhou of Serving Private
         Enterprises "Go Global" by Using Diplomatic and Foreign
         Affairs Resources   *Research Group of Guangzhou
                         Municipal Party Committee Foreign Affairs Office* / 229

Abstract: Economic construction of Guangzhou has continued to achieve
great results. Among them, private enterprises have contributed greatly. The

private economy accounts for half of the total economic volume of Guangzhou, fully demonstrating the status and role of the private economy in the economic and social development of Guangzhou. With the deepening of globalization, the escalation of geopolitical contradictions and the increasingly complicated international situation, the "The Belt and Road" initiative and the proposal of the construction of the Guangdong-Hong Kong-Macao Greater Bay Area give private enterprises of Guangzhou new development opportunities. By analyzing the basic situation of "going out" for private enterprises in Guangzhou, summarizing the main practices of serving private enterprises "go global " by using diplomatic and foreign affairs resources, and propose the problems and difficulties in serving "going out" of private enterprises, and explore countermeasures and suggestions for serving "going out" of private enterprises , Help promote the local private enterprises to "go out" .

Keywords: Guangzhou; Private Enterprise ; "going out" ; Foreign affairs resources

V International Exchanges and Experience

B. 11 Research on the Engagement in International Organization for
Guangzhou to Promote Cities International Exchanges

Bao Yu / 243

Abstract: With the further development of globalization, cities around the world are participating more deeply in international organizations, and the level of participation has also become an important criterion for measuring cities' international influence. International organizations provide an effective platform for cities to conduct external cooperation and share urban governance experiences, which have a significant impact on local economic and social development. An increasing number of Chinese cities have also begun to engage in international organizations based on each city's resources, and to actively expand international exchanges and cooperation. Having a long history of foreign exchanges and rich experience in international participation, Guangzhou should grasp new opportunities, taking more targeted and operable measures to improve the participation in international organizations in future.

Keywords: International Organization; Major Country Diplomacy With Chinese Characteristics; Guangzhou; City International Exchanges

B. 12　The Evolution of Strategic Urban Planning of Moscow and

　　Its Enlightenment to the Megacities in China

Tang Wei / 261

Abstract: As the capital of Russia, Moscow is trying to become a global city catching up with New York, London, Tokyo, Hong Kong etc. , and thus actively promoting city internationalization. However, the past strategic plannings shows that the monocentric spatial structure, which was formed in history and strengthened in the Soviet period has a profound impact on the internationalization. Since the collapse of the Soviet Union, Moscow has been implementing new-version overall planning at three levels: Moscow region, Moscow City and the center of Moscow, and trying to establish a unified infrastructure, transportation, ecological, historical and cultural protection system in order to promote the integration of Moscow region. With the further expansion of Moscow's economy and continuous growth of population, the unbalance among Moscow's spatial structure, land use and industrial functions has become increasingly prominent. In 2010, Moscow tried to transform the spatial structure again from monocentric to multicentric mode which would be more livable, and the multi center spatial structure has three scale: micro, meso and macro. In order to promote multi center structure, Moscow has made efforts not only in the construction of metro system, but also the establishment of New Moscow area in 2011. In general, Moscow has achieved remarkable achievements but also exposed some conspicuous defects, including excessive high-end industries, a lack of substantive progress in the construction of multicentric spatial structure, incoordination between Moscow City, suburbs and Moscow State. According to Moscow's experience, this paper gives informative advice to the development of megacities in China.

Keywords: Moscow; Global City; Strategic Planning; Internationalization; Russia

皮 书

智库报告的主要形式
同一主题智库报告的聚合

❖ 皮书定义 ❖

皮书是对中国与世界发展状况和热点问题进行年度监测,以专业的角度、专家的视野和实证研究方法,针对某一领域或区域现状与发展态势展开分析和预测,具备前沿性、原创性、实证性、连续性、时效性等特点的公开出版物,由一系列权威研究报告组成。

❖ 皮书作者 ❖

皮书系列报告作者以国内外一流研究机构、知名高校等重点智库的研究人员为主,多为相关领域一流专家学者,他们的观点代表了当下学界对中国与世界的现实和未来最高水平的解读与分析。截至 2020 年,皮书研创机构有近千家,报告作者累计超过 7 万人。

❖ 皮书荣誉 ❖

皮书系列已成为社会科学文献出版社的著名图书品牌和中国社会科学院的知名学术品牌。2016 年皮书系列正式列入"十三五"国家重点出版规划项目;2013~2020 年,重点皮书列入中国社会科学院承担的国家哲学社会科学创新工程项目。

权威报告·一手数据·特色资源

皮书数据库
ANNUAL REPORT(YEARBOOK)
DATABASE

分析解读当下中国发展变迁的高端智库平台

所获荣誉

- 2019年，入围国家新闻出版署数字出版精品遴选推荐计划项目
- 2016年，入选"'十三五'国家重点电子出版物出版规划骨干工程"
- 2015年，荣获"搜索中国正能量 点赞2015""创新中国科技创新奖"
- 2013年，荣获"中国出版政府奖·网络出版物奖"提名奖
- 连续多年荣获中国数字出版博览会"数字出版·优秀品牌"奖

成为会员

通过网址www.pishu.com.cn访问皮书数据库网站或下载皮书数据库APP，进行手机号码验证或邮箱验证即可成为皮书数据库会员。

会员福利

- 已注册用户购书后可免费获赠100元皮书数据库充值卡。刮开充值卡涂层获取充值密码，登录并进入"会员中心"—"在线充值"—"充值卡充值"，充值成功即可购买和查看数据库内容。
- 会员福利最终解释权归社会科学文献出版社所有。

数据库服务热线：400-008-6695
数据库服务QQ：2475522410
数据库服务邮箱：database@ssap.cn
图书销售热线：010-59367070/7028
图书服务QQ：1265056568
图书服务邮箱：duzhe@ssap.cn

社会科学文献出版社 皮书系列
SOCIAL SCIENCES ACADEMIC PRESS (CHINA)
卡号：597967648558
密码：

基本子库
SUB DATABASE

中国社会发展数据库（下设 12 个子库）

整合国内外中国社会发展研究成果，汇聚独家统计数据、深度分析报告，涉及社会、人口、政治、教育、法律等 12 个领域，为了解中国社会发展动态、跟踪社会核心热点、分析社会发展趋势提供一站式资源搜索和数据服务。

中国经济发展数据库（下设 12 个子库）

围绕国内外中国经济发展主题研究报告、学术资讯、基础数据等资料构建，内容涵盖宏观经济、农业经济、工业经济、产业经济等 12 个重点经济领域，为实时掌控经济运行态势、把握经济发展规律、洞察经济形势、进行经济决策提供参考和依据。

中国行业发展数据库（下设 17 个子库）

以中国国民经济行业分类为依据，覆盖金融业、旅游、医疗卫生、交通运输、能源矿产等 100 多个行业，跟踪分析国民经济相关行业市场运行状况和政策导向，汇集行业发展前沿资讯，为投资、从业及各种经济决策提供理论基础和实践指导。

中国区域发展数据库（下设 6 个子库）

对中国特定区域内的经济、社会、文化等领域现状与发展情况进行深度分析和预测，研究层级至县及县以下行政区，涉及地区、区域经济体、城市、农村等不同维度，为地方经济社会宏观态势研究、发展经验研究、案例分析提供数据服务。

中国文化传媒数据库（下设 18 个子库）

汇聚文化传媒领域专家观点、热点资讯，梳理国内外中国文化发展相关学术研究成果、一手统计数据，涵盖文化产业、新闻传播、电影娱乐、文学艺术、群众文化等 18 个重点研究领域。为文化传媒研究提供相关数据、研究报告和综合分析服务。

世界经济与国际关系数据库（下设 6 个子库）

立足"皮书系列"世界经济、国际关系相关学术资源，整合世界经济、国际政治、世界文化与科技、全球性问题、国际组织与国际法、区域研究 6 大领域研究成果，为世界经济与国际关系研究提供全方位数据分析，为决策和形势研判提供参考。

法律声明

"皮书系列"（含蓝皮书、绿皮书、黄皮书）之品牌由社会科学文献出版社最早使用并持续至今，现已被中国图书市场所熟知。"皮书系列"的相关商标已在中华人民共和国国家工商行政管理总局商标局注册，如LOGO（ 　）、皮书、Pishu、经济蓝皮书、社会蓝皮书等。"皮书系列"图书的注册商标专用权及封面设计、版式设计的著作权均为社会科学文献出版社所有。未经社会科学文献出版社书面授权许可，任何使用与"皮书系列"图书注册商标、封面设计、版式设计相同或者近似的文字、图形或其组合的行为均系侵权行为。

经作者授权，本书的专有出版权及信息网络传播权等为社会科学文献出版社享有。未经社会科学文献出版社书面授权许可，任何就本书内容的复制、发行或以数字形式进行网络传播的行为均系侵权行为。

社会科学文献出版社将通过法律途径追究上述侵权行为的法律责任，维护自身合法权益。

欢迎社会各界人士对侵犯社会科学文献出版社上述权利的侵权行为进行举报。电话：010-59367121，电子邮箱：fawubu@ssap.cn。

社会科学文献出版社